Sheila Farrant

Die Kraft weiblicher Symbole

in der Bildsprache der Astrologie

Labyrinth

neten stehen unter den Zeichen, die sie regieren und in denen sie ihre besondere Bedeutung finden. So übernimmt z.B. im Widder die Amazone die Regentschaft von Mars, in den Fischen wird Neptun von der Göttin Tiamat abgelöst. Die Symbolbilder des Tierkreises und ihre Verbindung zu weiblichen Gottheiten werden bei jedem Zeichen ebenso diskutiert wie die Auswirkungen, die das so lange übliche männliche Bild noch heute für Frauen hat. Zu Beginn der Abhandlungen über die einzelnen Zeichen bringe ich die gebräuchlichen Stichwörter und eine kurzgefaßte Darstellung der Qualitäten, die dem Zeichen zugeschrieben werden.

Das erste Kapitel gibt einen Überblick über die Symbole männlichen und weiblichen Geschlechts, wie sie in der Astrologie verwendet werden, und zeigt die Astrologie als eine Sprache symbolischer Bilder in ihrem weiten kulturellen Umfeld. Es ist mir ein Anliegen, daß alle, die dieses Buch in die Hand nehmen, sich diesem ersten Kapitel mit ebenso viel Aufmerksamkeit zuwenden wie allen anderen - unabhängig davon, welches ihr Sonnenzeichen ist. Wir alle sind astrologisch gesehen eine Mischung von zumindest drei Zeichen (nämlich unserem Sonnen- und unserem Mondzeichen sowie unserem Aszendenten), meist sogar von noch mehr, je nachdem wie unsere Planetensymbole stehen.

Es hat mir große Freude gemacht, der Bedeutung der wunderbaren Frauengestalten unter den einzelnen Tierkreiszeichen nachzugehen, und ich hoffe, daß ihre Beschreibung, selbst wenn sie nur kurz ist, meinen Leserinnen und Lesern ebensoviele Anregungen gibt wie mir.

Sheila Farrant

Über sprachliche Klippen

Die Widder - der Jungfrau ... ja, was denn nun?

Die Autorin hat grundsätzlich für alle Tierkreiszeichen Regentinnen und Repräsentantinnen gewählt, um deren weiblichen Anteilen Ausdruck zu verleihen, die in den zurückliegenden Jahrtausenden verlorengegangen waren.

Bei den Tierkreiszeichen haben wir - wie im Englischen - die konventionellen Bezeichnungen beibehalten. In der englischen Sprache ist es nicht schwierig, dies zu tun und trotzdem bei einem männlich gedachten Symbol ein weibliches Pronomen zu benutzen, weil im Artikel nicht männlich und weiblich unterschieden ist. Da das Deutsche eine Genus-Sprache ist, besteht hier die Schwierigkeit, z.B. von "der Widder" zu sprechen und "ihn" dann mit dem weiblichen Pronomen "sie" zu versehen. Wenn frühgeschichtliche Zusammenhänge dargestellt werden, z.B. daß der Widder in sehr alter Zeit der Sohn einer Schafgöttin war, war es für uns logisch, in dieser Passage auch die weibliche Form zu verwenden. Bei den einführenden Abschnitten unter den jeweiligen Tierkreiszeichen haben wir uns um eine geschlechtsneutrale Ausdrucksweise bemüht.

Leserinnen und Lesern des deutschen Textes mag die Darstellung in dieser Form an mancher Stelle befremdlich sein; wir möchten aber nicht die patriarchalen Astrologen nachahmen und unsererseits alles ins Gegenteil verkehren. Vielmehr liegt uns daran, sprachlich das Inhaltliche wiederzugeben, wie es die Autorin entwickelt hat. Dabei immer gute Lösungen zu finden, war für uns als Übersetzerinnen eine Schwierigkeit. Wir hoffen, daß es uns gelungen ist und daß die gewählte Art der Darstellung im Kopf der Leserinnen und Leser etwas bewegen wird.

Und noch etwas:

Leserinnen und Leser werden es hin und wieder bedauern, daß sie astrologische Begriffe und Zusammenhänge nicht ausführlich erklärt finden. Dabei ist zu bedenken, daß es nicht die Absicht der Autorin ist, ein astrologisches Lehrbuch vorzulegen. Als kleine Hilfe geben wir im Anhang allernotwendigste Verständniszusammenhänge mit graphischen Darstellungen wieder.

Wir empfehlen auch kein spezielles Lehrbuch für Einsteigerinnen oder Einsteiger, da die Erfahrung lehrt, daß jeder Mensch einen eigenen Zugang braucht. So suchen einige vor allem eine Darstellung in gut verständlicher, bildhafter Sprache; andere legen Wert auf einen psychologischen Hintergrund oder besonders gute graphische Darstellungen. Die Vielfalt ist groß. Deshalb wünschen wir allen, die sich in Astrologisches vertiefen wollen, daß sie auf Entdeckungsreise in eine gute Buchhandlung gehen, sich beraten lassen und dabei genügend Muße mitbringen.

Zum Schluß möchten wir den Tip einer Freundin weitergeben, die das Manuskript korrekturgelesen hat und der wir an dieser Stelle dafür herzlich danken: Es kann hilfreich sein, die Zusammenfassung am Ende des Buches zuerst zu lesen!

Die Übersetzerinnen

1

Astrologie als Ideologie

Wenn wir, als Frauen, unser Sonnenzeichen oder unser Horoskop studieren, so bedeutet das meist, daß wir (wieder einmal) in eine Männerwelt eintreten müssen: eine Welt, in der die Mehrheit der Zeichen und planetarischen Regenten männlich ist und in der wir durchweg als "er" angesprochen werden; eine Welt, in der bis vor kurzem die meisten Astrologen sowie Verfasser astrologischer Literatur Männer waren.

So haben zum Beispiel sechs der zwölf Tierkreiszeichen männliche Bilder (Widder, Löwe, Stier, Steinbock, Wassermann, Schütze), vier werden durch neutrale Bilder dargestellt (Krebs, Skorpion, Fische/Delphine, Zwilling) und nur zwei sind weiblich besetzt (Jungfrau und Waage - welche stets von einer Frauengestalt symbolisiert werden, letztere mit den zwei Waagschalen). Ich frage mich, warum der bogenschießende Zentaur des Schützen und der Wasserträger des Wassermanns Männer sein müssen; sie ließen sich genauso gut weiblich darstellen, so wie der Löwe eine Löwin und der Steinbock eine Steingeiss sein könnte. Ebenso könnten natürlich die Jungfrau und die Frau mit der Waage einen männlichen Ausdruck finden. Ganz offensichtlich wirkt sich hier unser kultureller Hintergrund aus, welcher das Geschlecht zuordnet, wie es ihm gerade paßt. (Das Argument, daß der Grund hierfür in der Tradition liege, sagt nichts anderes, als daß unsere Kultur irgendwann in der Vergangenheit einmal diese Rollenverteilung vorgenommen hat.)

Wenn wir die Regenten der jeweiligen Zeichen, d.h. die Planeten und die ihnen zugeordneten Gottheiten betrachten, sind wieder die meisten männlichen Geschlechts: Sonne (im Englischen männlich - Anm. d.

Übers.), Merkur, Mars, Jupiter, Saturn, Uranus und Pluto. Lediglich Mond (im Englischen weiblich - Anm. d. Übers.) und Venus sind weiblich. Neptun ist interessant: er ist eine männliche Gottheit, die "weibliche" Qualitäten wie Intuition, Gefühl usw. symbolisiert.

Dieses Übergewicht männlicher Präsenz liegt natürlich im griechisch-chaldäischen und römischen Ursprung unseres gegenwärtigen Bildersystems begründet; diese Gesellschaften waren stark patriarchalisch eingefärbt und sind es noch. Müssen wir aber bei diesen Gottheiten bleiben? Wir selbst entwickeln uns doch vorwärts in Richtung auf Beziehungen, die die Geschlechtergleichheit betonen - warum sollen wir nicht auch einen Schritt nach rückwärts, in eine weniger männlich betonte Zeit tun? Unglücklicherweise ist unter dem Einfluß der christlichen Religion die Astrologie stärker auf das Männliche hin ausgerichtet worden und nicht weniger.

Wir können diese Situation besser verstehen, wenn wir uns ansehen, was mit dem Mond/der Mondin passiert ist: Ursprünglich war der Mond im Geburtshoroskop von ebenso großer Bedeutung wie die Sonne. Der Mond drückt unsere ursprünglichen emotionalen Antriebe und Gefühle aus, er steht für die Imagination und (im vor-klassischen Griechenland) für die Seele. Für den viktorianischen Astrologen Leo jedoch regierte der Mond die Persönlichkeit und die Sonne die Individualität, und je "individualistischer" ein Mensch war (und damit die Sonnenseite seines Charakters lebte), desto höher seine Entwicklungsstufe. Der Mondseite, dem weiblichen/mütterlichen Bereich, wurde eine völlig untergeordnete Rolle zugemessen. Ganz typisch dafür ist, daß der Mond in astrologischen Beschreibungen von oben herab als "unbeständig, wechselhaft" dargestellt und kein Wort über seinen Zauber und seine Kraft verloren wird. Diese Qualitäten des Mondes haben nur in der Poesie überlebt.

Natürlich war das Klischee, Frauen seien unbeständig und launenhaft, überschwenglich in ihren Gefühlen und auf Verführung bedacht (Venus), Honig für die Herzen der Männer - und die Astrologie bemühte sich redlich, diese Eigenschaften als weibliche zu bestätigen. Schließlich hat sie ja auch einige Jahrhunderte unter männlicher Vorherrschaft und mit Ausrichtung auf das Männliche hinter sich. Und doch ist die Venus der Astrologie weniger sexy als empfindsam, steht sie doch für Harmonie, Kunst und Beziehungen ebenso wie für Besitz und Geld (die unter patriarchalischen Strukturen unbedingt ein männliches Vorrecht sind). Der Mond hat anerkanntermaßen den größten Einfluß auf unsere Gesundheit; unser Körper und unsere Seele sind ebenso zyklischen Veränderungen unterworfen wie zum Beispiel das Meer. So hat sich die Astrologie vielleicht doch noch etwas von der ursprünglichen Bedeutung erhalten, die gültig war, bevor die Überbetonung des Männlichen einsetzte.

Frauen sind aber nicht nur zahlenmäßig in der Astrologie benachteiligt, sondern kommen auch in bezug auf das "weibliche" Prinzip schlecht weg. Wir treffen hier auf eine Hierarchie von Prinzipien, bei der dem "Männlichen" mehr Wert beigemessen wird als dem "Weiblichen", wo Qualitäten wie Antrieb, Führung, Edelmut, Energie, Kreativität und Aggression (dem Element Feuer zugeordnet), Intellekt, Erfindungsgabe, Schnelligkeit, Kommunikation und Veränderungsfähigkeit (dem Element Luft zugeordnet) als "männlich" eingestuft werden und einen hohen Rang einnehmen. Praktisches Wissen und Stabilität werden der Erde und Intuition wird dem Wasser zugeordnet; sie werden "weiblich" genannt und damit auf eine niedrigere Stufe gestellt. In astrologischen Schriften ist das Element Erde häufig phlegmatisch und phantasielos und das Element Wasser unbeschreiblich emotional! Die Ähnlichkeit zwischen diesen sogenannten Prinzipien und den Geschlechter-Klischees ist zu offensichtlich, um purer Zufall sein zu können. Ptolemäus, der angeblich als erster die geschlechtsbezogenen Prinzipien aufstellte, kam natürlich aus einer patriarchalen Kultur - und auch hier scheint es wieder so zu sein, daß unsere spätere Kultur dieses Ungleichgewicht noch verstärkt hat.

Die Botschaft der Astrologie ist für Frauen eigentlich bis heute ganz klar diese: männliche Kräfte und Einflüsse geben uns Antrieb, fördern unsere Einfallskraft, unseren Intellekt, unser Wissen sowie unsere Führungsqualitäten (wenn wir sie je einsetzen können!). Männliche Gottheiten bestimmen den Tod (Pluto), sind von Bedeutung für unsere Geburt (Sonne) und diktieren uns unser Schicksal zu (Saturn). Als Frauen müssen wir uns an Männern als Symbolträger orientieren, um uns zu vervollkommnen (so wie andererseits krebsgeborene Männer sich an Frauen orientieren müssen, wenn sie ihr Potential voll entwickeln wollen). Wenn das Zeichen ebenso wie das Element, dem es zugeordnet wird, das Symbol für den Planeten und die damit verbundene Gottheit männlich sind - wie sollen wir uns da als Frauen wiederfinden können!

Die Astrologie bestätigt damit, was uns die gesellschaftliche Realität schon 2000 Jahre lang gezeigt hat: Verglichen mit Männern sind wir Menschen zweiter Klasse, die weder ihr Schicksal noch ihren Tod in die eigene Hand nehmen können. Nach diesen Spielregeln ist das Leben der meisten Frauen in den vergangenen Jahrtausenden bestimmt worden. Das Geschlechter-Vorurteil, das den astrologischen Symbolen zugrunde liegt, spiegelt einfach die in unserer Gesellschaft herrschende Ideologie wider, die sich in bezug auf die Geschlechter seit dem klassischen Griechenland nicht verändert hat.

In letzter Zeit allerdings gibt es in Westeuropa und einigen anderen Gegenden der Welt Veränderungen in bezug auf die Rolle, die wir als Frauen in der Gesellschaft haben, und die Art, wie wir uns selbst sehen. Es ist für uns inzwischen selbstverständlich, daß wir zur Wahl gehen, berufstätig, wirtschaftlich und gesellschaftlich unabhängig sein können, so wir dies wünschen. Wir wollen selbst Entscheidungen treffen, unser Leben nach eigenen Vorstellungen führen - was vor noch gar nicht langer Zeit unerreichbar für uns war. Wenn wir studieren wollen, möchten wir auch die Gelegenheit dazu haben; wir fordern die Möglichkeit, erfinderisch, kreativ oder in Führungspositionen tätig zu sein und, wie das in einigen Ländern der Fall ist, Zugang zur Armee zu haben. Das neue Gefühl der Ebenbürtigkeit mit den Männern und der psychologischen Unabhängigkeit von ihnen hat dazu geführt, daß viele von uns die Bilder und Symbole, mit denen wir großgeworden sind und die unser Selbstverständnis mit bestimmen, in Frage stellen. Die alten Klischees des 19.

Jahrhunderts funktionieren nicht mehr, sie "passen" nicht mehr recht, und wir verstehen unsere "Weiblichkeit" nicht mehr als ein Verharren in einer, was Sexualität und Gefühl angeht, passiven Rolle. Wir können auch anders weiblich sein - es muß nicht die Mutter/Tochter- oder Ehefrau/Geliebte-Rolle sein (aufschlußreich die Mann-Bezogenheit der beiden letztgenannten). In der Astrologie finden wir uns nicht mehr mit der Abwertung von Mond und Venus ab, wie sie bis jetzt im Patriarchat üblich war. Auch das männliche Geschlecht der anderen Planeten bzw. Gottheiten und die Qualitäten, die sie symbolisieren, können wir nicht mehr so ohne weiteres hinnehmen. Die Führungskraft des Löwen, das Durchsetzungsvermögen des Widders sind weiblich wie männlich - sie können sogar ganz gut zunächst rein weiblich gewesen sein, bevor sie von den patriarchalen Kräften übernommen wurden.

Unser besonderes Augenmerk muß den Wasser- und Erdzeichen gelten, die unter dem Patriarchat sehr gelitten haben (vielleicht deshalb, weil man ihnen "weibliche" Eigenschaften zuschreibt). Um ein wirkliches Gleichgewicht zu schaffen, ist es nicht genug, daß wir Feuer und Luft für uns entdecken, wir müssen auch die inneren uralten Werte der Wasser- und Erdelemente und ihrer Zeichen wieder erkennen. Ist Erde tatsächlich "stumpf und langweilig", ist Wasser wirklich bloß ein "Sog von Emotionen"? Denn das sind genau die Bilder, die diesen Zeichen so lange zugeordnet worden sind: Die zwar praktisch veranlagte, jedoch gänzlich phantasielose Hausfrau, das gefühlsbetonte "Dummchen" im Gegensatz zum Krieger-, Schöpfer-, Führer-Mann, dem Mutigen, dem Intellektuellen, dem Lehrenden und Forschenden ... solchermaßen strahlende männliche Tierkreiszeichen-Bilder sind ohne Ende!

Dabei zeigt uns die Astrologie selbst einen Ausweg aus diesem Dilemma: Wenn Erde tatsächlich so ohne Phantasie ist, warum hat dann der Mond (vgl. Abschnitt "Stier") eine Bedeutung im Verhältnis zum Stier? Wenn Wasser tatsächlich bedeutet, vor Gefühl überzufließen, warum regierte dann früher Jupiter die Fische? Ich versuche in diesem Buch, das Gleichgewicht für die Erd- und Wasserzeichen wiederherzustellen, indem ich ihnen den ursprünglichen Bedeutungsreichtum wiedergebe, der ihnen in den Zeiten des Patriarchats genommen wurde. Ich habe die Symbole für uns mit Frauenbildern besetzt, mit weiblichen Kräften und Einflüssen, die unsere Qualitäten repräsentieren. Ich habe Regentinnen für die Planeten gewählt, damit wir uns als Frauen mit uns selbst identifizieren und alle unsere Eigenschaften und Fähigkeiten voll entwickeln können.

Astrologie als Symbolbild-Sprache

Das Thema dieses Kapitels ist die These, daß die Astrologie Teil einer uralten Sprache mythischen Gedanken- und Bildgutes war und noch immer ist - eines zusammenhängenden Symbolsystems, das durch das geschriebene Wort und die Religionen, die sich auf die Schrift berufen, d.h. den Judaismus, die christlichen Religionen und den Islam, nach und nach abgelöst wurde.

Ich behaupte, daß die Symbolbildsprache ebenso wichtig war wie die Schriftsprache und in jenen Bereichen, die sich mit mystischem Denken und "höheren" Stufen der Erkenntnis beschäftigten, sogar von noch größerer Bedeutung, was durch zahlreiche Autoren bestätigt wird. John Holland-Smith klagt in seinem Buch *The Death of Classical Paganism* (Der Tod der heidnischen Antike) die frühen Christen an, die gegenwärtige Verarmung dieser einst so mächtigen Sprache verursacht zu haben:

Bei ihrem Versuch, die Götter auszurotten, zerstörten die Christen die Welt jener, die diese Göttinnen und Götter liebten und ihnen freudig dienen konnten. Das Ergebnis war, daß wieder Chaos herrschte, nachdem sie dies geschafft hatten... Als dann, nach einer Pause, die Bischöfe im Mittelalter den Gläubigen das Zugeständnis machten, in Gott Jupiter und in Maria die Göttin wiedererkennen zu dürfen, wurde behauptet, daß nichts verloren gegangen wäre. Das aber stimmt nicht - wir sind und bleiben verarmt.

Die Bedeutung der Bildsprache war für C.G. Jung ganz offensichtlich, und er wußte um die allgemeine Verkümmerung unserer Beziehung zu Symbolen. Für ihn sind Bilder "Wegweiser zu tieferen Schichten von Bedeutung und Erfahrung", und er stellte fest, daß die Bilder in ihrer Bedeutung immer komplexer und reicher wurden, je weiter er sie zurückverfolgte. In *Das Geheimnis der Goldenen Blüte* spricht er über die Bedeutung des Mandala in bezug auf die Psyche:

... Solche Dinge sind nicht zu erdenken, sondern müssen wiederum aus der dunklen Tiefe der Vergessenheit heraufwachsen, um äußerste Ahnung des Bewußtseins und höchste Intuition des Geistes auszudrücken und so die Einmaligkeit des Gegenwartsbewußtseins mit der Urvergangenheit des Lebens zu verschmelzen.

Die Arbeiten Jungs und seine Einsicht in die psychische Kraft der Bilder, seine Forschungen zu den überlieferten Symbolen führten zu Werken anderer Autoren, die erhellende Einblicke auch in die Welt der Bilder und Mythen hinter den astrologischen Symbolen gewähren. Liz Greene zum Beispiel erweitert durch ihre Art der Betrachtung der mythischen Bilder unser Verständnis für die Tierkreiszeichen und dafür, wie sie sich für die jeweils Betroffenen realisieren. Stephen Arroyos Form der kulturellen und spirituellen Annäherung an die planetarischen Regenten vertieft unsere Einsichten in ihre spezifischen Charakteristika. Howard Sasportas wiederum bereichert seine Interpretation der Häuser, indem er Mythen verwendet. Besonders aufregend finde ich die Arbeit der Radical School of Astrology, die neuere linguistische Ansätze aufgegriffen und auf die Astrologie angewandt hat. Dabei werden die tieferliegenden Strukturen astrologischer Bedeutung und die Codes, durch welche sie ausgedrückt werden, sichtbar.

C.G. Jungs Wiederaufnahme von Mythos und Bild als seriöse Forschungsthemen, die sowohl für unsere gegenwärtige psychologische Situation von Bedeutung als auch erhellend in bezug auf unsere Vergangenheit sind, hat viele dazu bewogen, unsere Symbole, so wie sie heute sind, bis auf ihre "ursprüngliche" Form zurückzuverfolgen. Die Forscher haben sich entsprechend ihren Interessen und Disziplinen in zwei Lager geteilt: in jene, die historische, kulturelle Wurzeln suchen, wobei sie Jungs Konzept vom kollektiven Unbewußten folgen; und in jene, die versuchen, das Bild noch weiter zurückzuverfolgen, nämlich bis in die biologische Erfahrung der beiden Geschlechter.

Vom Standpunkt der ersten Gruppe aus betrachtet, haben die mythischen Bilder in Verbindung mit dem Tierkreis und den Planeten eine lange kulturelle Geschichte und tiefe Wurzeln, die bis in unser Unbewuß tes reichen und dort starke Wirkung tun. Die Schichten im Unbewußten, in denen sich im Verlauf der Jahrhunderte eine Bedeutung um die andere angesammelt hat, können ihrem Wesen nach vom Bewußtsein nicht erreicht werden, es sei denn in äußerst eingeschränkter Form. Sie bilden je doch den felsigen Grund, die Basis des Standpunktes, von dem aus wir laut Kerenyi unsere Welt wahrnehmen.

Gramsci, Lévi-Strauss, Dumezil und Kerenyi - sie alle sind sich darin einig, daß das Symbolbild eine kulturelle Kraft ist, die einerseits alte Bedeutungen weiterträgt, deren Bedeutung andererseits aber auch manipuliert werden kann. Gramsci und Kerenyi betonen beide, jeder in seinem Bereich, die doppelte Bedeutung der mythischen Bilder, nämlich einerseits für unsere gegenwärtigen Reaktionen, ganz gleich auf welche Situation, andererseits für unser unbewußtes Echo auf Vergangenes und damit für unsere psychische Identität - und beide interessieren sich für den Einfluß von Mythos und Symbolbild auf den einzelnen Menschen.

Dumezil und Lévi-Strauss hingegen schauen mehr auf die kultur- und sprachgeschichtliche Entwicklung des mythischen Bildes, auf seine Kontinuität und Veränderung innerhalb verschiedener Kulturen und auf den "strukturierenden" Feed-back-Effekt, den sie auf die verschiedenen Gruppierungen in einer Gesellschaft haben. Alle betonen sie einerseits die Unzerstörbarkeit der Symbole selbst angesichts extremer gesellschaftlicher Katastrophen und gegenüber Einflüssen aus anderen Kulturen; sie sprechen andererseits aber auch von der Anfälligkeit der Symbole gegenüber kulturellem Druck und ideologischen Angriffen durch neue

Ideen und Überzeugungen wie z.B. die des Patriarchats.

Diese Perspektive ermöglicht es uns zu erkennen, daß mythische Bilder eine universelle Bedeutung haben, die sich durch die Zeiten erhält, und daß sie vielleicht eine fundamentale menschliche Erfahrung im Sinne Erich Fromms oder Paul Tillichs repräsentieren. Sie bietet uns auch den theoretischen Rahmen, der es uns gestattet, das Eigentliche des Bildes von den kulturellen Beigaben zu trennen und den Grad seiner Veränderung nachzuvollziehen.

Der Frage, wie kultureller Druck die offensichtliche Bedeutung eines Symbols nach und nach ganz unauffällig verändern, verzerren und bis zu einem gewissen Grade umkehren kann (um z.B. den Vorstellungen der patriarchalen Ideologie von den Unterschieden zwischen den Geschlechtern zu entsprechen), wenden sich immer mehr Forscherinnen und Forscher zu. Seit sich eine feministische Bewegung innerhalb der christlichen Kirchen herausgebildet hat, ist z.B. das Ungleichgewicht bei den christlichen Symbolen heftiger Kritik ausgesetzt (Elaine Storkey, Karen Armstrong und Julia O'Faolain sind nur drei Autorinnen von vielen, die gutfundierte Bücher zu diesem Thema geschrieben haben). Literaturwissenschaftliche Studien belegen die patriarchal geprägte Einseitigkeit der wirkungskräftigen Symbolsprache in Märchen, aber auch Kinderbüchern und Filmen. Historische Forschungen bestätigen ebenfalls, wie weit entfernt das vermittelte Frauenbild jeweils von der Realität war und noch ist, weil es mit patriarchalen Augen gesehen wurde. Für alle, die dieses Thema interessiert, sind *Hypatias Töchter* von Margaret Alic und *The Medieval Woman* von Sally Fox sehr zu empfehlen. Beides sind gut recherchierte und ausgezeichnet geschriebene Bücher.

Um etwas über die Einwirkungen des Patriarchats auf den Tierkreis und seine Symbolbilder herauszufinden, habe ich mich auf einen ähnlichen Weg begeben wie die oben Genannten und versucht, die prähistorischen Wurzeln der astrologischen Bilderwelt aufzuspüren.

Es ist eigentlich erstaunlich, daß nach der neueren wissenschaftlichen Erkenntnis über die Bedeutung unserer Sprache (der Zeichen, Symbole,

Bilder wie der Syntax) als “Fenster zu unserer Realität” sich bis jetzt niemand ernsthaft damit auseinandergesetzt hat, was das für die heutige Geschlechter-Ideologie heißt. Vielleicht ist der gedankliche Durchbruch von Saussure und später von Pierce und Chomsky, der auf den strukturierenden Effekt hinweist, den die Sprache auf unser Denken und unsere Auffassungen und damit auf die Realität als Ganzes hat, noch zu neu, als daß die Allgemeinheit ihn schon hätte aufnehmen können.

Es mag sich hier jedoch noch ein anderer Faktor ausgewirkt haben. Bis vor kurzem wurde angenommen, daß die Wurzeln unserer Symbolbilder im Patriarchat liegen, genaugenommen in den patriarchal strukturierten Gesellschaften des Klassischen Griechenland, Babyloniens, Assyriens und des späten Ägypten sowie der von Indogermanen eroberten Länder, z.B. Indien. Daraus wurde geschlossen, daß auch die Symbolbilder, die im Tierkreis verwendet werden, ihre Wurzeln in den griechisch-babylonischen Kulturen von 1000 v.u.Z. haben, deren Geschichte bis in die Akkadischen Königreiche des 2. Jahrtausends v.u.Z. zurückreicht. Erst neueste archäologische Funde haben es uns ermöglicht, die Grenzen unserer Vergangenheit nach rückwärts zu erweitern und zu erkennen, daß die patriarchalen Ideologien erst (relativ) spät auftauchten und es in den Symbolbildern Qualitäten und Aspekte gibt, die in eine Zeit vor dem Patriarchat zurückreichen. Einige der Bilder, wie Minotaurus, Zwilling, Löwin und Sohn/Geliebter bzw. Heros der Göttin, gehen - nach Erkenntnissen der Archäologie - auf Zeiten zurück, von denen selbst die optimistischsten Feministinnen nicht zu träumen gewagt hätten, nämlich bis 8000 Jahre vor der heutigen Zeit. Wenn wir der Kontinuität des wesentlichen Bedeutungsgehalts der Bilder auf die Spur kommen, sind wir darüber womöglich ebenso verblüfft, wie wenn wir Belege dafür finden, daß sie vom Patriarchat ganz offen und ausdrücklich bekämpft wurden.

Die Existenz einer Mutter- oder Fruchtbarkeitsgöttin gilt schon seit längerer Zeit als anerkannte Tatsache, die z.B. durch zahlreich gefundene Kleinplastiken aus unserer frühen neolithischen Vergangenheit belegt ist. Die Fruchtbarkeitsattribute der Göttin-Figuren haben dazu geführt, daß sich jene Forscher bestätigt fühlten, die die Wurzeln unserer mythischen Bilderwelt in der Biologie, in unseren geschlechtlichen Unterschieden begründet sehen. Eine sehr beliebte Theorie (vertreten durch Bachofen, Briffault, Campbell u.a.) war, daß es vor dem Patriarchat Matriarchate gab, in denen eine Mutter- bzw. Fruchtbarkeitsgöttin verehrt wurde und Frauen an der Spitze der Gesellschaft standen. Im Lichte dieser Theorie waren alle Göttinnen Mutter- bzw. Fruchtbarkeitsgöttinnen und standen mit Natur und Fruchtbarkeit in Verbindung. Sozialgeschichtlich gesehen hielt man diese matriarchale Periode für eine Zeit des Ackerbaus, eine eher "primitive, unbewußte" Stufe vor dem Aufkommen des städtischen, "zivilisierten" Patriarchats. Verfeinerte, städtische Kulturen wie die minoische hielt man für männlich dominiert... Aber beweiskräftige Funde sprechen für das Gegenteil.

Wenn ein primitives instinktgesteuertes Matriarchat mit Anbetung einer Mutter-Göttin einem zivilisierten, rationalen Patriarchat mit Anbetung eines männlichen Gottes gegenübergestellt wird, entspricht das den Vorstellungen einer patriarchalen Gesellschaft. Nach Freuds Ödipus-Theorie kann Zivilisation überhaupt nur dadurch in Schwung kommen, daß der Mann sich von seiner Mutter trennt. Als Freud und Jung ihre Arbeiten schrieben, standen sie unter dem Einfluß der von Darwins Abstammungslehre abgeleiteten Theorie, daß seit unserer "Vorgeschichte" eine lineare evolutionäre Entwicklung der menschlichen Gesellschaft stattgefunden habe. Danach war die Geschichte der Menschheit eigentlich eine ständige Aufwärtsbewegung, ausgehend von einem primitiven Zustand, der ähnlich bewertet wurde wie der der sogenannten primitiven Völker, die man in der Sozialanthropologie "entdeckt" hatte. Wie Jung stellte auch Malinowsky fest, daß der primitive Mensch "über seine Symbole nicht nachdachte, sondern sie lebte und unbewußt seine Lebenskraft daraus zog". Daß der primitive Mensch beides tat, so wie wir ja auch, kam ihnen nicht in den Sinn, da Geschichte ihrer Ansicht nach linear und "progressiv" verlief - und sie unsere gegenwärtige Kultur für überragend "rational" hielten.

Die Beliebtheit der matriarchalen Muttergöttin-Theorie unter Männern ist verständlich, bestätigt sie doch die heutige Einordnung der Geschlechter, das heißt, daß die Frau mit der Natur (in der Astrologie den "weiblichen" Erd-Zeichen), mit Fruchtbarkeit, Instinkt und Gefühl sowie mit besonderem sozialen Talent in Verbindung gebracht wird (in der Astrologie den "weiblichen" Wasser-Zeichen). Daß sie auch bei Frauen auf positive Resonanz stößt, beruht wahrscheinlich auf dem Gefühl, daß uns diese Theorie wenigstens zur Hälfte gerecht wird! Dadurch, daß sie diese Aspekte des Weiblichen in unserer modernen, daran verarmten Kultur betont, wertet sie die damit verbundenen Qualitäten auf und gesteht ihnen gleiche (wenn nicht größere) Bedeutung zu wie den "männlichen". Daß die vor-patriarchalen Kulturen nicht alle in einen Topf geworfen werden können und nicht behauptet werden kann, sie seien alle

Ackerbau-Kulturen gewesen, spricht allerdings nicht für diese Theorie. Auch sind die vielen Göttinnen, die durch die Archäologie sowie in Mythen und Legenden wiederentdeckt werden, so unterschiedlich, wie es sich nur denken läßt, und ganz sicher nicht ausschließlich auf Mütterlichkeit und Fruchtbarkeit festzulegen. Seit den 60er Jahren und speziell als Ergebnis der neuesten archäologischen Funde hat sich die Vorstellung eines zyklischen Verlaufs der Menschheitsgeschichte und des Entstehens und Niedergangs von Zivilisationen durchgesetzt. Deshalb können männliche Symbolbilder nicht mehr als "später entstanden und daher zivilisierter" als die weiblichen Symbole betrachtet werden - unsere Vorstellung ähnelt heute mehr der der Astrologie, wo jedes "Zeitalter" eine Kultur entwickelt, die den Hauptqualitäten des Zeichens entspricht, das diese Zeit regiert. (Bezüglich des gerade vergangenen Fische-Zeitalters wird dies unter "Fische" und "Widder" besprochen.) Die neue zyklische Betrachtungsweise gibt uns die Möglichkeit, das "Goldene Zeitalter", wie es schon die Indogermanen kannten, als Beschreibung einer vergangenen Kultur zu akzeptieren, die tatsächlich existiert hat. An diese Kultur gibt es nur noch schwache Erinnerungen, und sie ist in den nachfolgenden "dunklen Zeitaltern" in den Bereich der Mythen abgeschoben worden. Es ist sehr wahrscheinlich, daß diese Kultur Geschlechtergleichheit gekannt hat - sogar wahrscheinlicher als ein matriarchales oder patriarchales Übergewicht. Entsprechend dieser Ansicht haben wir uns aus einem "dunklen Zeitalter" um die Jahrtausendwende herausgearbeitet und sind jetzt an einem technologischen "Gipfelpunkt" angelangt. Es hat jedoch auch früher gewiß schon solche "Gipfelpunkte" gegeben, die dem unseren ähnlich waren, ihn möglicherweise sogar übertrafen ... und es hat auch schon andere "dunkle Zeitalter" gegeben.

Alles hängt genaugenommen von unserem Standort ab; wenn wir die mythischen Bilder des Göttlichen in unseren alten Symbolsystemen interpretieren (die uns vielleicht am unverfälschtesten in der Astrologie überliefert worden sind), so blicken wir durch die Fenster, die uns offenstehen, und drücken ihnen unvermeidlich dabei unseren eigenen Stempel auf. Das Symbolbild, so Kerenyi, spricht uns direkt an und wird in seiner multi-dimensionalen Art erfahren, die in ihrer Farbigkeit und Vielfalt weit über die Möglichkeiten unserer linearen Schriftsprache hinausgeht. Daher ist die Astrologie eine sehr individuelle und persönliche Kunst, und wenn dabei zu großer Wert auf Konformität in der Interpretation gelegt wird, so können keine brauchbaren tiefergehenden Einsichten daraus gewonnen werden. Andererseits gilt - wie von Jung betont -, daß die Interpretation umso tiefer und reicher wird, je mehr wir uns mit der Geschichte des Bildes, das uns berührt, auseinandersetzen.

Hiermit habe ich den Hintergrund meiner Forschungsarbeit andeutungsweise ausgebreitet und hoffe, daß die von mir aufgenommenen Fäden dazu anregen, den einen oder anderen weiterzuverfolgen. Vieles, das ich gern ausführlicher behandelt hätte, mußte aus Platzgründen entfallen. Anderes bedarf erst noch der Erforschung. In der skizzenhaften Zeittafel am Ende dieses Kapitels finden sich einige der bekannten Kulturen seit dem 8. Jahrtausend v.u.Z. sowie Zeitangaben für die verschiedenen Wellen der Völkerwanderungen/Invasionen, die nach den großen seismischen Störungen und den darauf folgenden Überschwemmungen der Zeit um 4000 v.u.Z. die vormals so friedliche Welt heimsuchten und das große "dunkle Zeitalter" einleiteten. Ich hoffe, daß meine Leserinnen mit mir Erleichterung darüber empfinden, daß wir uns endlich von der Vorstellung einer linearen Evolution trennen können, die um die Jahrhundertwende und danach so lähmend auf uns gewirkt hat.

Am Schluß dieses Abschnitts über die Symbolbild-Sprache möchte ich zwei Zitate, "verbale Bilder" zweier unserer größten Dichter bringen. Das erste hat, obwohl es nur aus wenigen Zeilen besteht, für mich immer genau ins Herz der Astrologie getroffen - Rilkes Gedichte sind ja voll von Himmelssphären und den Sternen. Das zweite Zitat bringt uns ein Frauenbild fernab jeder patriarchalen Ideologie nahe, ein Bild, aus dem Mythos und Tiefe, Realität und Magie zu uns sprechen...

... in der ersten Duineser Elegie von Rilke heißt es:

O und die Nacht, die Nacht, wenn der Wind voller Weltraum
uns am Angesicht zehrt -, wem bliebe sie nicht, die ersehnte,
sanft enttäuschende, welche dem einzelnen Herzen
mühsam bevorsteht. ...

... und in den lyrischen Fragmenten der Sappho finden sich diese Zeilen:

Die Mondin strahlte in ganzer Fülle,
wie um den Altar die Mädchen standen.
So tanzten im Maß einst wohl die Kreterinnen,
den holden Altar schwebenden Schritts umkreisend.

Einige aus Archäologie und Geschichte bekannte Kulturen und Völker:

8000 v.u.Z.	Jericho (Stadt von 5 Hektar Größe)
6500	Çatal Hüyük (Stadt von 13 Hektar Größe; heilige Stiere; Göttin-Verehrung)
5500	Nea Nikomedia (Griechenland)
5000	Türkei, Nord-Syrien, nördlicher Irak: Tell Halaf und Samsara-Kulte (Töpferei, Metallarbeiten, künstliche Bewässerung, Handwerk, Spezialisierung, Göttin-Verehrung) Überschwemmungen, seismische Störungen, Zerstörung
4000	Megalith-Kulturen Erste Invasionswelle
3500	Ur, Sumer, das prädynastische Ägypten, Indien
3000	frühe minoische und ägäische Kulturen
2500	Ebla (Stadt von 56,7 Hektar Größe mit einer Bevölkerung von 260000); Akkadische Kultur (Sargon 2371-16 v.u.Z.) Zweite Invasionswelle: Indogermanen
2000	Hyksos dringen in Ägypten ein; Veden in Indien; Hammurabi (Babylon); hochminoische Zeit
1500	Spätminoische Zeit; frühmykenische Zeit; Thera, Troja; Ägypten/Neues Reich; der biblische Abraham; Zarathustra
1000	Assyrien; Ende der hochmykenischen Zeit; Assurbanipal Dritte Invasionswelle: Indogermanen

500	antikes Griechenland; Zerstörung von Ninive; Aufstieg Babylons; Chaldäische Kultur; Pythagoras; Herodot; Thales von Milet; Hesiod; Sappho; Darius; Laotse; Konfuzius; Buddha; klassisches Griechenland; Alexander der Große; Ptolemäus; die Etrusker; der Aufstieg Roms
0	Jesus (mündliche Überlieferung); das Römische Reich; Vierte Invasionswelle
500 u.Z.	Zerstörung Roms; Byzanz, Mohammed; Aufstieg des Christentums; Aufstieg des Islam
1000	christliches mittelalterliches Europa; das islamische Weltreich; das Indien der Moguln
1500	Renaissance; das Ottomanische Reich; das merkantile Europa; Aufstieg der industrialisierten Reiche
2000	...

Die Eiszeiten:

600.000 v.u.Z.	Erste Eiszeit
550-475.000	Erste Zwischeneiszeit (Warmzeit): Homo erectus, Homo habilis, Homo sapiens
450-240.000	Zweite (große) Zwischeneiszeit (Warmzeit)
175-120.000	Dritte Zwischeneiszeit (Warmzeit)
27.000	Beginn der noch andauernden Zwischeneiszeit (Warmzeit), letzter Rückzug der Gletscher

2

Die Wasserzeichen

Fische, Krebs, Skorpion

In den alten Schöpfungsmythen repräsentierte das Element Wasser das Chaos. Es war dies nicht das dunkle, zerstörerische Chaos späterer Vorstellungen, sondern das kreative, lebensspendende "Chaos" der Meere und Ozeane dieser Welt. (Die modernen "Chaos"-Theorien zeigen ja auch, wie relativ "Chaos" gesehen werden kann. - Anm. d. Übers.) Für die frühen Griechen war das Element Wasser die Heimstatt der Seele, der Psyche. Das Meer ist auch für uns heute noch die "Mutter der Menschheit", das Unendliche, aus dem alles hervorgegangen ist, auch wir Menschen, und zu dem wir am Ende zurückkehren. Kreativität, die Fähigkeit zu sinnlicher Wahrnehmung von Schwingungen wie von den Wirkungen der Schwerkraft und der kosmischen Gezeiten - all das sind Qualitäten, die wir intuitiv nach wie vor mit den Meeren und Ozeanen, die unseren Planeten umspülen, in Zusammenhang bringen. Unsere Körper bestehen zum größten Teil aus Wasser (würde man es aus uns herauspressen, so bliebe ein Rest von der Größe eines Kieselsteines übrig), und wir reagieren gefühlsmäßig und körperlich auf die Gezeiten bzw. auf die Mondkräfte, die sie auslösen, auf das Pulsieren des Wassers; wir werden im tiefsten Grund unserer Persönlichkeit und auch in unserer Sexualität davon beeinflußt.

Die drei Wasserzeichen stehen wie Wegweiser im Rad der Sternzeichen und kennzeichnen unsere persönliche Geburt (Krebs), den Tod

(Skorpion) und den Schluß des Schöpfungszyklus im Übergang zum Neubeginn (Fische). Die Kraft, die im Symbol des Elements Wasser steckt, ist gewaltig, und alle Wasserzeichen sind davon betroffen.

Die zerstörerische wie die schöpferische Kraft des Wassers war den alten Völkern wohlbekannt. Die Überschwemmungen um 4500 v.u.Z., die Zerstörungen ungeheuren Ausmaßes mit sich brachten (und gleichzeitig der Ausgangspunkt der mythologischen biblischen Geschichten, der akkadischen Literatur u.a. waren), hatten bereits Vorläufer: die großen Überschwemmungen um 20.000 v.u.Z., gegen Ende der Eiszeit, durch die die Landverbindungen zwischen Großbritannien und Frankreich sowie zwischen Asien und Australien zerstört wurden. Nach Elaine Morgan hat der große Entwicklungsschub für die Menschheit wahrscheinlich in einem Wasser-Zeitalter (vielleicht am Ende der ersten Eiszeit) stattgefunden.

Die Wasserzeichen wurden durch ihre Verbindung mit dem Element Wasser, mit den Ozeanen, dem Meer als Mutter und Herrin allen Lebens auf der Erde, ein "natürliches Angriffsziel" für das Patriarchat der emporkommenden männlich dominierten Staaten. Plato hatte, noch vor Ptolemäus, die Seele bereits der Luft, einem männlichen Element, zugeordnet, sie also vom Wasser getrennt (und damit alle kreativen künstlerischen und dichterischen Kräfte, die mit dem Wasserelement verbunden sind, aus seinem *Staat* verbannt). Ptolemäus kodifizierte in seinen Schriften aus dem zweiten nachchristlichen Jahrhundert eine bereits bestehende männliche Philosophie, wenn er das Wasser neben der Erde als "weiblich" definierte, der Nacht zugehörig und negativ im Gegensatz zum Tag, den er positiv definierte und indirekt mit Glück verband.

In der Astrologie ist glücklicherweise die Abwertung von Erde und Wasser nicht in der extremen Form übernommen worden; trotzdem ist davon so viel eingeflossen, daß ein Vorurteil gegenüber den Wasserzeichen entstanden ist. Und 2000 Jahre kultureller Sozialisation, in denen Frauen Männern gegenüber keinesfalls als ebenbürtig, sondern als passiv, gefühlsbetont und möglicherweise wiederum auch als gefährlich (für

Männer) betrachtet wurden, haben das ihrige dazu beigetragen, dieses Vorurteil zu verstärken. Daher wird in allen Wasserzeichen der emotionale Aspekt betont, oft mit negativen Assoziationen wie z.B. "passiv und diffus, ohne festes Ziel" bei den Fischen oder "bedrohlich" bei Krebs und Skorpion. Freundliche Beschreibungen werden bei weitem von Warnungen übertroffen, welche auf die Probleme hinweisen, die durch bestimmte Eigenschaften verursacht werden können. Genau das Gegenteil geschieht bei den Feuerzeichen. Die meisten Wasserzeichen-Geborenen haben daher den vollkommen richtigen Eindruck, daß sie in ihrem Sonnenzeichen nur sehr einseitig beschrieben werden.

Als erstes Element der Schöpfung, aus dem alles andere entstanden ist, war das Wasser für die alten Völker das Symbol unseres physisch-sexuellen schöpferischen Selbst, unserer emotionalen Seelenkraft. Im folgenden habe ich versucht, in die Wasserzeichen wieder etwas von ihrer ursprünglichen Bedeutung zurückfließen zu lassen, von der Bedeutung, die sie hatten, bevor die Ideologie des Patriarchats sie wohlüberlegt auf ein Minimum reduzierte. Ich habe dazu weibliche Bilder für die Zeichen verwendet und ihre Regenten durch Regentinnen ersetzt. Und ich hoffe sehr, auf diese Weise etliches von der früheren Majestät und Macht des Elementes Wasser wiederhergestellt zu haben.

FISCHE ♓

Element:	Wasser
Qualität:	beweglich
Symbolbild:	Delphine
Regent:	Neptun (und Jupiter)
Regentin:	Tiamat, Göttin der Meere

Fische in Stichworten:
einfühlsam, verständnisvoll, schöpferisch, fließend, feinsinnig

Fische-Geborene sind einfühlsam, aufnahmebereit, äußerst feinsinnig, für sinnliche Eindrücke empfänglich - sie haben feinst abgestimmte Antennen, mit denen sie Eindrücke aufnehmen, sie "saugen" Stimmungen, Gefühlslagen und Schwingungen auf wie ein Schwamm. Sie sind flexibel, anpassungsfähig und zugleich schöpferisch, sie sind findig und vielseitig begabt. Sie sind Menschen, die man unmöglich "festnageln" kann. Sie erscheinen von unordentlich bis chaotisch, können aber ebenso voll Überschwang und Verspieltheit sein. Daß sie so oft Chaos hinterlassen, ist deshalb nicht ungewöhnlich. Fische-Menschen zieht es zum Meer, zur Astronomie (in die kosmischen Ozeane des Alls), zur Physik, zur Musik, wobei sie stärker offen sind für das, was mitschwingt, als daß sie sich ausschließlich auf die Melodie konzentrierten. Sie interessieren sich für Astrologie und Genetik und haben in Malerei, darstellender Kunst und Lehre Großes hervorgebracht. Ihr Einfühlungsvermögen hilft ihnen besonders bei der Zusammenarbeit mit anderen und befähigt sie zu Berufen, in denen mitfühlendes Verständnis vonnöten ist.

Die Fische-Eigenschaften sind dann stark, wenn in einem Horoskop die Sonne, der Mond und/oder der Aszendent in den Fischen steht und wenn Neptun im ersten Haus aufsteigt.

Symbolbild: Die Delphine

Das ursprüngliche Symbol für das Tierkreiszeichen Fische waren wahrscheinlich nicht die Fische, sondern die Delphine. Fische erschienen als Symbol erst verhältnismäßig spät, um 300 v.u.Z., und ersetzten nach und nach die Delphine in den bildlichen Darstellungen. Grund dafür war möglicherweise einerseits das Verschwinden der Delphine aus dem Mittelmeer und andererseits die Verdrängung der Göttin des Meeres. Heutzutage gibt es kaum mehr Delphine im Mittelmeer.

In alten Mythen und in Darstellungen z.B. auf Münzen ist es immer der Delphin, der als heiliges Tier, als das göttliche Meeres-Geschöpf der Göttin abgebildet wird. Sagen und Legenden berichten immer wieder von der Freundlichkeit und Hilfsbereitschaft der Delphine dem Menschen gegenüber - was die astrologische Betonung der Fische als ein Zeichen des "Dienens" erklärt. Arion, ein berühmter Sänger, wurde von einem Delphin gerettet und auf dessen Rücken bis nach Taenarum in der Nähe von Korinth getragen, wo es einen Delphin-Kult gab. Ein anderer Delphin half Erialos und seiner Geliebten, nach Lesbos, der Heimat Sapphos, zu kommen, wo sie später mit seiner Hilfe einen Tempel für die Meeres-Gottheit errichteten, die heute in der patriarchalen Version als die männliche Gottheit Poseidon dargestellt wird. Traditionell liegt die höchste Erfüllung der Fische in der Venus, dem Planeten der Liebe, und in der Geschichte von Erialos und seiner Geliebten wird die Verbindung zwischen Venus und der Meeresgottheit, zwischen den Fischen/Delphinen und den Liebenden schön

dargestellt. Besondere Verehrung wurde den Delphinen im minoischen Kreta entgegengebracht. Die Kreter waren ein Volk von Seefahrern, gebildet und matrilinear organisiert, und ihre Lebensweise wurde von den frühen Griechen kopiert, die auch ein Großteil ihrer Schöpfungsmythen aus dieser Kultur bezogen. Hier hatte die Meeresgöttin große Bedeutung, und der Delphin war ihr geheiligtes Tier. Im Megaron (dem Hauptraum des Palastes) der Königin von Knossos stellt ein Wandgemälde goldblaue Delphine dar, die in der reizenden, fließenden und eleganten Art der minoischen Malerei dargestellt und in ihrer freien und spontanen Wirkung

ausgesprochen fischegemäß sind. Abbildungen von Delphinen mit Knaben oder Mädchen auf dem Rücken sind häufig auf Siegeln zu finden. Für die frühen Griechen war der Delphin ein Glücksbringer für Frauen. Damit wird die Beziehung der Fische zum alten Regenten Jupiter und zu den Frauen deutlich. Da die Delphine als magische kraftvolle Geschöpfe verehrt wurden, waren sie später oft als Emblem auf den Schilden patriarchaler Helden abgebildet, die damit deren Kräfte für sich in Anspruch nahmen. Wenn Hesiod den berühmten Schild des Herakles beschreibt, so spricht er von der Darstellung des ruhelosen Meeres, auf dem Delphine ihr Spiel treiben. Zwei dieser Delphine waren in Silber, der Farbe der Göttin, graviert. Odysseus, der patriarchale Held, der es wagte, dem Gesang der Sirenen zu lauschen, ließ später seinen Schild ebenfalls mit einem Delphin schmücken. Die Fische, die Delphine, regieren in der Astrologie immer noch das mystischste Haus, das unseres Unbewußten, unserer Träume, die im Altertum eine Quelle von Offenbarungen waren. Den Gesang der Delphine können wir mit unserer Ratio, unserem bewußten Denken, immer noch nicht erfassen.

Auf Münzen zeigen sich Delphine oft paarweise, Kopf an Schwanz, ähnlich wie bei der Darstellung des Fische-Symbols in der Astrologie heute. Manchmal wurden sie Kopf an Kopf abgebildet, manchmal zu dritt und oft auch als einzelner Delphin mit einem Jüngling (möglicherweise dem Sänger Arion) auf dem Rücken. Um die Jahrtausendwende wurden all diese Darstellungen durch Fische ersetzt, und zwar durch das Bild von zwei Fischen, das sich in der römischen, der christlichen wie auch der astrologischen Symbolsprache durchsetzte. Als das Mittelmeer durch Seekriege immer unruhiger und "enger" wurde, verließen es die Delphine, um in den großen Ozeanen Ruhe zu suchen. Wo

Peru FR, 2.2.96

Delphine retten jungem Mann das Leben

LIMA, 1. Februar (dpa). Fünf Delphine haben einem jungen Mann vor den Küsten Perus das Leben gerettet. Wie Medien in der Hauptstadt Lima berichteten, war der 20jährige Carlos Reyes beim Schwimmen im Pazifik in der Nähe des Badeortes Paracas in eine Strömung geraten, die ihn seewärts zu treiben drohte. Wie durch ein Wunder tauchten den Angaben zufolge fünf Delphine auf, die offenbar die Heldentaten ihres legendären Serien-Artgenossen „Flipper" nachahmen wollten. Mit ihren Körpern hätten die Tiere den jungen Mann wieder Richtung Küste geschubst, bevor ein Motorboot der Küstenwache ihn aufnahm, hieß es. Augenzeugen bestätigten die Schilderungen.

Krieg geführt wird, können die empfindsamen Tiere nicht existieren.

Was bringt es uns, wenn wir das Zeichen der Fische durch die Delphine ersetzen?

Zunächst einmal lernen wir sofort die Jupiter-Natur der Fische verstehen. Die traditionelle Astrologie war nie sehr glücklich mit Jupiter als dem Regenten der Fische, da es für sie schwer nachzuvollziehen war, daß die Fische als Symbol des dunklen Unbewußten mit dem sonnengleichen Überschwang von Jupiter in Beziehung stehen sollten: daher die begeisterte Übernahme von Neptun, der römischen Meeresgottheit, durch die Astrologie. Jetzt war er der neue Regent.

Bringen wir die Delphine ins Zeichen der Fische ein, dann wird einiges von den verborgenen Jupiter-Qualitäten wieder sichtbar. Die Delphine wurden die übersprudelnden Extrovertierten des Meeres genannt, und Meeresforscher wie Seefahrer überall auf der Welt wissen um ihre Verspieltheit, ihre Freundlichkeit und Hilfsbereitschaft ebenso wie ihre hohe Intelligenz. Delphine haben nur sehr wenige natürliche Feinde und sind selbst von Natur aus keine Fleischfresser. Die den Fische-Geborenen innewohnende Sanftmut und Flexibilität ist, vor diesem Hintergrund betrachtet, keine Schwäche, sondern eine Stärke, und ihre "chaotischen" Angewohnheiten sind nur die Folge ihres überschwenglichen Charakters. So wie Jupiter im neunten Haus des Schützen in Gedanken und Realität auf Entdeckungsreisen ist, so "spielt" er im 12. Haus der Fische mit einfühlsamen Einsichten und Intuitionen in bezug auf die Umwelt, den Himmel und das Meer. Wie die Wissenschaft herausgefunden hat, besitzen die Delphine eine klangvolle, komplexe, hochentwickelte eigene Sprache - entsprechend sind die Einsichten der Fische-Geborenen immer sehr subtil, und ihre Kommunikation verläuft auf vielen verschiedenen Ebenen, was sie besonders befähigt,

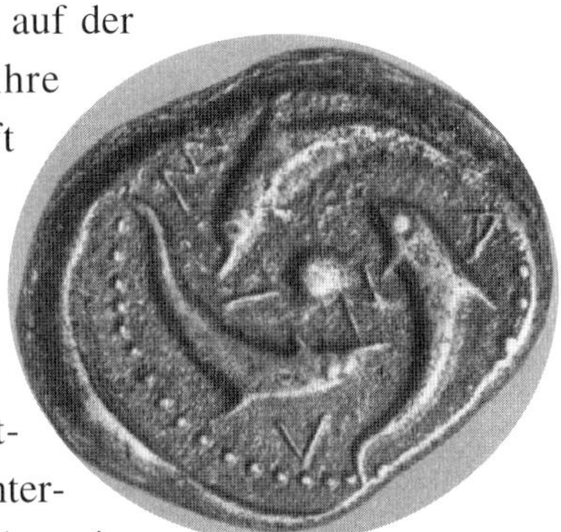

sich der “Gestörten” oder Leidenden unserer Gesellschaft anzunehmen.

Die Dualität der Fische-Geborenen, nämlich ihr entzücktes Dahintreiben mit den Gezeiten einerseits und die Fähigkeit, in inspirierten Sprüngen von einem Element ins andere zu wechseln andererseits, ist viel stärker im Delphin als im Fisch zu erkennen. Die Gabe, sich in zwei Bereichen zu Hause zu fühlen, wird in der traditionellen Beschreibung des Zeichens kaum beachtet. Und doch ist es genau dieses Talent, dieses Sich-Wohlfühlen in Wasser und Luft, im Gefühl und im Denken, in karmischer Intuition und in geistiger Kommunikation, das die Fische nicht nur zu guten Arbeiterinnen und Arbeitern im 12. Haus macht, sondern ebenso zu einem der kreativsten Zeichen überhaupt, mit Begabung zum Lehren oder zur darstellenden Kunst. Fische-Geborene sind besonders empfänglich für die unsichtbaren Kräfte des Kosmos, die Schwingungen in Wasser und Luft, und viele von ihnen gewinnen dadurch eine schwingungsmäßige Intensität, die sie auf einzigartige Weise anziehend macht.

In einem brutalen Umfeld kann die Empfänglichkeit der Fische-/Delphin-Geborenen zu einer Gefahr für das eigene Überleben werden. Daher müssen alle Fische-Geborenen ihre Freundinnen und Freunde wie ihre Umgebung sorgfältig auswählen - etwas, das die Delphine schon am eigenen Leib erfahren haben. Es fällt Fische-Geborenen äußerst schwer, sich bewußt von anderen abzuschließen, Verteidigungsmechanismen wie Zynismus, Bitterkeit oder Mißtrauen zu entwickeln, weil sie in ihrem Denken von Natur aus offen und ansprechbar sind genauso wie ihre Schwester, die Schützin. Diese kann sich durch körperliche Aktivität und Beweglichkeit schützen - sie verläßt einfach den Ort, an dem sie unglücklich ist. Die Fische-Geborenen dagegen schützen sich durch ihre Vorstellungskraft, indem sie Situationen, die sie belasten, geistig und seelisch hinter sich lassen. Wir können die weithin hallenden Delphin- und Walgesänge als eine Metapher für die schützende Hülle und den Mystizismus betrachten, die den Fische-Geborenen helfen, in einer feindlichen Umwelt zu überleben. Eine vergleichbare Metapher könnte unsere Sprache nie und nimmer produzieren.

In den Beschreibungen der Fische-Eigenschaften wird ihre "Fluchttendenz" meist negativ bewertet - da wird vor Drogenmißbrauch, finsteren Phantasien und Alkohol gewarnt, wobei ganz außer acht gelassen wird, daß dieser "Eskapismus" auch zu großen Meisterwerken der Malerei und Musik, des Denkens und phantasievoller Literatur geführt hat. Die Betonung der "negativen" Aspekte geschieht vielleicht in bester Absicht, bietet jedoch nur eine sehr einseitige Sicht auf die Kreativität der Fische und legt zu starkes Gewicht auf ihre sogenannten Charakterschwächen. Der Ausdruck "Schwäche" läßt sich sowieso nur schlecht auf die Fische-Geborenen anwenden, deren deutlichstes Charaktermerkmal ihre Regenerationsfähigkeit, eine Art von Flexibilität ist, die sie wie die Delphine die stärksten Stürme und den härtesten Wellengang überleben läßt, weil sie sich, wie jene, von den Fluten tragen lassen. Diese nie versiegende Regenerationskraft der Fische-Geborenen ermöglicht es vielen von ihnen, sich für Menschen in Pflegeeinrichtungen, in Nervenheilanstalten u.ä. einzusetzen, sich der Sozialarbeit zu widmen, in Berufen zu arbeiten, die z.B. die Feuerzeichen-Geborenen mit ihrer eher spröden Kraft zerstören würde.

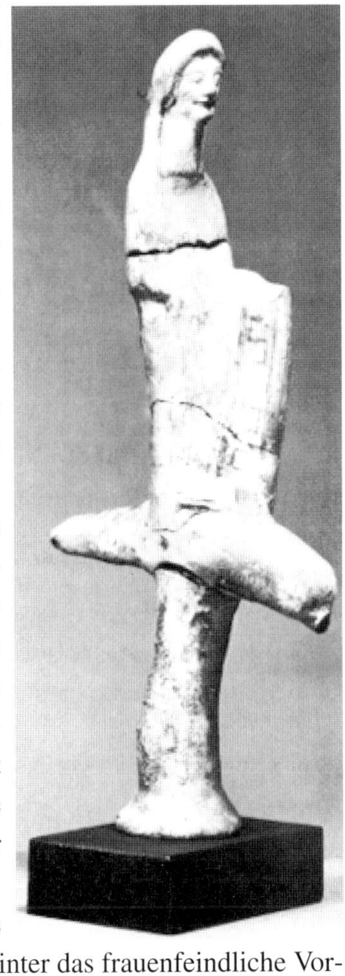

Wenn wir den Delphin wieder in das Fische-Zeichen zurückholen, können wir hinter das frauenfeindliche Vorurteil des Patriarchats schauen. Wir entdecken dann ein Bild des Glücks für Frauen, das vielfältig und lebendig ist. Das wahre Symbol für das Tierkreiszeichen Fische ist nicht der kalte Fisch, der im dunklen, düsteren Unbewußten umherirrt, sondern das warmblütige, kontaktfreudige Geschöpf im Sprung zwischen Himmel und Meer, in Harmonie und Einklang mit den Schwingungen des Universums. Seit Menschengedenken waren die Delphine unsere Freunde. Möglicherweise sind sie zur gleichen Zeit ins Meer gelangt wie wir und haben mit uns die Fluten und Umwälzungen des Wasser-Zeitalters durchlebt und dabei ihre Zuneigung zu uns entdeckt. Das 12. Haus in den Fischen ist sowohl das Haus unseres Unbewußten, der Ursprung unserer bewußten Persönlichkeit, wie gleichzeitig das Haus, welches den Beginn eines neuen Lebenszyklus signalisiert, das erste Haus der Schöpfung, das unserer Ozeane, aus denen alles hervorgegangen ist.Vielleicht dient der Delphin als Symbol für das Tierkreiszeichen Fische auch als Erinnerung an unsere ferne Vorzeit, daran, wo und mit wem gemeinsam wir unsere "Menschwerdung" erlebten. Die Delphine mit ihrer großen Intelligenz können sich vielleicht im Rückblick noch an uns als ihre gelehrigsten Schülerinnen und Schüler erinnern und sind uns deshalb freundlich gesinnt.

Regentin: Tiamat

(und die Sirenen)

Die gegenwärtigen Regenten des Zeichens Fische, die Meeresgötter Neptun (Oceanus) und der noch ältere Gott Poseidon, sind nur ein recht schwacher Abklatsch der früheren Großen Göttinnen des Meeres wie zum Beispiel Aschtoreth von Zypern, Atargatis von Phönikien (Byblos, Sidon und

Tyrus), die minoische Merresgöttin und Tiamat, Göttin der Ozeane und Urmutter der Zeit. Tiamat steht mit ihrem Zwilling Apsu von den Seen und Teichen am wahren Anfang des Tierkreises. Sie ist das Meer der Unsterblichkeit, das zeitlose Wasser, das die Ägypter in ihrer Mythologie Nun/Nin nannten, das Wasser der Unendlichkeit, des Nichts (no-thing) (in dem Aton in seiner ursprünglichen Form der Schlange "seinen" Namen nennt und damit den Schöpfungsakt beginnt).

Nach dem akkadischen Mythos wird die Schöpfung durch Tiamat selbst und ihren Zwilling ausgelöst, indem sie eine Reihe von Zwillingen gebiert, deren letzte Ea und Anu sind, Erde und Himmel. Von diesem Zeitpunkt an beginnt die eigentliche Schöpfung des Menschen. Nach demselben Mythos ist Tiamat die Schöpferin des Tierkreises, der Sterne und Planeten, die jedem Monat seine Konstellationen zuordnet, die Stellung der Planeten einteilt und den Mondkalender schafft. Sie ist die Verkörperung schöpferischer Kraft schlechthin und vereinigt in sich in vielfältiger Weise Macht und Magie.

Die Meeresgöttin als Regentin des Tierkreiszeichens Fische ist fest in altem Gedankengut verankert. In Indien ist sie das kosmische Ur-Meer, in dessen Armen die tausendköpfige Kobra der Unendlichkeit ruht, die Vischnu als Ruhestatt dient. In der Genesis ist sie das Wasser, auf dem der Geist Gottes schwebt, bevor er Himmel und Erde erschafft. In vielen alten Schöpfungsgeschichten hat sie Dualität, wie Nun/Nin in Ägypten oder Tiamat und ihr Zwilling im akkadischen Mythos, und reflektiert damit das Doppelsymbol der Delphine. (Eine ähnliche ausdrückliche Dualität zeigt sich auch in den Symbolen für die Zwillinge.) Oft wird sie als das Chaos beschrieben - ein Wort, das ursprünglich nichts anderes bedeutete als "Zeit vor der Ordnung", das im Verlauf der griechischen Geschichte jedoch einen drastischen Bedeutungswandel erfuhr, der sich später in der Interpretation "finsteres, destruktives Chaos" niederschlug. Als Meer des Nichts erinnert uns Tiamat an die buddhistischen und hinduistischen Beschreibungen des Nirwana, wo das Transzendente, also die erstrebte Befreiung, ähnlich verneinend (nicht dies und nicht dieses) verstanden wird. Im Symbol der Fische zeigt sich die Verbindung und Gleichwertigkeit von Gegensätzen, von Tiefe und Höhe, von Weiblich und Männlich, und damit wird dieses Zeichen zu einem der mystischsten im Tierkreis. Tiamat steht am Ende und am Anfang des kosmischen Zyklus, und das Haus, dessen Regentin sie ist, das 12. Haus, ist das des Karma, der Essenz des Vergangenen, die wir in unser jetziges Leben mitgebracht haben. Im Haus des "Untätigen" liegt das Potential unseres neuen Werdens. T.S. Eliot drückt das in seinen *Four Quartets* so aus:

Gegenwärtiges und Vergangenes
sind vielleicht im Zukünftigen enthalten,
das wiederum Teil des Vergangenen ist.

Obwohl die frühen Schöpfungsgeschichten sie in ihrer Dualität zeigen, wurde dem weiblichen Aspekt der Meeresgöttin immer größeres Gewicht gegeben als dem männlichen, der eher eine Chiffre bleibt. Als die neuen göttlichen Emporkömmlinge gegen die alte Ordnung rebellieren und Tiamats Zwilling töten, ist sie es, mit der es keine dieser männlichen Gottheiten aufnehmen kann. Sie hält die "Tafeln des Schicksals" in Händen. Vielleicht hat sogar die Mutter Hubbard, die alle englischen Kinder kennen, etwas mit ihr zu tun. In einem Kinderreim heißt es, daß nur, wer an ihren Zauber glaubt, "volle Schubladen" in ihrem Vorratsschrank findet. Im babylonischen Weltschöpfungsmythos der *Enuma Elisch* wird die Macht der Meeresgöttin, ihre Widerstandskraft und ihre einfallsreiche Reaktion auf Gefahren deutlich gemacht. Tiamat unterscheidet sich erheblich von der astrologischen Darstellung Neptuns, der *nur* mystisch und verträumt ist. Das Meer, das Stürme und Vernichtung bringen kann und immer gefährlich und unberechenbar bleibt, spiegelt Tiamats Fähigkeit, sich mit Gewalt und Zerstörung zu äußern. So wie Tiamat inspirierte Weisheit verkörpert - ebenso wie ihre Schwester, die Schützin - repräsentiert sie die Kräfte, die ihr zur Zeit ihrer höchsten Verehrung zugesprochen wurden. Es sind die psychischen, emotionalen, "unsichtbaren" Kräfte des Meeres, die Kräfte unserer Seele; war doch die Seele ursprünglich im Element Wasser angesiedelt. In unserer gegenwärtigen Zeit, in der - wie schon in den vergangenen 2000 Jahren - viel Seelisches aufgestaut und nicht zum Ausdruck gebracht wird und wo wir von unseren feineren, empathischen Gefühlen getrennt sind, kann die Flucht in die Gewalt, sei sie nun gegen uns selbst (Drogen) oder gegen andere gerichtet (Aggression, Mißbrauch, Krieg), psychische Kräfte freisetzen, die sich wie das Meer mit unkontrollierbarer Heftigkeit äußern. Tiamat zeigt also, zu welcher Gefahr sie im Falle ihrer Unterdrückung durch die Gesellschaft werden kann.

Andererseits ist Tiamat auch wundertätig, so wie der spätere große Lehrer des Fische-Zeitalters, Jesus Christus. Der Geburtstag von Jesus wird traditionsgemäß im Tierkreiszeichen Steinbock, zur Wintersonnenwende, gefeiert, was auf seine göttliche Geburt hinweist (Fest der Wiedergeburt der Sonne). Die Lehren von Jesus sind absolut fischegemäß und betonen die Bedeutung von Anteilnahme, Gewaltlosigkeit und Mitgefühl für die Leidenden. Die frühen Christen wählten den Fisch als ihr Symbol.Tiamat erinnert uns an die Fähigkeit der Meeresgöttin, hinter den Äußerlichkeiten die Seele, das "Mana" einer Person zu erkennen und die darin ruhenden Kräfte in Zeiten der Gefahr zu mobilisieren: Spirituelle Menschen heute "zapfen" ihre emotionalen Kräfte an, ihr Bewußtsein unseres Ursprungs - und wie bei den heilenden Wassern der Unendlichkeit antwortet die Seele auf ihren Ruf und setzt den Körper-Geist-Seele-Selbstheilungsprozeß in Gang. Die mystisch-empathischen Fähigkeiten, die die Göttin allen Fische-Geborenen verliehen hat, die Gabe, im wahrsten Sinn des Wortes Wunder zu wirken, wird leider viel zu wenig genutzt. Die Gründe dafür sind zum einen, daß es immer weniger Institutionen gibt, die dies unterstützen, zum anderen, daß eine hochspezialisierte chirurgische und Apparate-Medizin sich immer mehr ausbreitet. Und doch, wer kann besser als die Herrin des Meeres und der Schoß des Lebens den Sterbenden Leben zurückgeben, das Karma, die Gene des Lebens erneuern?!

Tiamat, die Göttin der Meere, macht uns bewußt, daß das Meer Leben zeugt und alle Lebensformen erschafft. Zu den Wesen, die sie in den

Enuma Elisch zu Hilfe ruft, gehören wohl die meisten anderen Zeichen des Tierkreises - vielleicht waren sie die matrilinearen Völker ihrer Zeit. Wenn Tiamats Krieger am Ende auch von den patriarchalen Invasoren besiegt wurden, hat sie als Symbol des Schöpferischen doch nichts an Kraft verloren. Ihre Meere, die sich in Ebbe und Flut der Zugkraft des Mondes hingeben, sind immer noch Symbole des Ewigen, des Unveränderlich-Veränderlichen, des Urzeitlichen und sich immer wieder Erneuernden. Und wir empfinden sie als weiblich - immer noch. Ihre Meeres-Töchter, die Sirenen und Meerjungfrauen, sind göttliche Gestalten, die in Mythen und Märchen von einer magischen (und bedrohlichen) Aura umgeben sind. Bevor wir uns mit der Göttin Tiamat, wie sie in den *Enuma Elisch* beschrieben wird, beschäftigen, betrachten wir einmal die mythologische Auseinandersetzung ihrer göttlichen Kräfte in Gestalt der Sirenen mit den neuen Patriarchaten am Beispiel des griechischen Helden Odysseus.

Die Sirenen

In dem bekannten Mythos verzaubern die Sirenen durch ihren Gesang alle, die an ihnen vorbeisegeln. Homer behauptet, daß es nur zwei Sirenen gab, andere sagen, es waren drei oder vier. Der Zauber der Sirenen lockt Männer zu ihrer Insel, die dann entweder, ungeachtet früherer Bindungen und Verpflichtungen, für immer dort bleiben oder beim Versuch, die Insel schwimmend zu erreichen, umkommen.

Als Odysseus auf seinem Heimweg von Troja an der Insel der Sirenen vorbei muß, versichert er sich der Hilfe der anderen großen Mondgöttin, nämlich Circe, die die Krebs-Schwester der Fische ist. Sie rät ihm, sich selbst und seinen Männern die Ohren mit Bienenwachs zu verstopfen (Bienenwachs ist ein weiteres Krebs-Symbol). Er möchte jedoch dem Sirenengesang lauschen und befiehlt seinen Männern, ihn an den Mast zu binden (ein wahrhaft männliches Phallussymbol!), damit er nicht über Bord springen und zur Insel schwimmen kann - und dabei im Meer ertrinken, was das Schicksal vieler war.

In diesem Mythos ist das Meer bei weitem nicht die wohlwollende Mutter, der Schoß, die Schöpferin - hier ist es ein Zauberelement, das besonders Männern gefährlich wird. Die Sirenen erinnern die vorbeiziehenden Indogermanen daran, daß es ältere Formen seelischer Ansprechbarkeit, ältere Klänge, Schwingungen, Arten der Kommunikation gibt. Daß diese gleichzeitig angsteinflößend und verzaubernd, todbringend und magisch sein können, drückt sich im Wunsch des Odysseus aus, den Gesang zu hören. Doch diesen subtilen Fische-Klängen zu lauschen bedeutet, das harte, stromlinienförmige Schiff (das patriarchale Krieger-Element) zu verlassen, um in das Strömen und Fließen der Ozeane einzutauchen. Odysseus, der mächtige männliche Krieger, kann das natürlich nicht zulassen - er will beides haben: Er möchte die intuitive Weisheit und magische Prophetiegabe der Fische erlangen und gleichzeitig seinen eigenen Weg gehen! (Odysseus ist übrigens eine sehr männliche, patriarchale Version des Zwillings.)

Die Sirenen erinnern daran, welchen Zauber die Weisheit der Meeresgöttin auf diese frühen Patriarchen noch ausübte - was sie selbst heute noch tut. Vielleicht kann nur die Art, in welcher sie sich in den Fischen ausdrückt, im harten, dominierenden Mann eine Vorstellung davon wecken, was er verloren hat, und damit den Wunsch nach einer Veränderung aufkommen lassen. Im Meer der Fische zu ertrinken, das vergangene Leben zugunsten eines neuen aufzugeben, ist die unausweichliche Folge solchen Erwachens. Dabei wird der Patriarch "ent-mannt", und da er das weiß, empfindet er das Singen der Sirenen als bedrohlich.

In unserer Kultur erklingt der Sirenen-Gesang unter der Oberfläche immer noch, voll Zauber, Süße und Reinheit. Gefährlich wird ihr Lied nur dem, der es verleugnet.

Die Große Göttin Tiamat
im babylonischen "Weltschöpfungsepos"

Am Anfang ist allein die Göttin Tiamat und ihr Zwillingsbruder Apsu. Sie die Göttin der Meere, er der Gott der Teiche und Seen. Tiamat und Apsu zeugen Zwillinge, Lahamu und Lahmu, die ihrerseits Zwillingen, nämlich Kischar und Anschar, das Leben schenken, von denen wiederum Ea und Anu, Erde und Himmel, abstammen. Nach der Geburt von Ea und Anu beginnt die Geschichte der Menschheit - und sie haben viele Nachkommen, die jüngeren Götter mit Namen Anunnaki, die von Ea und Anu geleitet werden.

Diese lärmenden Nachkommen Eas und Anus, deren es noch dazu viele gibt, sind Tiamat und Apsu ein Ärgernis:

> Apsu spricht: *"Ihre Umtriebe sind mir eine Last;*
> *ich finde bei Tag keine Ruhe und bei Nacht keinen Schlaf.*
> *Laß sie mich zerstören, laß mich ihr Lärmen*
> *aus der Welt schaffen,*
> *auf daß es wieder stille werde und wir ruhen können.*
> Tiamat spricht: *"Wie? Sollen wir zerstören, was wir*
> *selbst erschaffen haben?*
> *Was sie tun, ist schmerzhaft, das ist wahr,*
> *doch lasset uns in Frieden weiter zusammenleben."*

Es handelt sich hier um einen patriarchalen Mythos, und er erzählt weiter, wie das männliche Oberhaupt der Anunnaki Apsu tötet. Tiamat ist wütend und ruft ihre Streitkräfte zusammen, um jetzt die jungen (männlichen) Emporkömmlinge zu bekämpfen. Offensichtlich ist ihr schließlich klargeworden, daß eine männliche "Machtübernahme" stattfindet. Wie die Fische kann sie, wenn sie zum Agieren gezwungen wird, ungeheure Kräfte mobilisieren:

Wütende Drachen, furchtbar zu schauen, gebar sie,
mit Lichterkränzen um das Haupt, wie Götter.
Die giftige Schlange, der rote Drache, das Lahamu-Untier,
der große Löwe, der wilde Hund, die Skorpionmenschen -
sie alle kamen um ihretwillen.
Desgleichen die Stürme, Fischmenschen, der Bulle,
waffenstarrend, furchtlos, den Kampf zu bestreiten.

Da dies ein Mythos von Invasoren ist, ist es folgerichtig, daß zuletzt die Gegenseite siegt - die Annunaki: Als sie in stummer Verzweiflung dasitzen, erhebt sich ein neuer männlicher Recke, Marduk (der später zum Gott und jungen Bullen der Sonne wird), und verspricht, die Anunnaki zum Sieg zu führen. Es entbrennt eine große Schlacht, in der er Tiamat besiegt. Ihre gewaltige Zauberkraft kann jedoch nicht verlorengehen - und der Mythos berichtet, wie Marduk ihren Körper in zwei Hälften teilt, deren eine er über den Himmel (wie bei der taurischen Nut) und deren andere er über die Erde spannt - danach kann die männlich dominierte Geschichte der Menschheit beginnen.

Fische im Patriarchat

Da die Fische als "weibliches" Wasserzeichen gesehen werden, wird in den Beschreibungen immer ihre "Emotionalität" betont. Sie wird in zahlreichen positiv bewerteten Adjektiven ausgedrückt, wie z.B. "intuitiv", "phantasievoll" oder "mitfühlend", und im Zusammenhang mit dem geschätzten Einfühlungsvermögen der Fische-Geborenen gesehen. Viele Texte sprechen auch von den künstlerischen und mystischen Neigungen der Fische-Geborenen, von ihrer Fähigkeit zum Lehren, und weisen auf die Feinheit ihrer Empfindungen und Gedankengänge hin. Da sie Symbol der "ewigen Wasser", des schöpferischen Meeres sind, ist es nicht überraschend, daß ihre karmischen Kräfte zumindest teilweise erkannt werden und auch ihre Gefühlstiefe und Sensibilität zur Geltung kommt.

In herkömmlichen Interpretationen wird behauptet, daß die Fische-Geborenen "ein Zuviel an Realität nicht ertragen können" und daß sie besonders fluchtbereit und gleichzeitig diffus und verschwommen sind. Das stimmt vielleicht sogar, wenn jemand in einem Umfeld zu leben gezwungen ist, das den eigenen Tierkreis-Qualitäten und damit, astrologisch betrachtet, der ureigensten Natur entgegen steht. Unsere gegenwärtige "Realität" - patriarchal, kriegerisch, aggressiv, materialistisch und hierarchisch - entspricht ganz sicher nicht dem Fische-Prinzip. Das zarte Einfühlungsvermögen der in diesem Zeichen Geborenen wird ständig verletzt durch die Härte und Schwere unseres Lebens und durch karmisch von Aggressionen bestimmte Emotionen, die sich in unseren Handlungen, in den Medien, in Kunst und Religion manifestieren. Fische-Geborene können sich in solchen Situationen verlieren, wie ein Schwamm saugen sie die Aggression mit ihrer empathischen Seele auf: Fische-Geborene, die in einer patriarchalen Gesellschaft leben, müssen einfach Fluchtmöglichkeiten haben und ihr eigenes Revier aufsuchen können - ihr "Eskapismus" ist nichts anderes als eine konstante Kritik an unserer Gesellschaft.

Astrologisch gesprochen sind wir am Ende des Fische-Zeitalters angelangt, welches, wie es heißt, um die Zeitenwende und mit dem Aufstieg des Christentums begonnen hat. Da jedes Zeitalter die Färbung seines Zeichens trägt, hätte dies eine Ära voller Freude und Überschwang, voller Mystik und Humanität sein müssen - ideal also für alle in diesem Zeichen Geborenen. Warum war es das nicht?

Einige Gründe dafür gehen zurück bis ins vorherige Widder-Zeitalter und auf die gewalttätigen patriarchalen Gesellschaften, die damals entstanden. Es gibt einen direkten Bezug zwischen männlicher Herrschsucht und Krieg, eins speist sich aus dem anderen, und je schneller sich die Kriegstechnologie entwickelte, desto fester gründete sich die Macht des

Patriarchats. Zur Jahrtausendwende hatten die neuen Staatsideologien bereits alle etwaigen fischegemäßen Einsichten für sich vereinnahmt oder verworfen, und allen nachfolgenden "Einsichten" erging es nicht besser. Die Lehren von Jesus Christus, dem berühmtesten und größten mystischen Lehrer jener Zeit, wurden durch die männlich-dominierte Institution, die in seinem Namen geschaffen worden war, zum Teil verfälscht und weitgehend gar nicht beachtet. Rom und der Judaismus, die beiden stärksten patriarchalen Machtträger seiner Zeit, kreuzigten ihn, so wie die nachfolgende patriarchale Institution der christlichen Kirche andere in seinem Namen kreuzigte und tötete. Die Tugenden, die Jesus verkündigt, nämlich Liebe, Mitgefühl, Verständnis für andere, Achtung vor den Schwachen, den Hilflosen und Leidenden, sind alle "weiblich" und fischegemäß, und die männlich dominierten Kulturen der damaligen Zeit konnten und wollten sie nicht wirklich zum Tragen kommen lassen. Auf diese Weise hat die christliche Kirche mehr zur Diskriminierung des Weiblichen, zu Zwang und Verfolgung und zu "Glaubenskriegen" beigetragen als zum Gegenteil.

Wenn wir wissen, wie sehr die Fische-Qualitäten im Verlauf der vergangenen 2000 Jahre unterdrückt wurden, so erstaunt es nicht, daß diese Ära im Rückblick als eine Zeit voller Grausamkeiten erscheint, eine Zeit der unkontrolliert aufsteigenden Verzweiflung und Angst, der dunklen Nacht der Seele. Das Wiedererwecken tiefer Einsichten in unser Inneres, das wachsende Interesse an Psychologie und an Religionen mit psychologischem und mystischem Hintergrund, wie Buddhismus und Taoismus, kann astrologisch als das "letzte Aufgebot" der Fische-Kräfte verstanden werden, um dem dem Ende zugehenden Zeitalter doch noch die Eigenschaften zu schenken, die der eigentlichen Fische-Natur entsprechen. Es heißt, daß zu Beginn und am Ende eines Zeitalters sein astrologischer Charakter am deutlichsten spürbar wird, und vielleicht sind das erwachende Interesse an östlicher Mystik und die Neubelebung unserer heutigen Religionen Ausdruck für den wahren Charakter und das Anliegen des Fische-Zeichens. Entsprechend sind auch die gewaltlosen Formen von Protest, die friedlichen Demonstrationen und Sit-ins ebenso wie die weltweit sich ausbreitende Pop-/Rock-Musikkultur Beispiele für den sozialen Charakter dieses Zeichens. Gegen diese Fische-Visionen rotten sich jedoch die Mächte der Gewalt, des Krieges und der Unterdrückung zusammen, die Mächte der Gefühllosigkeit und des Hasses, die die Werkzeuge karmischer Selbstzerstörung schaffen helfen - unsere Atom- und Wasserstoffbomben, unsere chemischen Waffen und durch genenetische Manipulation entstandene Viren.

Und doch haben wir - spät, aber doch - die Magie und die Intelligenz der Delphine und Wale für uns wiederentdeckt, und zwar sowohl in der Wissensschaft wie auch im Bewußtsein der breiten Masse; und wir erhalten als Frauen endlich einen Freiraum, in dem wir wir selbst sein können und damit - vielleicht - die Einstellung der Menschen unserer Zeit und ihre Institutionen verändern helfen. So kann die Widerstandskraft der Fische/Delphine und sei es am Ende ihrer Ära, doch noch etwas bewirken.

KREBS ♋

Element:	Wasser
Qualität:	kardinal
Symbolbild:	Krebs und Biene
Regent:	Mond
Regentin:	Hera; Mond- und Himmelsgöttinnen

Krebs in Stichworten: familienorientiert, gefühlsbetont, empfindsam, mütterlich, vorsichtig, beharrlich, stark

Krebs-Geborene verlangen, respektiert zu werden. Sie fühlen sich ihrer Familie stark verbunden, und ihre Freunde werden zu "Mitgliedern der Familie". Obwohl Krebs-Menschen sehr vorsichtig sind, wenn sie Neues unternehmen oder neue Freundschaften schließen, sind sie doch gute Geschäftsleute. Sie sind handwerklich begabt, können ausgezeichnete Schauspielerinnen oder Pantomiminnen sein, sie lieben das Meer und die Musik und singen gern. Sie sind phantasievoll, anregend und beharrlich, stark in ihren Gefühlen - sie sind immer dann zufrieden, wenn sie ihren emotionalen Drang nach außen ausleben können. Sie erkennen intuitiv, welche Gefühle andere ihnen gegenüber hegen, und sind im Grunde scheu, voller Ideale, warmherzig und klug. Wenn ihr Interesse an der Vergangenheit einmal geweckt ist, haben sie ein sehr gutes Gedächtnis: sie merken sich geschichtliche Daten und Fakten, Namen und Geschlechter. Krebs-Geborene können sentimental sein und sich für schmalzige Rührstücke begeistern - gleichzeitig aber sind sie streng in ihren Ansichten und Reaktionen. Es ist ihnen wichtig, daß die soziale Gruppe, in der sie sich bewegen, ihnen den gebührenden Respekt zollt.

Die Krebs-Eigenschaften sind dann stark, wenn die Sonne, der Mond oder der Aszendent im Krebs steht.

Symbolbild: Der Krebs ... und die Biene

Im Symbolbild des Krebses versinnbildlicht der Tierkreis den Impuls der Menschen am Ende des Wasser-Zeitalters, aus dem Wasser auf das feste Land zu gehen. Als die Fluten zurückgingen und sich an den Ufern und Mündungen der Flüsse die ersten Siedlungen zeigten, müssen unsere damaligen Vorfahren, ähnlich wie der Krebs, zu Wasser und zu Lande überlebensfähig gewesen sein. In diesen ersten Ansiedlungen gehörten Schalentiere zur täglichen Nahrung, was archäologische Funde bestätigen. Das Tierkreiszeichen Krebs reicht vielleicht am weitesten in unsere Menschheitsgeschichte zurück, in die Zeit der ersten Gruppenbildungen, der ersten Sippen. Biologisch ist der Wechsel aus dem Meer auf das Land der evolutionäre Schub, der einen neuen Entwicklungszweig eröffnet, den der "Säugetiere", zu dem wir gehören. Das Symbolzeichen für den Krebs (♋) hat in seiner Ähnlichkeit mit dem Zeichen für Sperma vielleicht einen noch älteren Hintergrund, als uns bewußt ist. Das sprichwörtliche gute Gedächtnis der Krebs-Geborenen für alles, was mit Familiengeschichte, Sippe, Erbfolge und ganz allgemeinen mit früheren Zeiten zu tun hat, resultiert ganz sicher aus der langen Geschichte des Krebses, die daran erinnert, wo wir herkommen.

In früher Zeit war das Bild des Krebses immer im Zusammenhang mit der Göttin in einer Ihrer Gestalten zu sehen. Wir finden solche Darstellungen auf den Inseln der Ägäis und auf den großen Mittelmeerinseln Kreta, Sizilien und Zypern. Auf Kreta und Sizilien gibt es - auch im Landesinneren - Höhlenschreine der Göttin, die ganz mit Gehäusen von Schalentieren ausgelegt sind. Um 700 v.u.Z. gab es Münzen, auf denen vorne der Krebs oder manchmal ein Tintenfisch und auf der Rückseite der Kopf der

Göttin abgebildet war. Bei den seefahrenden Völkern dieser Regionen war der Krebs als Symbol bis in das klassische Altertum wichtig und scheint, wie der Delphin, in unmittelbarem Zusammenhang mit den matrilinearen Gesellschaften Kretas und der Ägäis gestanden zu haben. Der Krebs hat sogar noch in der späteren griechischen Mythologie direkt mit weiblicher Autorität zu tun, z.B. wenn er - wie im Mythos erzählt wird, von Hera, der Königin des Olymps, gegen den Emporkömmling Herakles ausgesandt wird.

Was kann das große Alter des Symbols und seine Verbindung zur Göttin unserer Interpretation des Zeichens an Tiefe und Sinn hinzufügen?

In traditionellen astrologischen Texten wird dem Krebs als Symbol ein nur recht beschränktes Potential zugestanden. So gibt es eine direkte Verbindung zwischen dem Krebs und seinen Attributen der Beharrlichkeit und der "rauhen Schale mit weichem Kern" - die Krebs-Geborenen sind die archetypischen "Contenance-Wahrer" schlechthin. Die Texte heben die schwankenden Stimmungen des Krebses hervor und bringen sie in Zusammenhang mit den Gezeiten, den sich ändernden Strömungen im Meer und den wechselnden Mondphasen.

Der Krebs ist im Meer, in den schöpferischen Gefühls-Ozeanen der Fische, beheimatet. Das vorsichtige Vorwärtsgehen des Krebses an Land entspricht der Vorsicht der Krebs-Geborenen, wenn sie sich etwas Neuem gegenübersehen.

Alle diese Verbindungen sind bei der Interpretation des Zeichens hilfreich, die "stärkeren" Bedeutungsaspekte gehen verloren, wenn wir das Zeichen nur aus "moderner" Sicht betrachten. Krebs ist ein Kardinal-Zeichen, voll Schwung und Initiative; die kräftige Vorwärtsbewegung des Krebses in Richtung Land ist ein ebenso klarer Ausdruck der Krebsqualitäten wie die Vorsicht, die ihn sich zurückziehen läßt. Die Evolutionsenergie, unser emotional-physischer, kreativ-sexueller Antrieb, unser elementarer Drang, ein Heim oder Haus oder auch eine Ordnung zu finden, ist im Krebs ausgeprägt angelegt. Seine Schlüsselposition im Tierkreis spiegelt sich auch in den Talenten, die ihm zugesprochen werden. Es heißt, daß Krebs-Geborene handwerklich begabt sind und daß sie ihre fundamentalen Fertigkeiten am besten in kleinem, abgegrenztem Rahmen, wie in der Urgesellschaft, einsetzen können. Der Gesang, ein besonderesTalent des Krebses, ist vielleicht die älteste künstlerische Form menschlichen Ausdrucks, eine universale Kommunikationsmöglichkeit. In den frühen Tagen menschlicher Gemeinschaften waren es die Krebskräfte, die die Gruppe zusammenhielten, und die Krebsfertigkeiten, die die Menschheit zum Überleben befähigten. Das Krebssymbol drückt nicht nur die Kraft und das Durchstehvermögen des Krebses aus, das die Sippe im Kampf gegen die feindliche Umwelt vereinte, sondern gleichermaßen grundlegende Fähigkeiten, die - evolutionär gesehen - von zentraler Bedeutung für den Erfolg unserer Spezies waren. Ohne den Krebs-Antrieb wären wir nicht auf dieser Erde und könnten die Elemente nicht würdigen!

Oft wird der Krebs auch als See-Spinne bezeichnet, ein Symbol, das die zentrierende Kraft der Krebs-Persönlichkeit beschreibt. So wie es den Mond- vor dem Sonnenkalender gab, so gab es die Gruppierung in Sippe, Familie, Haus oder Geschlecht in Krebsmanier eher als die wesentlich lockerere Bindung des Löwen. Die See-Spinne Krebs hat die Fähigkeit, ein Netz von Beziehungen zu weben, es zusammenzuhalten und gegen Gefahren und Angriffe zu schützen. Die Bezogenheit auf das persönliche Umfeld, die in herkömmlichen Beschreibungen des Krebs-Zeichens oft negativ bewertet wird, ist hiernach - wie das Gedächtnis der Krebs-Geborenen für Namen und Geschlechterherkunft - eine nützliche und bedeutende Fähigkeit. Im Mythos des minoischen Kreta ist Ariadne, deren Name laut Robert von Ranke-Graves "Spinne" bedeutet, die Göttin/Königin im Zentrum dieser Stadtkultur. Und nur, indem er *ihrem* Faden folgt, kann der griechische Held Theseus den Mittelpunkt des Labyrinths erreichen.

Die zentrierende Kraft der Krebsin und ihre Rolle als Matriarchin war in alter Zeit auch mit einem anderen Symbol verbunden, das uns vielleicht zugänglicher ist als das des Krebses, nämlich mit dem der Biene.

Nach Entstehung des Patriarchats und dem Dunklen Zeitalter ging uns der astronomische "Bienenkorb" verloren - ein sich als Sternenfamilie vorwärtsbewegender Sternenhaufen mit über 400 Sternen im Sternbild des Krebses. Erst Galileo Galilei entdeckte ihn im 17. Jahrhundert wieder. Bienen waren, sowohl in Kreta als auch auf den ägäischen Inseln, ein beliebtes Symbol. Sie standen in Zusammenhang mit dem Krebs und wurden in Höhlenschreinen gefunden, in denen die Göttin verehrt wurde. Sie waren das Symbol unserer frühesten Geschichte, des Goldenen Zeitalters, in dem, nach Hesiod, die Menschen ohne Sorgen und Mühen lebten, sich von Eicheln und Wildfrüchten ernährten und vom Honig, der von den Bäumen tropfte. Bienen waren das Symbol für Reichtum und Überfluß und ersetzten, als die Gesellschaften wohlhabender und landverbundener wurden, den bescheidenen Krebs. Wie der Krebs steht auch die Biene in engem Zusammenhang mit matriarchalen und matrilinearen Gesellschaften. Nach Robert von Ranke-Graves war einer der Titel der Demeter "Reine Mutter der Bienen", und es wurden ihr Honigkuchen geopfert. Im frühen, prädynastischen Ägypten, das mit hoher Wahrscheinlichkeit matrilinear war, lautete der Titel des Königs von Unterägypten "Einer der Bienen", BYTY, Bienenhüter.

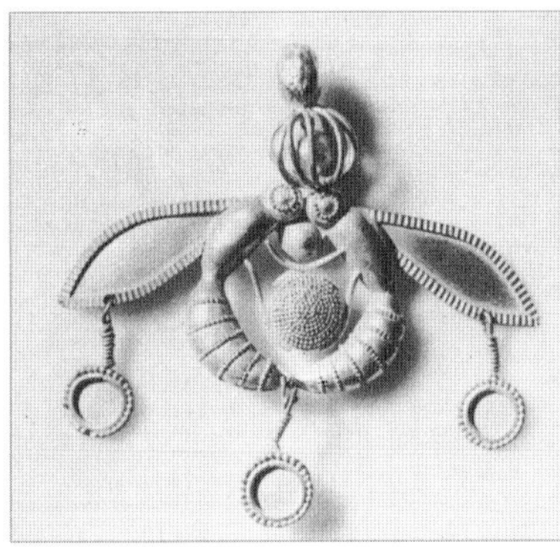

Das Symbol der Biene betont noch einmal die gemeinschaftsfördernden Krebs-Qualitäten - im Altertum war der Bienenstock *das* Studienobjekt für ideale soziale Organisation. So wie im Bienenstock das Volk in Har-

monie und gemeinsamer Arbeit den goldenen, süßen Honig produziert, so ist die ideale menschliche Gemeinschaft bestrebt, als Einheit alle Mitglieder zu erhalten und zu schützen. Die Bienenkönigin ist der Mittelpunkt dieser Organisation und beschreibt als Symbol sehr genau die Energie und einigende Kraft des Krebses. Sie befindet sich im Zentrum ihrer "Familie" (was nicht unbedingt biologische Familie heißen muß) und ordnet, erneuert und führt den Schwarm in die Sicherheit, zu neuen Bienenstöcken, wenn das eigene Heim übervölkert ist.
Biene (wie Krebs) drücken als Symbole die beiden im Widerstreit stehenden Aspekte des Tierkreiszeichens aus: den Impuls, das Heim zu schützen und seine Unversehrtheit zu bewahren, und den Antrieb, sich auf Futtersuche hinauszuwagen bzw. einen "höheren Lebensstandard" zu erwerben. Im Bienenstock ist immer eine Gruppe dazu abgestellt, Feinde zu vertreiben, ständig auf der Hut vor Eindringlingen. Ähnlich ist das beim Krebs: wenn er bei Ebbe auf dem Trockenen zurückbleibt, bewegt er sich zwar vorsichtig vorwärts, ist aber stets darauf vorbereitet, bei der ersten Erschütterung durch sich nähernde Schritte sofort mit seinem schützenden Haus im Sand zu verschwinden. Das Krebszeichen verbindet Vorwärtsgehen und Fluchtinstinkt, ängstliche Vorsicht und beherztes Nach-außen-Gehen. Herkömmliche Texte beschränken sich bei der Beschreibung des Zeichens auf die Fluchttendenz und die Ängstlichkeit und zeichnen damit nur ein sehr einseitiges Bild.

Zur Zeit der Römer ist ein Großteil des ursprünglichen Wissens über die Bienen verloren gegangen. Die Bienenkönigin wurde zum Bienenkönig erklärt, Honig zum Produkt der Sterne, und die Naturgesetze der Fortpflanzung wurden im speziellen Fall der Bienen geleugnet. Das Patriarchat *konnte* einfach eine perfekt geordnete Gesellschaft wie den Bienenstock unter der Regentschaft einer *Königin* nicht zulassen. Es war ihm auch völlig unmöglich anzuerkennen, daß die ganze Arbeit von weiblichen Bienen geleistet wurde und die Drohnen einfach nur Drohnen waren, nicht mehr und nicht weniger! Auch heute sehen wir die Bienen noch als wunderbare Wesen an. Ihre Lieblingsfarben sind das Blaßblau des Himmels oder das Weiß des Mondes. Der Nektar, aus dem sie den Honig bereiten, schmeckt immer noch wie das Ambrosia der Gottheiten, und ihre Stacheln können heilen (z.B. rheumatische Beschwerden) oder töten. Imker lassen sich gerne als "Bienen-Diener" bezeichnen, und der beste Imker ist immer noch der, der den Gesetzen des Bienenstocks gehorcht. Die Bienen haben sich auch noch ihre Beziehung zum Meer bewahrt - Bienen, die ihre Stöcke in Küstennähe haben, lieben das Salzwasser und trinken davon. So wie über die Mondin Krebs mit dem Meer als Ursprung unseres Lebens verbunden ist, so ist die Biene die Verbindung zwischen dem Tierkreiszeichen Krebs und Jupiter in seinem Überfluß. Sie symbolisiert das Land, in dem Milch und Honig fließen und in dem sich das himmlische Manna aus den Brüsten der Mutter Tiamat, die den Himmel umspannt, mit dem süßen Honig der Bienen im Goldenen Zeitalter des Überflusses vermischt.

Die Stellung von Krebs bzw. Biene am Anfang der menschlichen Gesellschaft spiegelt sich wider in der Stellung des Krebs-Hauses im Geburtshoroskop. Krebs regiert das vierte Haus im Tierkreis, das erste der unseren Lebensverlauf innerhalb der Gemeinschaft repräsentierenden Häuser 4 bis 8. Es ist das Haus der Familie, in die wir hineingeboren werden, in der wir unsere Jugendjahre und unser Alter verbringen, in der wir sterben. Die Betonung unseres individuellen Lebens innerhalb des gesellschaftlichen wird durch die beiden Mond-Regentinnen des Krebses - Hera und Circe - verstärkt, deren Symbolgehalt wir uns jetzt zuwenden.

Regentin: Die Mond- und Himmelsgöttin

Krebs hat die heiligste Regentin des ganzen Tierkreises: die Mondin. Durch den Krebs regiert sie unser erstes soziales Haus, das der Familie und der sozialen Beziehungen. Es ist die Basis, auf der alle menschlichen Gruppierungen beruhen, der Grundstein unserer vergangenen und gegenwärtigen Gesellschaften, der Familie und der Sippe. Im Krebs ist die Mondin am intensivsten, im sozialen wie im praktischen Leben. Sie schenkt den Krebs-Geborenen jedoch auch ihre Vorstellungskraft, ihre Intuition und die Liebe zum Meer, Eigenschaften, die alle ihre Kinder auszeichnen.

In alten Zeiten war die Mondin für den Kalender zuständig - die ältesten Kalender waren allesamt Mondkalender mit einem 28-Tage-Rhythmus. In Ägypten wurde der Mondkalender noch weiterhin für Rituale und heilige Handlungen verwendet, nachdem der Sonnenkalender (um ca. 3000 v.u.Z.) bereits für den weltlichen Jahreslauf eingeführt worden war. Überall sonst hielt sich der Mondkalender wesentlich länger, und die Zuordnung der Mondin zum ersten der sozialen Häuser und der Sonne zum zweiten (Löwe-Haus) geht auf die Zeit vor dem Beginn des Patriarchats zurück. Die neue Ideologie kündigte sich überall dadurch an, daß der Sonnengott des Himmels den Führungsanspruch über die Sippe übernahm. Den Chaldäern waren um ca. 600 v.u.Z. die Häuser des Tierkreises noch als Mondhäuser bekannt.

Die im Krebs gegebene Verbindung des Mondes mit dem Himmelskalender, mit der kalendarischen Ordnung der weltlichen und rituellen Feiertage, läßt uns die Bedeutung und weit verbreitete Verehrung der vielen städtischen Himmelsgöttinnen in der Mythologie der alten Zeit erkennen. Hier schützt die Mondin als Mutter ihr Volk, ihre "Familie", ihre "Sippe" - sie regelt ihr Leben und erhält sie (viele Städte haben höchstwahrscheinlich als Siedlungen mit spezifischer Familienabstammung begonnen). Es wird angenommen, daß Hera eine Stadt-Göttin der Mykener war. Der Autor Kerenyi stellt fest, daß sie im griechischen Mythos immer als dem Zeus ebenbürtig beschrieben wird und daß Zeus genaugenommen ihr und ihrer Familie seine Position als Oberhaupt des Olymp verdankt! Bei den Stadt-Göttinnen ist die Macht und Majestät der Mondin ebenso offensichtlich wie ihre gesellschafts- und staatsordnende Rolle. Bei Aischylos verkörpern die Erinnyen das Mutterrecht - sie verfolgen und strafen alle, die gegen ihre Gesetze verstoßen, und blicken auf eine längere Geschichte zurück als die olympischen Götter der dritten Invasorenwelle. Es ist bezeichnend, daß ihre Macht nur durch Athene, die neue patriarchale Stadt-Göttin des Wassermanns, gebrochen werden konnte.

Durch das Symbol der Stadt-Göttin und durch die Erinnyen werden wir an die Unbeugsamkeit von Krebs-Geborenen im gesellschaftlichen Bereich erinnert, etwas, das in astrologischen Texten nie groß behandelt wird. Die Mond-Himmels-Göttin ist die strenge Erzieherin, aber auch die Ernährerin ihrer Kinder, und sie sorgt für Recht und Ordnung. In alter Zeit war die Mutter nie die passive, sanftmütige Frau, als die sie heute gerne gesehen wird! Stadtgöttinnen waren Schutzgöttinnen, und der kretisch-mykenische Schutzschild war mannshoch und hatte die Form einer Acht. Später entstandene Schilde trugen häufig das Bild der Gorgo, die furchterregende Darstellung der Mutter in ihrem wildesten Aspekt.Wir dürfen nicht vergessen, daß der Schild seine Trägerinnen und Träger vor Feinden schützen mußte. Selbst unter männlichen Kriegführenden galt die matrilineare Herkunft als die mächtigste aller heiligen Kräfte. Erst nach Erscheinen der Athene beginnt der Einfluß des Krebs-Mondes auf Familie, Sippe, Haus und Stadt langsam aber sicher an symbolischer Bedeutung zu verlieren.

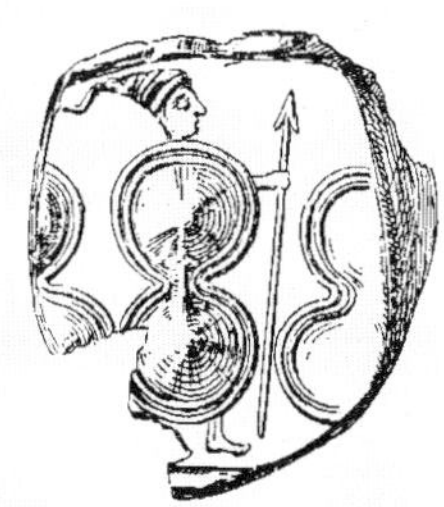

Stärke und Macht als Krebs-Qualitäten sind etwas, das in der Astrologie selten gebührend anerkannt wird. Um jedoch die matrilineare Formation (Sippe/Haus) zusammenzuhalten, bedarf es eines starken Willens und des Gespürs für Macht. Es ist sehr viel mehr das Verdienst der Hera als das des Zeus, daß die olympischen Gottheiten überhaupt zusammenbleiben: sie führt ihre einzige geschlossene Rebellion gegen seine Dominanz an. Verdrossen wegen seiner Überheblichkeit und seiner dauernden Nörgeleien umringen ihn die anderen Göttinnen und Götter, während er schläft, und fesseln ihn mit tausendfach verknoteten Lederriemen.

Hera kann, wie ihr Krebs-Volk, rachsüchtig sein, wenn ihr Stolz verletzt wird; sie verlangt den gleichen Respekt, wie er in diesen patriarchalen Zeiten ihrem Gatten Zeus gezollt wird. Sie steht ihren Töchtern, ihrer Familie und allen bei, die ihre Hilfe erbitten. Die spezielle Bedeutung der Mondin für die Frauen setzt sich bis ins klassische Griechenland fort. Sappho, die große Dichterin, richtet beim jährlichen Fest auf Lesbos das Wort an sie:

Zeige dich, Hera, o Herrin, enthülle dich in deiner Gnade ... hilf mir, wie anderen du halfst vor dieser Zeit.

In Hera sind die Gefühle und die Hilfsbereitschaft Teil ihres äußerst starken, würdevollen Charakters, der weit von dem "schwächlichen" Bild entfernt ist, das gewöhnlich vom Krebs gezeichnet wird.

Als Mond- und Himmelsgöttin, die das Leben erhält und regelt, sind Hera noch eine Vielzahl starker Symbole zugeordnet. So wird der Lebensbaum sehr oft mit dem Mond darüber abgebildet. In der griechischen Mythologie ist er Heras Baum, der Baum mit den goldenen Äpfeln aus dem Garten der Hesperiden. Nach der jüdisch/christlich/islamischen Schöpfungsgeschichte ist er der Baum im Garten Eden, von

dessen Äpfeln Eva aß. Wir sprechen immer noch von Stammbäumen, von Familien-Stammbäumen, wenn wir unsere eigene Ahnenreihe erforschen, also auf dem Baum des Lebens rückwärts gehen. Die Krebs-Mondin regiert unseren ererbten psychisch-physischen Körper, unseren Schoß und, medizinisch betrachtet, unsere Monatsblutung. Wenn auch die Mondin im Englischen und vielen anderen Sprachen heute noch weiblich ist, so verbinden wir mit ihr doch nicht annähernd die Macht und Majestät, die sie einstmals hatte.

Hera ist die Mondin des Tageshimmels und der Dämmerung, zur gleichen Zeit sichtbar wie die Sonne - Circe hingegen ist die Mondin der tiefen Nacht, in der allein ihr Licht und ihre Kraft den Himmel erhellt. Circe steht in direkter Opposition zum Patriarchat, repräsentiert also das

Matriarchat. In der *Odysee* ist sie die Tochter der Hekate, "in weiße, schimmernde Gewänder gehüllt". Die Beschreibung fährt fort: *Sie flüchteten unter das Tor des Heimes der schönen Göttin. Von hier aus konnten sie tief im Inneren des Schlosses Circe an ihrem gewaltigen, unzerstörbaren Webstuhl mit klarer Stimme singen hören. Sie webte einen der zarten, leichten und verwirrend schönen Stoffe, wie Göttinnen sie lieben.* (Welche Bedeutung diese Sätze sonst noch haben mögen: die darin beschriebenen Fähigkeiten - Singen und Weben - sind sehr krebsgemäß!)

Circes Insel ist matriarchal, was heute jedoch mit männerfeindlich gleichgesetzt wird, und die Gefährten des Odysseus werden alle in Schweine verwandelt (Tiere, die der Circe heilig sind). Von Circe wird gesagt, daß sie ihr Volk nur durch Magie und Zauberei zusammenhielt - da ist es doch seltsam, daß Odysseus und seine Mannen selbst nach Lösung des Zauberbanns noch ein weiteres Jahr ohne Zwang glücklich und zufrieden auf ihrer Insel lebten. Vielleicht war inzwischen (zur Zeit von Homer) die Vorstellung, daß ein *Mann* glücklich - und dazu noch freiwillig - in einem Matriarchat leben konnte, einfach nicht zu ertragen, und die weibliche Autorität mußte deswegen auf Magie zurückgeführt werden. Die Gesellschaft der Circe ist der magisch verbundene Sippenkreis (Circe, circos - Zirkel/Kreis), und die "Zeit" im Krebsmond verläuft zyklisch, nicht linear.

In der Mondin von Circe und Hera spüren wir nicht nur den Zauber und die Kraft, sondern auch die sozialen und lenkenden Fähigkeiten der Krebs-Regentin und ihre spezielle Fürsorge, was die Frauen und alle, die sie als Familienmitglieder annimmt, angeht. Wir müssen wirklich endlich die schwache und klischeehafte "weibliche" Darstellung der Mondin, wie sie immer wieder in patriarchalen Beschreibungen zu finden ist, vergessen und ihren Reichtum und ihre Tiefe wiederentdecken. Sie ist nicht nur Herrin der Meere und Gezeiten, sondern auch der Erde und des Himmels, Königin aller menschlichen Gruppierungen, deren Tage sie durch ihren Kalender regelt, für deren Erhalt sie sorgt und die sie vor Gefahren schützt.

Sollte diese Beschreibung die Krebs-Mondin allzu feierlich erscheinen lassen, so möchte ich diesen Eindruck durch ein Gedicht abschwächen, das sie in ihrer Unbeschwertheit und Heiterkeit, in ihrer Verbindung zu Jupiter zeigt. Dieses fröhliche Bild der Krebs-Mondin stammt aus dem chinesischen Gedicht "Im Frühsommer, vom Tempel aus das Mondlicht genießend":

Als hätte sie nur auf uns gewartet,
erhellten ihre Strahlen jeden Ort,
umspielten Türme, tanzten durch die Hallen.
Bis Tagesanbruch saßen wir in ihrem hellen Licht,
wir lachten und wir sangen und wurden es nicht müde.
Wer in Ch'ang-san, dem reichen, hochberühmten,
kennt wohl noch Stimmungen wie diese?

Hera

Hera ist eine prähellenische Gottheit, in der griechischen Mythologie Schwester und Gefährtin des Zeus. Sie war möglicherweise ursprünglich bei Hesiod die Himmelsgöttin der Pelasgier, und ihr Name ist dem Sanskritwort *svar* (Himmel) verwandt. Sie wurde besonders an den Küsten und auf den Inseln der östlichen Ägäis (West-Anatolien) verehrt. Als Himmelsgöttin wurde sie, wie Zeus, auf Berggipfeln angebetet, und es gab ihre Heiligtümer auf dem Olymp, in Sparta, Böotien, Euböa und an vielen anderen Orten. Im Hymnus des Homer heißt es:

Ich singe von Hera, Tochter der Rhea, auf goldenem Throne,
Herrin der Unsterblichen, der Schönsten von allen.

Hera wird immer mit "Lilienarmen" und mit "goldenen Sandalen" beschrieben. Sie ist schön und noch sehr mächtig. Nach ihrer Heirat mit Zeus (diese Heiratsvereinbarung können wir uns wie eine Allianz zwischen zwei gleich starken Mächten vorstellen) werden seine anderen Liebschaften und sogar Vergewaltigungen als die Abenteuer eines unbeherrschten jungen Stiers dargestellt und haben keinerlei Einfluß auf ihre Rolle als Königin und Mitregentin der ungezügelten Gottheiten. Niemand stellt jemals ihre Autorität ernsthaft in Frage, und sie ist es - ganz sicher nicht Zeus! -, die die zerstrittene Götterbande zusammenhält. Wenn wir bedenken, daß Hera damals in einem ausgesprochen patriarchalen Zeitalter regierte, fordert die Tatsache, daß sie ihre Macht behalten konnte, ja, daß sie meist als das einzige "erwachsene" Mitglied der Göttergemeinschaft erscheint, unseren Respekt und unsere Bewunderung. Hera ist ganz sicher nicht die stille, willige Gattin des späteren Patriarchats (was im übrigen kaum eine der Frauen der frühen Olympier war) und kann für die "andere Seite" zur unnachsichtigen Gegnerin werden - siehe ihre Rolle im Kampf gegen die Trojaner, wie Homer sie beschreibt. Wer ihre Kinder oder ihren Status bedroht, erregt ihre unbezähmbare Wut - ihre nährende, hilfsbereite und unterstützende Seite, die sie speziell Frauen gegenüber zeigt, hält sich in der Mythologie mit ihrer zerstörerischen Seite - bei einem Partner wie Zeus können wir ihr daraus wahrhaftig keinen Vorwurf machen! - die Waage.

Heras größter Groll richtet sich gegen den Helden Herakles, dessen Name so völlig unpassend ist, denn er bedeutet ja "Ruhm der Hera"; nach dem Mythos scheint er aber eher ihren Ruhm für sich in Anspruch zu nehmen, als den ihren zu mehren. Er stiehlt ihre Äpfel aus dem Garten der Hesperiden und reißt in seinen "Zwölf Arbeiten" (s.S.67) innerhalb des Kalenders und des Tierkreises Monat für Monat eine der Kräfte der Göttin an sich. Hera, die Himmelsgöttin, ist Regentin des Mond-Kalenders und daher mit Recht erzürnt. Sie belegt Herakles mit dem Mond-Wahn, um ihm Einhalt zu gebieten. Sie weckt die Stürme und sendet ihm einen Riesen-Krebs entgegen, der ihn angreifen und besiegen soll. Der

Krebs beißt ihn in den Fuß. Es ist jedoch eine patriarchale Zeit, und selbst Hera kann die Entwicklung der mythologischen Geschichte nicht aufhalten. Herakles erfüllt die Zwölf Arbeiten und wird sogar in den Olymp aufgenommen, wo es dann zwischen ihm und Hera zu einer erzwungenen Aussöhnung kommt. Er heiratet die sanftmütige Hebe, Heras Tochter, und wird so Heras Schwiegersohn, womit die dritte Generation ihre Abstammung sowohl auf Zeus als auch auf Hera zurückführen kann. Hebe ist jedoch eine sehr "gezähmte" Hera, und die Macht des Patriarchats schreitet ihrer Vollendung entgegen.

Im Anfang hat Hera kosmischen Charakter - wie ihre Schwester Demeter -, erst später wird sie ausschließlich zur Hüterin der Moral. In den späteren Mythen ist sie vor allem die Göttin der Ehe. Obwohl sie die Interessen der Frauen allgemein vertritt, repräsentiert sie jetzt in erster Linie die Frau als Tochter, Gattin und Mutter, also in ihrer Familienrolle. Im Volksmythos gibt es allerdings noch Hinweise auf ihre einst viel umfassendere Macht. So behält sie dort z.B. die Fähigkeit aller Großen Göttinnen, allein Leben zu empfangen und zu erschaffen. Auf diese Weise "zeugte sie den glorreichen Hephaistos, in Kunst und Handwerk den Uraniern überlegen" und schuf in ihrer Wut auf Zeus den "schrecklichen Typhon, die Geißel der Menschheit". Ihre göttliche Kraft, ihre magischen Fähigkeiten, gibt sie mit ihrer Milch weiter und "nähret so die furchtbare Hydra". (Die Hydra, das Schlangen-"Ungeheuer", ist die Kraft der Großen Göttin, die Männer am meisten fürchten - daher immer die Attribute "schrecklich", "furchtbar", "furchterregend" etc.). Herakles erschwindelt sich sein Charisma und die Möglichkeit, einer der Unsterblichen zu werden, indem er ohne Heras Wissen etwas von ihrer Milch entwendet - ein typischer Helden-Trick!

Da wir Hera leider nur durch verstreute Bruckstücke, noch dazu meist patriarchaler Literatur kennenlernen, wird uns vielleicht ihre wahre Majestät nie ganz bewußt werden können. Der Zusatz "mit den goldenen Sandalen", der immer wieder bei ihrer Beschreibung auftaucht, gibt einen Hinweis auf die Morgen- (vielleicht auch die Abend-)Dämmerung in Griechenland, also auf jene Zeit, da Mond und Sonne gleichzeitig deutlich sichtbar am Himmel stehen. Vielleicht ist es dieses Bild der Schönheit und Ordnung, das uns Hera mit den weißen Armen, die mond mächtige Himmelsgöttin des Tierkreiszeichens Krebs, vermitteln will.

Krebs im Patriarchat

In der herkömmlichen Astrologie wird an der Krebsin kein gutes Haar gelassen. Sie wird meist als "gefühlsbetont", "persönlich", "mütterlich" bezeichnet, Qualitäten, die an sich neutral, in unserer patriarchalen Kultur jedoch häufig negativ besetzt sind. Die Gefühlstiefe der Krebsin wird gewöhnlich als Schwäche - "hypersensibel, launisch, voll Selbstmitleid" -, selten als Stärke dargestellt.

Wir haben jedoch gesehen, daß in den Gefühlen ihre Kraft liegt, die Kraft, die sie dazu befähigt, Menschen miteinander zu verbinden, die Familie (im engeren und weiteren Sinn) zu erhalten, wozu auch die absolut selbstlose Art des Ernährens und der Hilfeleistung gehört. In ihrer Emotionalität liegt aber auch die Antriebskraft der Krebsin und ihr Sinn für Macht, beides Charakteristika, die gern übersehen werden. Selbst die ihr zugestandene Kraft wird oft als Hartnäckigkeit bezeichnet, was den Schluß auf eine "Zwangsbeglückung", besonders im zwischenmenschlichen Bereich, nahelegt. Ihre Fähigkeit, die Gefühle anderer ihr selbst gegenüber intuitiv zu erfassen und entsprechend darauf zu reagieren, wird ebenfalls nie als Stärke, sondern eher als Fehler dargestellt.

Am stärksten ist das Vorurteil gegenüber dem Krebs-Regenten Mond. Kaum jemals ist von der Macht und Majestät der Mondin die Rede; das Symbol der Meeresmondin, unserer ewigen Mutter, Ernährcrin und Zerstörerin, wird durch Attribute wie "launisch" und "wechselhaft" herabgewürdigt. Das Bild der Mondin als Mutter der Dichtkunst und des Gesangs, der Geheimnisse und des Zaubers wird zugunsten nichtssagenderer, passiverer und "schwächerer" Eigenschaften vernachlässigt.
Vielleicht sollte uns dieses Vorurteil der Krebsin und ihren Qualitäten ge-

genüber nicht allzu sehr überraschen, wenn wir daran denken, daß es sich um ein dreifach weibliches Zeichen handelt (das "weibliche" Element Wasser, regiert vom "weiblichen" Mond, zugeordnet dem "weiblichen" Haus des Heims), das daher der vollen Last der Klischees von Weiblichkeit unterliegt, die in unserer Gesellschaft wirksam sind. Ihr gefühlsbetontes Vorwärtsdrängen, ihre Autorität und ihr Sinn für Macht können offensichtlich nicht angeführt werden, da sie nicht als "weibliche", sondern als eindeutig "männliche" Qualitäten gelten. Ihre persönliche emotionale Natur darf ihr aus gleichem Grund - als Teil ihrer "Weiblichkeit" - ohne weiteres zugestanden werden, allerdings mit dem Schwergewicht auf Sanftmut und Passivität und keinesfalls auf Stärke und Kreativität, Eigenschaften, die ja den Männern zugeordnet werden. Diese Polarität in den Klischeevorstellungen ist selbstverständlich kein echter Gegensatz von gleichrangig gesehenen Qualitäten: sie ist vielmehr in eine Hierarchie eingebunden, bei der die "weiblichen" Eigenschaften auf einer niedrigeren Stufe stehen als die "männlichen". So werden im Patriarchat Emotionen oft als Schwäche betrachtet, als Teil der launischen, veränderlichen, "weichherzigen" Natur speziell der Frauen, die der "männlichen" Vernunft untergeordnet ist. Mond und Meer regieren herkömmlicherweise die Intuition, eine weitere, nicht ernstgenommene "weibliche" Eigenschaft.

Krebs regiert das einzige Haus im Geburtshoroskop, in dem Frauen ihre soziale Autorität beibehalten konnten; es ist dies das vierte Haus des Heims, in dem wir als Kinder aufwachsen; das Zuhause, das wir als Erwachsene gründen, und das uns im Alter unterstützt. Das vierte Haus, gleichzeitig erstes der sozialen Häuser, ist mit allen anderen verflochten (also dem fünften, dem sechsten, dem siebten und dem achten). In der Astrologie hat dieses Haus immer noch göttliche Qualität und führt Namen wie "Zelt", "Herd", "Wurzel" (auch hier wieder das Baum-Symbol!). Familie und Heim sind immer noch der Grundstein einer Gesellschaft, unabhängig davon, welche Form sie hat (erweitert oder in engstem Rahmen, patriarchal oder matriarchal, patrilinear, matrilinear, bilinear ... etc.). - Nach Freud sind die ersten fünf Lebensjahre, die wir in unsere Familie eingebunden sind, entscheidend für unser Heranwachsen, die Jahre, die uns am stärksten formen, in denen der Grund für unsere zukünftigen Verhaltensmuster gelegt wird.

Daß das Zeichen Krebs in astrologischen Beschreibungen oft so schlecht abschneidet, beweist nur, wie wenig Respekt und Wertschätzung - von den üblichen Platitüden einmal abgesehen - dem häuslichen Leben durch das Patriarchat entgegengebracht wird.

Dies steht wiederum in direktem Zusammenhang mit der Stellung der Frauen in unserer Gesellschaft, die bis vor kurzem ausschließlich im Bereich des Heimes arbeiten durften - und dann nur unter der Oberaufsicht des Ehemanns oder des Vaters. Während andere Frauen darunter leiden, daheim bleiben zu müssen, leidet die Krebs-Frau unter dem geringen gesellschaftlichen Ansehen, das ihren Fähigkeiten zuerkannt wird. Sie leidet auch unter einer Kultur, die anderen Beziehungsformen, sei dies nun im Beruf oder im informellen Bereich, mehr Bedeutung zumißt als den Beziehungen innerhalb der Familie. Auf den niedrigen Status der Arbeit einer Hausfrau und Mutter muß hier nicht besonders hingewiesen werden - die meisten Frauen sind sich vollkommen der Tatsache bewußt, daß ihre in diesem Ambiente ausgeübten Management-Fähigkeiten keinerlei Empfehlung sind, wenn sie sich um einen Arbeitsplatz in der Berufswelt bemühen.

Damit sie dem negativen weiblichen Stereotyp entsprechen, werden die Krebs-Qualitäten heruntergespielt, was sich auch auf das oft zwiespältige Verständnis des Begriffes "Mutter" in unserer Gesellschaft bezieht. Die dominierende Mutter ist ausschließlich ein Kennzeichen patriarchaler Gesellschaften, wo den Energien und der Autorität der Frau nur diese eine Ausdrucksmöglichkeit gestattet ist. In einer solchen Situation kommt es sehr oft zu einem Konflikt zwischen unserem realen Verhältnis zur Mutter daheim und dem Idealbild, das durch das Klischee der immer gütigen, freundlichen, liebenden, allzeit bereiten und passiven Mutter geschaffen wird. Folglich kommt es auch in der Astrologie zu der Unklarheit, ob der Mond immer für die Mutter und Saturn (der römische Himmels-Familienvater) für den Vater stehen soll und ob das vierte Haus das der Mutter und das zehnte das des Vaters bleiben soll. All diese Probleme sind ein Ergebnis der patriarchalen Vorstellungen, die nur dazu dienen, die ursprünglichen symbolischen Werte der Planeten-Gottheiten und der Häuser, die sie regieren, noch mehr zu verwirren.

Unter dem Patriarchat ist diese negative Bewertung verständlich, denn der Krebs repräsentiert ja das Matriarchat und damit das polar Entgegengesetzte, das als feindlich betrachtet wird. Für Krebs wird vorausgesetzt, daß die ersten menschlichen Zusammenschlüsse matriarchal waren, daß Frauen an der Spitze der Sippe und Familiengruppe standen und gleichzeitig ihr Zentrum waren, indem sie Recht und Gesetz vermittelten und alle handwerklichen Künste erfanden, in denen die meisten Krebs-Geborenen so geschickt sind. Der zuvor erwähnte Mythos von Circe macht uns klar, wie tief die Angst des Patriarchats vor der Macht von Frauen sitzt - wenn Männer sich die Umkehrung patriarchaler Zustände vorstellen, können sie nicht sicher sein, daß Frauen nicht tatsächlich so brutal darauf antworten und "Männer in Stein verwandeln", wie das das Gorgonenhaupt mit seinen männlichen Gegnern tat. Was jedoch geschah, war, wie schon gesagt, daß Odysseus und seine Männer, nachdem der Bann von ihnen genommen war, glücklich und zufrieden auf der Insel der Circe lebten - im matriarchalen Goldenen Zeitalter des Krebses, im Land der Jupiter-Bienenkönigin, in dem "Milch und Honig flossen". Und dabei wird klar, daß die ganzen patriarchalen Ängste nichts anderes sind als Projektionen des Bösen, die eine kranke Gesellschaft auf eine andere Gesellschaft überträgt. Da unsere Kultur sich jetzt mehr zu Geschlechtergleichheit hin entwickelt, können vielleicht die tiefsitzenden Ängste, die der Haltung der Männer den Frauen gegenüber zugrundeliegen, als ein Problem betrachtet werden, mit dem sie selbst fertig werden müssen. Vielleicht können wir dann der Krebsin das zugestehen, was ihr rechtens zusteht und ihr so lange verweigert wurde.

SKORPION ♏

Element:	Wasser
Qualität:	fixes Zeichen
Symbolbild:	Skorpion
Regent:	Pluto (und Mars)
Regentin:	Isis; Göttinnen des Karma

Skorpion in Stichworten: stolz, leidenschaftlich, feinsinnig, intensiv, unabhängig, transformierend

Skorpion-Geborene haben die tiefste, introvertierteste, geheimnisvollste und intensivste Natur im ganzen Tierkreis. Sie sind sich der Sexualkräfte besonders bewußt und ziehen meist die Tiefe und den Reichtum langdauernder Verbindungen dem Reiz des Neuen vor. In Beziehungen sind sie leidenschaftlich und liebevoll und unterliegen sehr starken gefühlsmäßigen Schwankungen, sind himmelhoch jauchzend und zu Tode betrübt. Mit dem Tod können Skorpion-Geborene besser umgehen als in anderen Zeichen Geborene, auch können sie andere Menschen mit weiser Einsicht und Mitgefühl trösten - oft schon in jungen Jahren. Weil sie sich in ihrem inneren Stolz und in ihrer Würde nicht verletzen lassen wollen, lassen sie sich von niemandem beherrschen und richten eher ihren Stachel gegen sich selbst, als eine Enttäuschung hinzunehmen. Ihr Intellekt ist kühl und geschliffen, ihre Willenskraft ist sehr stark, und sie haben einen ausgeprägten Sinn für Macht. Ihnen liegen alle Berufe, die mit Tod, Geburt, Macht und dem Unbekannten zu tun haben.

Die Skorpion-Merkmale treten dann besonders stark hervor, wenn die Sonne, der Mond oder der Aszendent im Skorpion steht.

Symbolbild: Der Skorpion

Das Bild des Skorpions ist mit der ältesten und reichsten Kultur verbunden, die längere Zeit Bestand hatte als alle anderen und die von allen, die mit ihr in Kontakt kamen, gerühmt wurde. Die reichhaltige Symbolsprache dieser afrikanischen Kultur hat starken Einfluß auf andere Kulturen gehabt. Wenn Herodot von Ägypten spricht, so sagt er, daß "die Griechen von dort ihr Wissen hatten", und Plato sowie die meisten anderen alten Griechen stimmen darin mit ihm überein. Ägyptische Ärzte führten neben Behandlungen mit den üblichen Heilkräutern auch Schädelöffnungen und schwierige Augenoperationen durch. In ihren medizinischen Schulen lehrte man Anatomie, es wurde seziert, und es waren Frauen wie Männer zum Studium zugelassen. Fremde kamen nach Ägypten, um dort das Ingenieurwesen, die Baukunst und Mathematik zu erlernen, wieder andere kamen, um die Sterne zu studieren oder als Touristen die Pyramiden zu bewundern und sich von ihnen anregen zu lassen. Wenn all das im späten Ägypten möglich war, wie muß es erst in seiner Blütezeit gewesen sein! Selbst die Juden und später die Christen anerkannten die große

Kraft, die von dieser Kultur ausging, und den Einfluß, den sie auf das Denken und Empfinden der Menschen ausübte - auch wenn sie gleichzeitig dafür kämpften, ihre Religionen von den Symbolbildern ägyptischer Denkart abzusetzen.

Zur Zeit des Herodot, etwa 3000 Jahre vor heute, hatte die ägyptische Kultur bereits 3000 Jahre lang bestanden. Durch die verschiedenen Perioden des Aufstiegs und Verfalls hatte sich unter den vielen Göttern und Göttinnen und heiligen Tieren, die es im Verlauf der Zeit gegeben hatte (die Ägypter waren vornehmlich Vegetarier und respektierten daher jede Art von Leben), blieb ein besonderes Motiv durchgängig der Mittelpunkt ihres religiösen Denkens: Das Bild des Nils schien immer wieder in ihrer Symbolsprache auf und verband Tod und Leben, so wie der Fluß das Obere mit dem Unteren Ägypten verband. Jedes Jahr überflutete der Nil, der dunkle Gott, zu einem durch den Stern Sirius bestimmten Zeitpunkt (Sothis, der Hundsstern, war der Isis heilig) seine Ufer und brachte die dunkle, reiche Erde zurück, auf die Ägyptens Gesellschaft sich gründete. Mit ihr brachte er jedes Jahr erneut Fruchtbarkeit und neues Leben. So kommt es, daß Schwarz, die Farbe des Skorpions, für die Ägypter Fruchtbarkeit und Erneuerung symbolisierte - den Reichtum, der in der Wiedergeburt liegt. Sie nannten ihr Land "schwarzes Land" und feierten die jährlichen Überschwemmungen des Nils, den Tod und die Wiedergeburt durch sein Wasser. Für die Ägypter war also das Wasser das Element des Lebens schlechthin, der wertvolle Stoff, aus dem nicht nur anderes Leben hervorgeht, sondern auf dem jede Gesellschaft und Kultur beruht. Die Kraft und die Tiefe des Skorpion-Wassers stehen im Zentrum des religiösen Empfindens der Ägypter - am Kreuzungspunkt von Tod, Liebe und Leben.

Die symbolischen Bilder, die mit den Nil-Ritualen verbunden sind, gehören zu den mächtigsten und schönsten, die Ägypten aufzuweisen hatte. Der Mythos von Isis und Osiris, der Skorpion-Göttin Selket und dem Pharao als Horus drücken dabei den Kreislauf von Tod und Wiedergeburt aus. Der Nil selbst ist der Isis heilig, der Göttin der unzähligen Namen (die auch die dunkle, fruchtbare Erde und den Mondhimmel versinnbildlicht). Die jährlichen lebensspendenden Überschwemmungen des Flusses entstehen aus den Tränen, die sie über den Verlust ihres Gatten und Bruders Osiris vergießt, der von seinem Feind Seth aus Ober-Ägypten getötet und in Stücke geschlagen worden ist. Ihre leidenschaftliche Liebe zu ihm ist in vielen wunderschönen Gedichten verewigt, die in Ägypten einzigartig für die Liebe und Einfühlsamkeit sind, die darin ausgedrückt werden. Die sexuelle Vereinigung zwischen Isis und Osiris ist

ist vollkommen, schon mit ihrem Namen schenkt Isis Osiris die tiefste Liebe des Herzens. Aus Osiris erschafft sie das Kind Horus (die Sonne) und trägt es aus. Nachdem er von Seth erschlagen wurde, sucht Isis den zerstückelten Leichnam von Osiris, findet ihn und läßt ihn wieder zum Leben erwachen, heil und ganz. Das Kind Horus ist später zu seinen Lebzeiten der Pharao.

In der Geschichte von Isis und Osiris steht ihr die Skorpion-Göttin Selket als Helferin und Verbündete zur Seite. Sie hilft Isis, das Kind Horus großzuziehen. Sie bewacht eine der vier Pforten zur Unterwelt,

eine der vier Quellen des Nils. In jener Anderswelt, dem "Land derer dort Drüben", regiert Osiris unter dem Gesetz der Gerechtigkeit (Ma-at). Jede Nacht begleitet Selket, die Skorpionin, den Pharao/Horus auf seinem Weg über den dunklen Fluß, bis er in der Morgendämmerung wiedergeboren wird. Jedes Jahr begleitet sie ihn zu seinem Winter-Tod als Osiris, von dem er im Frühling als Horus wieder aufersteht. Sie steht mit

Isis zu Füßen der Mumie und schützt den Übergang des toten Pharao in die Anderswelt, wo er als Osiris von neuem regiert. Gemeinsam mit Isis behütet die Skorpionin vom Punkt der Veränderung und Transformation aus den Kreislauf von Tod und Wiedergeburt.

Für die Ägypter war die Dunkelheit des Skorpions, die Dunkelheit von Tod und Wiedergeburt, voll Magie und Bewegung, ganz im Gegensatz zur griechischen Unterwelt mit ihren Schatten oder dem dualistischen Himmel-/Hölle-Denken der Christen - und erst recht im Unterschied zur seelischen Leere des späteren weltlichen Denkens in Europa.

Das achte Haus der Astrologie, das dem Skorpion zugeordnet ist, ist verwandt mit der ägyptischen Vorstellung: Seine übersinnliche Kraft verbindet es mit dem zwölften, dem okkulten Haus, und seine Sexualität mit dem vierten Haus, das unser erneutes Hineingeborenwerden in die Krebs-Familie bedeutet, die uns bei der Geburt und beim Tod umgibt. Der Tod bedeutet im Skorpion nichts Endgültiges, sondern eher eine Umwandlung karmischer Kräfte, eine Reise auf dem dunklen Fluß bis hin zu seiner Quelle, mit dem Wunder der Wiedergeburt als letzter Station. So wie im Denken der Ägypter der Nil jedes Jahr aufs neue starb und sich erneuerte und die Lebenszyklen des Einzelnen und der Gesellschaft, der Pflanzenwelt und des Kosmos am Punkt des Skorpions miteinander verwoben waren, so speisen sich die Lebensquellen von Krebs, Steinbock, Stier und den Fischen nach astrologischer Sicht aus dem Skorpion bzw. der Skorpionin, aus seiner/ihrer einzigartigen Verwandlungskraft.

Der Skorpion ist nicht nur in Ägypten ein göttliches Symbol, er hat eine ähnliche Rolle im *Gilgamesch-Epos* der akkadischen Literatur, das wahrscheinlich auf Vorformen aus der Zeit um 2500 v.u.Z. zurückgeht. Es wird vielfach angenommen, daß dieses Epos für die viel später entstandenen "Zwölf Arbeiten des Herakles" Pate stand, die ja auch eindeutig Tierkreis-Charakter besitzen. Gilgamesch ist darin der neue Kultur-Held, der in seinen Abenteuern alle frühere Macht und Magie (der Göttin) an sich reißt. In seinem Unterfangen, den Utnapischtim, der den Tod nicht kennt (also unsterblich ist), zu befragen, überquert er am Ende der

Welt die Berge von Maschu, über die auch abends wie morgens die Sonne ihren Weg nimmt, und findet dort die Skorpion-Menschen:

Die Skorpion-Menschen, die Hüter der Schwelle
Deren Glanz erschreckt, deren Anblick tötet
Deren Strahlenkranz den kosmischen Berg umfängt
Die die Schwelle bewachen bei Sonnenaufgang
und Sonnenuntergang.

Der "Strahlenkranz" symbolisierte in den alten Legenden - wie auch später für die Christenheit - das Heilige. In der Geschichte lassen die Skorpion-Menschen Gilgamesch durch das Tor, und so kann er dem Pfad folgen, den die Sonne nimmt, wenn sie auf Erden nicht sichtbar ist. Sieben Wegstunden wandert er durch das Dunkel, bis die ersten Strahlen der aufgehenden Sonne erscheinen.

Auch in den *Enuma Elisch*, der großen babylonischen Schöpfungsgeschichte, werden, wie wir schon gehört haben, die Skorpion-Menschen erwähnt. Dort kämpfen sie an der Seite der Meeresgöttin Tiamat (Fische) gegen den Emporkömmling Marduk. Viel später taucht der Skorpion wieder in den Skulpturen des römischen Mithras-Kults auf; dort springt er auf, um das Sperma des sterbenden Bullen aufzunehmen - ein weiteres Beispiel (wie bei Isis die Empfängnis des Horus) für den Zusammenhang zwischen dem Tod und der Sexualität als Lebenskraft.

Der Skorpion wurde schon immer als eines der stolzesten, tapfersten Tiere überhaupt verehrt, als ein Tier, das sich lieber selber zu Tode sticht, als von jemandem anderen getötet zu werden. Die Skorpion-Qualität des Stolzes und der inneren Würde wird oft in astrologischen Beschreibungen genannt, ebenso ihre starke Anziehungskraft (der züngelnde Strahlenkranz) und ihre Intensität. Was nicht so häufig betont wird, sind die sanfteren Skorpion-Qualitäten der Weisheit und des Mitgefühls und ihr vom Herzen kommendes Verständnis für alle, die in ihrem Leben Tod und Unglück erfahren haben. Die Skorpionin steht am Angelpunkt zwischen Tod und Leben und sieht daher klaren Blickes, wie sich das Rad dreht, sie kennt und anerkennt die Gesetze der Notwendigkeit und der

Unsterblichkeit und tröstet andere durch ihr Wissen. In ihr sind die karmischen Kräfte der Welt am stärksten und intensivsten, am aktivsten und am lebendigsten.

Die sich stets erneuernde Kraft der Sexualität, die sich für die Ägypter im Skorpion (wie auch in Isis) verkörperte, fügt unserem Verständnis dieses Zeichens eine Dimension hinzu. In der Dichtung unserer Kultur (wie z.B. in *Tristan und Isolde*) über sexuelle Leidenschaft in der Liebe sind Leidenschaftlichkeit und Tod miteinander verbündet. In solchen Geschichten wartet der Tod (bzw. das Unglück) stets hinter der nächsten Ecke, und die leidenschaftliche Liebe findet niemals ein glückliches Ende. In der Alten Welt war das jedoch durchaus der Fall, und die glühende Liebe der Isis zu Osiris triumphiert über Tod und Gefahr und begründet ihre dauerhafte, auf ewige Zeiten ausgerichtete, unsterbliche Partnerschaft.

In Isis erkennen wir Reichtum und Tiefe der Skorpion-Sexualität wieder - einer Sexualität, die nichts gemein hat mit dem massiven, gewaltsamen Sexualtrieb oder Promiskuität, die diesem Zeichen oft zugeordnet werden. Hier verwechseln die Astrologen häufig das typische Interesse der Skorpion-Geborenen an der Sexualität und ihr sexuelles Potential mit Verderbtheit, wie sie die Medien und die Werbung verbreiten, und mit dem heute üblichen häufigen Partnerwechsel (ein in unserer Zeit allgemein typisches Verhalten, das nicht auf die Sexualität beschränkt ist).

Zu den vielen Namen der Isis, der großen Regentin des Skorpions, gehört "Herrin des Lebens" und "Sie, aus der alles Werden hervorging". In Verbindung mit dem Skorpion wurde sie oft mit dem Falken, einem der vielen ihr heiligen Vögel, dargestellt. Isis verleiht dem Skorpion menschliche Gestalt und regiert mit Selket die Mysterien des Todes und der Geburt, der Sexualität und der Wiedererneuerung. Ihr und Kleopatra, die sie verkörpert, wenden wir uns nun zu.

Regentin: Isis (und Kleopatra)

Isis unterscheidet sich sehr stark von Pluto (griech.: Hades), dem heute üblichen Regenten des Skorpions, der der dunkle Gott der römischen Unterwelt war, ebenso wie von Mars, dem "alten" Regenten des Skorpions. Pluto und Mars reflektieren beide in ihren Symbolen die Bedrückung und die Hilflosigkeit der Menschen im klassischen Altertum gegenüber Tod, zerstörerischen Kriegen und der Gewalttätigkeit der (männlichen) Sexualität. Der ältere, pythagoräische Glaube an Wiedergeburt, an den Kreislauf von Tod und Leben, war zugunsten der "dauerhaften" Schatten der griechischen und römischen Unterwelt aufgegeben worden. Diese Unterwelt fand später ihren Ausdruck in der Hölle der missionierenden Christen und deren ewigen Qualen. Die Astrologie hat diese klassische und christliche Deutung des Todes in die Interpretation des achten Hauses des Skorpions mit hineingenommen. Daher haben alle Beschreibungen dieses Zeichens einen bedrückenden Beiklang von Qual und Beschwernis.

Genauso ist es mit den Regenten des Skorpions; die Geschichten der karmischen Regentinnen - Erischkigal, Kali-Durga, Hekate - sind keine leichte Lektüre. Ihre Nähe zum Tod verursacht in unserem christlich erzogenen, un-skorpionischen Herzen oft eine Gänsehaut. Es ist für uns z.B. recht schwierig, der indischen Kali-Durga, der Göttin der Unendlichen Zeit, der Gnadenspenderin, die die Angst zerstreut, Leichtigkeit und Tiefe zuzuordnen. Sie ist die Eine, die Dunkle, die die Finsternis des Raumes und der Nacht symbolisiert - die Kräfte der Zerstörung und des Todes, die Erlösung und Freiheit bringen. Sie ist die Retterin, die Herrliche, die die Fesseln löst, die uns an diese Welt binden; sie ist die Fülle der Glückseligkeit. Sie ist, wie Isis, ebenfalls die Göttin der unzähligen Namen: Nur Schwerpunkt und Betonung haben sich geändert und damit die Interpretation und unser eigenes, inneres Bild von Leben und Tod.

Um Isis verstehen zu können, müssen wir uns von der Vorstellung befrei-

en, daß zwischen Tod und Leben ein Gegensatz besteht, wie er erstmals bei Zarathustra um 1500 v.u.Z. auftaucht; wir müssen stattdessen ihr Ineinanderfließen sehen und begreifen, daß das eine ohne das andere nicht sein kann und daß die Fortsetzung des Lebens, so wie wir es kennen, davon abhängt. Isis schützt uns mit ausgebreiteten Schwingen auf unserem Weg zum Tod und steht durch ihre sexuelle Beziehung zu ihrem Bruder und Gatten Osiris in innigem Kontakt mit dem Tod; sie ist Witwe und gleichzeitig Mutter, sie ist die Trauernde und gleichzeitig die Herrin des Werdens, sie gibt Osiris das Leben wieder und erschafft Horus, dessen Inkarnation jeder Pharao war. Isis reicht ihrem Sohn Horus den Becher mit süßem Ambrosia, dem Lebenselixier, und diese Verbindung zwischen Tod und Leben wird genauso von ihrem sumerischen Pendant, Erischkigal, hergestellt, der Königin der Unterwelt und Spenderin des Wassers des Lebens.

Isis ist auch die Große Zauberin - sie kümmert sich um das "Ka" der Lebenden und der Toten und hat damit die Macht, sie wieder zum Leben zu erwecken. Sie wirkt Wunder, und das Christentum hat große Mühe, gegen ihre Verehrung anzukämpfen und die griechisch-römische Welt für Jesus zu gewinnen. Das Okkulte und die Wissenschaften liegen näher beieinander, als wir das heute

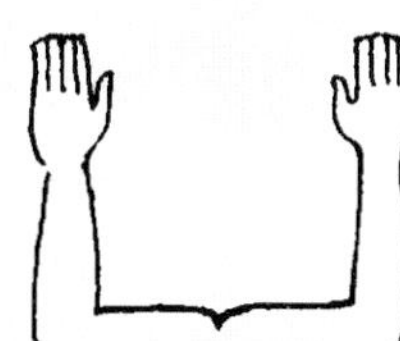

wahrhaben wollen, und die Medizin war in Ägypten wie auch im Christentum immer mit Magie verknüpft. Zur Zeit des Ptolemäus unterstand jegliche Heilkunst der Isis, durch ihre Hände konnten Lahme wieder gehend und Blinde wieder sehend werden; durch ihre Riten und in ihrem Namen wurden Tod, Schmerz und Leid überwunden. So gibt Isis den Skorpion-Geborenen ihre Fähigkeiten und Weisheiten weiter in bezug auf Chirurgie, Psychologie und die moderne Wissenschaft der Chemie, die ursprünglich von der Alchemie herkommt, einer Wissenschaft, die ganz und gar skorpiongemäß ist. Sie stellt auch durch die Kraft ihres Charisma und ihrer Fähigkeit der Heilung-durch-Glauben eine Verbindung zu den Fischen her. Durch ihr Wissen um den Tod und die Stärke und subtile Tiefe ihres Geistes schenkt Isis den Skorpion-Geborenen Gelassenheit in Katastrophenfällen und die Fähigkeit, in anderen Leben neu zu wecken. Die Verbindung zur Medizin und zu ihrer Schwester, der Jungfrau, die sich bis zum heutigen Tage erhalten hat, wurde schon im alten Ägypten betont. Isis war Herrscherin der Heilmittel und Drogen, und ihr Ruf als Botanikerin reichte bis weit in die christliche Zeit hinein (wo Skorpion-Frauen als Hexen in diesem Zusammenhang verfolgt wurden).

Herodot berichtet, daß die Griechen ihre Rituale und Zeremonien von den Ägyptern hatten, und nach Ansicht ihrer Gläubigen war es Isis, die der Menschheit als erste die Mysterien offenbarte. Die Mysterien-Religionen standen im mystisch-religiösen Zentrum der griechisch-römischen Welt (mysterion = etwas geheim, geheimnisvoll halten), und im späten klassischen Altertum und unter der Herrschaft Roms waren die Mysterien der Isis weithin verbreitet. Als Hüterin der Geheimnisse wußte sie um die Gefahren, die entstehen, wenn Wahrheiten ins Oberflächliche und Triviale gewendet werden. Die Haltung der Skorpion-Geborenen, Geheimnisse ernst zu nehmen, entspringt dem Impuls, die Wahrheit in ihrer Essenz zu bewahren. In den Mysterien-Religionen näherten sich die Eingeweihten Schritt für Schritt dem innersten Kreis und unterlagen dem Gelübde des Schweigens, das ihnen verbot, jemals zu anderen von ihren Erfahrungen zu sprechen. Es besteht auch ein Bezug zwischen Isis und der Cabiri, der esoterischen Kabbala. Ihr Skorpion-Charakter wird auch in dem eher nüchternen, patriarchalen Freimaurer-Bund stark offenbar. (Die Freimaurer knüpfen nach R.E. Witt an die Isis-Mysterien an und folgen einer "natürlichen Ethik", die die Tugenden brüderlicher Liebe, der Unterstützung von Bedürftigen und der Wahrhaftigkeit postuliert.)

Isis zeigt sich als wahre Skorpionin einerseits durch ihre leidenschaftliche Liebe zu Osiris und ihre Beziehung zu Tod, Sexualität und Wiedergeburt, andererseits durch den Ausdruck, den sie dem Okkulten, den geheimen Mysterien gibt. Bei den Riten der nächtlichen Passion des Osiris ist sie da, bereit, ihren Geliebten zu neuem Leben zu erwecken, ihn wieder zu gebären. Während Gaia im Stier allem keimenden Leben in ihrer Liebe Widerstandskraft und Stärke schenkt, damit es auf die rauhen Stürme des Lebens vorbereitet ist, schenkt Isis im Skorpion Mitgefühl, das ihrem eigenen "vergangenen" Leiden entspringt. Die Weisheit der Isis befähigt zum Umgang mit dem Leben und dem Tod, zur Unterstützung der Alten und zur Hilfe für die Jungen. Isis ist nicht nur die Unsterbliche, Einzigartige, Älteste der Alten, sie ist auch die Schutzherrin, durch die

das skorpionische Wissen um das Unabänderliche oder Notwendige, geboren aus der Stellung des Skorpions im Angelpunkt zwischen Leben und Tod, menschlicher und zugänglicher wird.

Isis, die als die Unsterbliche gleichzeitig eng mit den Mächten des Todes verbunden ist, verleiht ihrem Volk auch Verständnis und Wissen um Macht und wie man mit ihr umgehen soll. Ägyptens Königinnen, die sich als irdische Inkarnationen der Isis betrachteten (wie der Pharao die Inkarnation von Osiris-Horus war), konnten in der Ausübung und Anwendung ihrer Macht nicht nur behutsam sein. Skorpion-Königinnen wie z.B. Kleopatra wußten genau, wo die Potentiale und Grenzen der eigenen Macht lagen. Skorpion-Geborene wissen mehr als in jedem anderen Zeichen Geborene, was Macht bedeutet, und sind fähig, sie nach ihrem Willen einzusetzen oder auch nicht. Wie beim "echten" Skorpion gibt es auch beim Tierkreiszeichen Skorpion etwas Unbesiegbares, was vielleicht die, wenn auch zögerliche, Bewunderung erklärt, die dem Skorpion in astrologischen Texten entgegengebracht wird. Es könnte darin auch der Grund für die Nervosität liegen, die viele überkommt, wenn sie sich an das Zeichen oder die darin Geborenen herantasten.

Unabhängig, stark, leidenschaftlich, intensiv, verschwiegen, scharfsinnig und mutig - all dies sind Qualitäten der Skorpion-Geborenen und spiegeln die Regentin Isis und alle stolzen Königinnen wider, die sie verkörpern. Dieser Abschnitt über den Skorpion führt unweigerlich zu Kleopatra, der letzten Königin Ägyptens. Auf allen Seiten von der patriarchalen Macht Roms umzingelt, hat sie versucht, das Rad der siegreichen patriarchalen Geschichte zu wenden - und um ein Haar wäre es ihr gelungen.

Kleopatra

Cicero und die Gefolgsleute des Oktavian (Augustus) diffamierten Kleopatra, die ägyptische Königin, Caesar und Mark Antonius liebten sie, und der Grieche Plutarch schrieb über ihr Leben, das auch von vielen Dramatikern, darunter Shakespeare, in Dramen verarbeitet wurde. Sie stammte von Ptolemäus I ab, einem Freund Alexanders des Großen, und war der letzte ägyptische Pharao - Regentin des einzigen großen Reiches, das zu ihrer Zeit noch nicht römischer Oberhoheit unterlag.

Ihre Intelligenz, ihre Führungsqualitäten und ihre Macht stehen außer Zweifel. Sie wurden auch von späteren patriarchalen Schriftstellern nicht in Frage gestellt, sondern einfach verschwiegen, während ihre sexuelle

Anziehungskraft stets hervorgehoben wurde. Es heißt, daß sie eine Abhandlung über Alchemie verfaßt habe, die Zeugnis "von großer Vorstellungskraft ist und in welcher die Symbole von Tod und Auferstehung metallurgischen Prozessen zugeordnet sind" - wie höchst skorpiongemäß!
Sie selbst identifizierte sich mit Isis (und dem Skorpion). In den berühmten Gesängen der Sibylle scheint das Thema Kleopatra und Antonius auf:

Nicht länger sollst du Witwe sein, sondern Gefährtin des Löwen.

So wie Isis und Dionysos sich als Skorpion und Löwe sahen, so sahen sich Kleopatra und Antonius als die Schöpfer eines Großen Reiches im östlichen Mittelmeer und eines neuen Goldenen Zeitalters gemäß den Zukunftsprophezeiungen ihrer Zeit. Die Tatsache, daß dies durchaus im Bereich des Möglichen lag, machte sie Oktavians Freunden so suspekt. Oktavian wollte, genauso wie Antonius, in Rom an die Macht kommen. Durch die Hervorhebung der sexuellen Verführungskünste der Kleopatra war es einfach, Antonius als schwach und ihr hörig erscheinen zu lassen, als un-männlich und damit nicht wert, in Rom die Führungsgewalt auszuüben. Auch war Rom, als neuer aufstrebender Staat, eifersüchtig auf die Macht, den Reichtum und die Kultur Ägyptens. So hatten Kleopatras Schönheit, ihr Stolz und ihre starke Persönlichkeit, also alle ihre Skorpion-Eigenschaften, die ganze Gewalt der römischen Propaganda auf den Fersen, einer Propaganda, die sie ausschließlich zum Sexsymbol degradierte.

Kleopatra besaß jedoch die dem Skorpion eigene Unbedingtheit und sein Wissen vom Tode. Viele Pharaonen vor ihr hatten den Thron über Leichen bestiegen, und es wurde zu ihrer Zeit vermutet, daß sie am Tod ihres Halbbruders und Gatten Ptolemäus XIV nicht ganz unschuldig war. Vom Zeitpunkt des Todes ihres Vaters an war sie selbst, damals achtzehnjährig, sehr oft durch ihre Schwester Arsinoe und Ptolemäus XIII in Todesgefahr gebracht worden. Eine Zeitlang mußte sie im Exil leben. Doch mit ihrem skorpionischen Durchsetzungsvermögen, ihrem Stolz und ihrer Diplomatie gelang es ihr, den Thron wiederzuerlangen und, nachdem sie ihren älteren Bruder besiegt hatte, schließlich allein zu regieren. Sie heiratete zwar nach rituellem Brauch ihren jüngeren Bruder - es war jedoch *ihr* Profil, das die ägyptischen Münzen zierte. In späteren Jahren gab es Münzen, die ihr Abbild auf der einen, das des Antonius auf der anderen Seite zeigten. Daß Antonius, als Römer, einer "Barbaren"-Königin gleichen Status zuerkannte wie sich selbst (und damit ihr Reich dem römischen gleichstellte), war für die Römer ein Schock und ein weiterer Beweis für den schlechten Einfluß, den diese Frau auf ihn ausübte!

Das Profil, das die Münzen zeigen, hat keinerlei Ähnlichkeit mit den Gemälden oder den Schauspielerinnen in Filmen, die wir kennen. Kleopatra hatte ein markantes Profil mit der typischen Adlernase der Mazedonier - der Eindruck war insgesamt eher "männlich" als "weiblich". Kraft ihrer Persönlichkeit und Intelligenz konnte sie Caesar und Antonius gewinnen - und natürlich mit ihrem schwer faßbaren, lasziven skorpionischen Charme. Ihre Stimme, so heißt es, war rauh und verführerisch. Sie sprach Hebräisch, Medisch, Persisch, Griechisch und Latein, das sie sich selbst beigebracht hatte, ebensogut wie Ägyptisch. Es ist leicht verständlich, daß für die ungehobelten, neureichen Römer diese Kombination von Faszination, von Reichtum, kühler Intelligenz und sexueller Ausstrahlungskraft einfach umwerfend gewesen sein muß!

Kleopatra kämpfte bedingungslos unter Einsatz all ihrer Waffen darum, die Unabhängigkeit ihres Landes zu bewahren, und besiegte damit beinahe die ihr weitaus überlegene Militärmacht Roms. Ihre Entschlossenheit, keinerlei Beherrschung zu dulden (typisch Skorpion!), galt nicht nur für sie selbst, sondern auch für ihr Land. In ihrem Verständnis von Macht, ihrer realistischen Einschätzung dessen, was ihr möglich war, um an der Macht zu bleiben, ihrer Bevorzugung von Diplomatie und Verhandlungsgeschick gegenüber der Anwendung von Gewalt, ist sie Skorpion in Reinkultur, genauso wie in der Kraft ihrer Sexualität.

Kleopatra nahm sich, als sie schließlich doch besiegt wurde, lieber das Leben, als in Ketten durch die Straßen Roms gezerrt zu werden - auch dies ist ganz skorpiongemäß: sie entscheidet selbst über die Ereignisse; mit ihrem Freitod verweigert sie dem Schicksal den Sieg. Es heißt, daß sie sich durch die Schlange, die Natter, das Leben nahm. Die Schlange wurde schon lange mit dem Skorpion und den Mächten der Unterwelt in Verbindung gebracht. Die ägyptische Kultur hat mit ihrer intensiven Beschäftigung mit Tod und Wiedergeburt eine starke Beziehung zum achten Haus. Kleopatra als Symbolgestalt, als Isis und Hathor, trug einen Geier-Kopfschmuck, gekrönt durch einen Schlangenkranz - Symbole für Tod, Sexualität und Wiedergeburt.

In gewisser Weise hat Kleopatra über den Tod triumphiert. Obwohl sie von den Römern verteufelt und herabgesetzt worden war, obwohl die spätere patriarchale Ideologie sie und ihre wahre Macht auf ein Minimum reduzierte, bleibt sie doch die berühmteste Königin der Antike, faszinierend durch ihren Reichtum, ihre Macht und ihre sexuelle Anziehungskraft, unbezwingbar bis zuletzt.

Skorpion im Patriarchat

Von allen "weiblichen" Zeichen hat die Skorpionin, oberflächlich betrachtet, am wenigsten unter dem Patriarchat und seinen weiblichen Stereotypen gelitten. Ihre Beschreibungen in astrologischen Texten enthalten immer wieder Bezeichnungen wie "Stolz, Leidenschaft, magnetische Anziehungskraft". Auch ihre Haltung, Geheimnisse bewahren zu wollen, wird genannt, ebenso wie ihre Fähigkeit, Fragen auf den Grund zu gehen und Antworten zu finden, die notwendig ist für die Beschäftigung mit Alchemie, Chemie, Psychologie, für Detektivarbeit und/oder Militärwesen und für die Chirurgie, kurz für alle Berufe, die von den Kräften des Dreiecks Leben-Sexualität-Tod betroffen sind. Stolz, Leidenschaft und Macht - gibt es eine faszinierendere Beschreibung? Die Texte verschweigen weder ihre Sexualität noch ihren Sinn für Macht, sondern weisen meist sehr direkt darauf hin.

Skorpion-Frauen müssen sich allerdings vorkommen, als wären sie unter einem "männlichen" Zeichen geboren, wenn sie diese Beschreibungen lesen, speziell auch darum, weil sie sehr oft für "den Skorpion", also die männliche Form, geschrieben sind. Es ist eine Tatsache, daß bis vor kurzem alle Berufe und Positionen, die Frauen Macht über Männer gäben, für Frauen unerreichbar waren. Was dabei noch ärger ist: auch die "im Geheimen" ausgeübten Berufe (z.B. in Alchemie oder Chemie) waren - mit einigen wenigen Ausnahmen (meist aus dem gebildeten Adel) - für Frauen nicht zugänglich, oder zumindest war es sehr gefährlich, sie auszuüben. Alchemistinnen oder Chemikerinnen waren ständig in Gefahr, in den in periodischen Abständen in Europa stattfindenden Hexenjagden (die letzte ist noch gar nicht so lange her), als Hexe verfolgt und getötet zu werden. Lange Zeit ist die Skorpion-Alchemistin, die sich mit geheimen Mysterien befaßte, durch von Angst geplagte Männer und durch eine männlich dominierte Kirche in Lebensgefahr gewesen. Skorpion-Frauen lebten ständig in der Nähe des Todes!

In den vergangenen ungefähr 1500 Jahren wurde das skorpionische Interesse am Okkulten besonders verteufelt, nämlich von dem Zeitpunkt an, als das von der Kirche regierte Christentum zur vorherrschenden Religion wurde. "Okkult" und "Hexe" wurden zu allumfassenden Begriffen, unter die auch eine Reihe unterschiedlichster Glaubensrichtungen und Religionen fiel, gegen die das Christentum in seinen ersten Jahren als "neue" Religion ankämpfte. (Wer nachgab, wurde "christlich".) Hinter den oben genannten Begriffen verbirgt sich natürlich der alte, fest verankerte Glaube und die damit verbundenen Riten, die mit Einführung der neuen Religion nicht einfach verschwanden.

Da das Okkulte unterdrückt und in den Untergrund verbannt wurde, ein

Opfer männlicher Neurosen und Haß-Angst, verbinden sich damit jetzt allerlei Phantasien, die aus unserer kümmerlichen, kranken Gesellschaft kommen. Es ist heute für die Allgemeinheit recht schwierig, den wahren Skorpion-Forschungsgeist und sein Wissen von den zahllosen angstgesteuerten Projektionen zu unterscheiden. Das Skorpion-Wissen wurde von den neuen, "männlichen" Religionen mehr gefürchtet als jedes andere alte Wissen und war deshalb auch der stärksten Unterdrückung und bewußten Fehlinterpretationen ausgesetzt.

Sogar die Hexen in unseren Kindermärchen haben ganz typische Skorpion-Gesichter! Die gekrümmte "Adler-Nase", die in allen Darstellungen erscheint, ist ein Skorpion-Kennzeichen - ganz ähnlich dem Profil der Kleopatra auf den ägyptischen Münzen. Die Hexe ist immer mächtig und steht außerhalb der Gesellschaft, manchmal hat sie es selbst so gewählt, manchmal wird sie unter einem Vorwand ausgeschlossen. (Das ist übrigens genau das, was unter dem Patriarchat mit der weiblichen Skorpion-Kraft geschah.) In den Märchen ist die Hexe immer die Böse; rachsüchtig verfolgt sie diejenigen, die ihr ihre Macht streitig machen. (Hier zeigt sich deutlich die Angst der Männer vor der Durchsetzungskraft und Schonungslosigkeit der Skorpionin und vor ihrer Rache!) Sie wird immer in Gegensatz gestellt zu einer Frau, die sich so verhält, wie sich eine Frau - angeblich - verhalten sollte: das ist die gute Fee, schön nach den anerkannten patriarchalen Maßstäben, freundlich, liebreizend, sie hilft dem Helden wie der Heldin und verstärkt auf diese Art "rein zufällig" den patriarchalen Status quo. Dem feindlich gegenüberzustehen, zahlt sich nicht aus, das ist klar! Aggression und Stärke (männliche Tugenden) sind bei Frauen "schlecht" und "böse". Sich mit Zaubersprüchen, Magie und dem "Okkulten" abzugeben, ist ausschließlich Sache der guten Fee, wiewohl in ihrem Fall diese Dinge nie okkult genannt werden.

Die Feen-Geschichten mit ihrer krassen Voreingenommenheit gegen das Skorpionische hatten durch ihre starke Verbreitung vielleicht eine stärkere Auswirkung auf uns Frauen als die später auftretende Mischung aus Furcht und Mißachtung, der wir begegnen, wann immer die Sprache auf "magische" Kräfte von Frauen kommt. Wir lesen Märchen in einem Alter, in dem wir noch jung genug sind, um ihre Symbole als mögliches Selbstbild aufzunehmen, und wir müssen unsere Wahl treffen. Wer wollen wir nun sein? Die mächtige, aber zurückgewiesene, häßliche und böse Hexe oder die wunderschöne, aber hilflose Heldin? Oder die schöne und mächtige gute Fee, die der Heldin hilft, gegen die Hexe anzugehen, damit sie schließlich ihren Helden heiraten und mit ihm, sofern sie nicht gestorben sind, noch heute glücklich leben kann? Es ist leicht zu verstehen, warum es für Frauen so ungeheuer schwierig ist zu erkennen, daß unsere Macht weder gut noch böse ist. Daß die Angriffe insbesondere auf die Persönlichkeit der skorpionischen Frau ausgerichtet sind, liegt daran, daß sie darüber weiß. Das ist auch der Grund, warum sie in den Augen des Patriarchats lange Zeit die Erzfeindin gewesen ist.

Heutzutage haben die Frauen eine stärkere Gleichstellung erreicht, und das patriarchale "Ideal" ist nicht mehr, was es einmal war. Skorpion-Frauen sind vermehrt dabei, die veralteten Bilder der "Hexe" und des "Okkulten" anzugreifen, Mißverständnisse und Vorurteile nach und nach auszuräumen und zu versuchen, die wahre Bedeutung dieser Begriffe wiederzuentdecken. Ihnen stellt sich jedoch der einflußreiche Apparat von Film und anderen Medien entgegen, von dem profit-gesteuerter Horror und Sensationslust ausgeht. Das Wiederentstehen von Fundamentalisten-Gruppen, die eine Rückkehr zu Glaubenslehren des Alten Testaments fordern, ist sozusagen das "letzte Aufgebot" der männlich-dominierten Religionen gegen den, ihrer Meinung nach, größten Feind, nämlich die tiefen, mystischen Einsichten der Skorpionin. Im Bündnis mit dem Kommerz, der Werbung, den Medien hat das patriarchale Oberhaupt, der schlangenschwänzige Teufel, nach wie vor sehr viel Macht: Tod, Gefahr und Hexenjagd schlummern immer noch im Untergrund, wie jede Skorpionin weiß.

3

Die Feuerzeichen:

Widder, Löwe und Schütze

Die herkömmliche Astrologie hat eine Vorliebe für die Feuerzeichen, und alle Texte heben ihre positiven Seiten besonders hervor. Das Feuer symbolisiert die Lebensflamme, das aktive Energieprinzip und sehr oft auch kreative Initiativkraft. Feuer steht für "Glut", sei dies nun die unstete, reagierende Glut des Schützen, die kardinale vorwärtsstürmende des Widders oder die stete, fixe Glut des Löwen. Feuer wird traditionell mit Führungsqualitäten verbunden; den Führungsqualitäten des Schütze-Philosophen und -Lehrers, des Widder-Pioniers oder des Löwe-Königs. In prähistorischen Zeiten stand das Feuer wahrscheinlich in Verbindung zu den frühen Indogermanen der Rg-Veden und zum mykenischen Griechenland.

Bedenken wir die männlichen Vorurteile des Altertums, so ist es nicht weiter verwunderlich, daß das Feuer als "männliches, positives" Element - im Gegensatz zu den "weiblichen, negativen" Elementen Wasser und Erde - eingestuft wurde. Ptolemäus, der im im 2. Jahrhundert v.u.Z. schrieb, klassifizierte mit patriarchal bestimmter Argumentation Feuer- und Luftzeichen als männliche, positive und dem Tag zugeordnete - und demzufolge glückbringende - Zeichen. Diese Vermännlichung des Feuers hat sich in der Astrologie bis zum heutigen Tage erhalten, wie die übliche Betonung der aktiven, "männlichen" Führungsqualitäten in den drei Feuerzeichen beweist.

Die von Ptolemäus zugrunde gelegte philosophische Teilung der Welt in zwei gegensätzliche Geschlechter-Pole, ob sie nun hierarchisch gesehen werden, wie in vielen westlichen Schriften, oder einander ergänzend, wie beim Yin und Yang der Chinesen, paßt nur sehr schlecht in die Astrologie, die ja viel älter ist als diese sehr vereinfachte Sicht der Welt, die wir auch heute noch haben. So sind z.B. die Elemente nicht zwei-, sondern vierpolig, und sie stehen bei weitem nicht immer in Opposition zueinander, obwohl man sich redlich bemüht hat, diesen Eindruck zu erwecken. Die Astrologie arbeitet viel öfter mit Vierer- und Dreier-Gruppen als mit Dualitäten, und es ist sehr bedauerlich, daß die konventionelle Astrologie einige Anstrengung darauf verwendet hat, die Elemente und Zeichen gemäß der patriarchalen Ideologie in eine dualistische und geschlechtsabhängige Form zu pressen.

Es ist dies speziell tragisch für die Frauen, und die äußerst positiven Beschreibungen der Feuerzeichen wirken mit ihren männlichen Symbolen und Regenten auf Frauen u.a. deshalb extrem befremdlich, weil diese Zeichen sprachlich nur in männlicher Form ausgedrückt werden. Die Eigenschaften, die diesen Zeichen ursprünglich zugeordnet waren, werden verfälscht, wenn ihnen geschlechtsspezifische Klischees aufgepfropft werden - durch die Vermännlichung der Symbole sind einfach in allen Feuerzeichen viele Bedeutungsaspekte verlorengegangen. Um das Klischee, daß die Feuerzeichen "männlich" seien, endlich loszuwerden und damit wieder das nötige Gleichgewicht herzustellen, stelle ich in den folgenden Kapiteln weibliche Bilder und Regentinnen, Königinnen, Göttinnen und Heldinnen vor, die alle die Qualitäten der drei Zeichen symbolisieren. Ich bin tatsächlich der Meinung, daß durch diese nicht patriarchalische Darstellung die uralten und allgemeingültigen, wahren Qualitäten der Zeichen zum Vorschein kommen und ihre Bedeutung eine Bereicherung erfährt.

WIDDER ♈

Element: Feuer
Qualität: kardinal
Symbolbild: Schaf und Widder
Regent: Mars
Regentin: die Amazone

Widder in Stichworten: aktiv , enthusiastisch, immer die Nase vorn, dynamisch, eigenwillig und mutig

Widder-Geborene sind unternehmungslustige, feurige, aggressive, unabhängige Menschen, die sich stets auf sich selbst verlassen und mit Volldampf agieren. Sie sind impulsiv, mutig und handeln mitunter übereilt; sie lieben Veränderung, Abwechslung, Freiheit und Abenteuer, riskieren einiges und nehmen jede Herausforderung an. Sie sind intellektuell betont und haben gute Ideen; sie sind äußerst begabt, Dinge in Bewegung zu bringen, jedoch weniger, sie auch zu Ende zu führen, es sei denn, dies läßt sich binnen kurzem bewerkstelligen. Sie sind stark auf sich selbst konzentriert und können in ihrem Vorwärtsstürmen recht egoistisch sein, da sie sehr bestimmt, ungeduldig (sie unterbrechen gern), stur und eigenwillig sind. Sie übertreiben oft und sind recht empfindlich. Sie sehen sich gerne bestätigt und hassen es, wenn jemand sie antreiben will. In der Liebe sind sie sehr direkt und geradlinig, aufrichtig in ihren Gefühlen, und in ihren Beziehungen wünschen sie gleiches Recht und Unabhängigkeit. Sie können zwar wütend werden, sind aber nie gemein.

Die Widder-Qualitäten zeigen sich dann am stärksten, wenn die Sonne, der Mond oder der Aszendent im Widder steht oder sich die Regentin oder der Regent dort befindet.

Symbolbild: Widder, Sohn des Mutterschafs

Einer der ältesten Namen für den Allerhöchsten und für die späteren Könige Mesopotamiens war "Hirte". Durch archäologische Funde aus der Zeit um etwa 4000 v.u.Z. sowie aus Texten dieser Periode erfahren wir, wie Dumuzi, der Gott der Hirten, um Inanna, die mächtige Große Göttin der frühen Städte (und der Speicher), wirbt. Dumuzi stammt aus einem Hirtenvolk, für das die Schaf- und Ziegenherden den wertvollsten Besitz darstellten.

In dieser Vereinigung zweier unterschiedlicher Kulturen behalten die Frauen zunächst einmal ihre Vorrangstellung. Auf einem Krug aus Uruk sehen wir, wie der König der göttlichen Königin eine Vielzahl von Dingen als Geschenk bringt, um ihre Gunst zu gewinnen. In diesem Kult stirbt Dumuzi, der Hirten-König, Sohn des Mutterschafes (also Widder), am Ende des Hüte-Kreislaufs, wenn alle Lämmer geworfen sind und die Schafe keine Milch mehr geben. Hernach wird er erneut wiedergeboren. In den Darstellungen ist Dumuzi von Frauen umgeben - Mutter, Gattin, Schwester -, denen er Treue und Ergebenheit schuldet.

Daß dies nicht lange so blieb, ist wohl klar! Die späteren (akkadischen und ägyptischen) Hirten-Könige hatten uneingeschränkte Macht. Für die Juden und für Jesus war "Hirte" der Titel für einen männlichen Gott, der - im Gegensatz zu Dumuzi - von keiner göttlichen Ahnin abstammte. Der Hirte war auch nicht mehr der Bittende, der um die Göttin warb, um gemeinsam mit ihr einen Sohn und eine Tochter zu zeugen.

Als die Bezeichnung Hirte für Götter und Herrscher verwendet wurde, war auch der Widder ein bevorzugtes Symbol für Reichtum und Wohlstand. Im Mythos vom Goldenen Vlies feierten die Griechen die Übernahme des Widders in ihren neuen, männlich-dominierten Staat - wobei ihnen jedoch die Hirtenkönigin und Bewahrerin Medea behilflich sein mußte. Nach dieser Übernahme wurde der griechische Zeus, Oberhaupt der Götter des Olymp, oft als Widder dargestellt (ebenso wie als

Stier, Löwe oder Hengst). Alexander der Große ließ sich mit Widderhörnern porträtieren, wie dies später auch Trajan und Vespasian taten. Die uralten Qualitäten Reichtum, Wohlstand und Fruchtbarkeit, die der Widder seit jeher symbolisierte, waren nun männlich und nicht mehr weiblich besetzt.

Für uns heute, die wir zum großen Teil in Städten leben und von dem ursprünglichen Lebensraum des Widders wenig kennen, ist der Sinngehalt des Symbols Widder/Mutterschaf nur schwer nachvollziehbar. Die frühen Gesellschaften hatten das Problem nicht - sie waren noch eng dem Land mit seinem bäuerlichen und Hirtenleben verbunden. Die Bürger von Athen besaßen eigenes Land und lebten dort, wenn sie nicht in Athen waren. Auf den Bergweiden gab es noch Hirten, und in Mitteleuropa und am Schwarzen Meer war die Arbeit der Hirten bis in die Zeit des Feudalismus hinein ein Hauptwirtschaftsträger. Im Gebirge und im kühlen Norden entschieden die Schaf- und Ziegenherden im Winter über Leben oder Tod. Im Nahen Osten bestanden neben den großen Städten noch lange die Hirten- und Bauernkulturen fort, und an vielen Orten war es nur ein kleiner Schritt von der Stadt auf die Viehweide.

Was war also die ursprüngliche Bedeutung des Widder-Bockes, bevor er von den kriegerischen Patriarchaten übernommen wurde?

Das wichtigste Ritual, das mit dem Widder in Zusammenhang steht, ist das der Frühlings-Tag-und-Nachtgleiche, die das Wiederaufleben der Lebenskräfte und die vorwärtsdrängende Energie des Samens darstellt. In vorpatriarchalen Ritualen haben Männliches und Weibliches ihre Rolle; der weibliche Schaffensdrang erzeugt gemeinsam mit der Virilität des männlichen Samens das reiche, fruchtbare Land, auf dem alles Leben gedeiht. Ursprünglich war der Widder ein Doppelsymbol und verband den Widderbock mit der Mutterschaf-Göttin, deren Sohn und Gefährte er ist. Die Göttin als Mutterschaf bringt ihrem Volk Wohlstand, sie ernährt es mit ihrer Milch und kleidet es mit ihrer Wolle zum Schutz gegen den kalten, rauhen Winter. Hier verbindet sich die kreative Widder-Potenz mit Produktivität und Handlungsinitiative - im Einklang mit der Gesellschaft und nicht davon losgelöst.

Wenn wir die Widder-Qualitäten im Zusammenhang mit den durch die Sonne wieder erwachenden Kräften sehen, wird besser verständlich, daß der Widder ursprünglich nichts mit Kriegsführung zu tun hatte, sondern mit dem Wunsch nach Wohlstand und Überfluß, mit dem Funken, der Leben spendet und den Tod überwindet - und nichts mit dem todbrin-

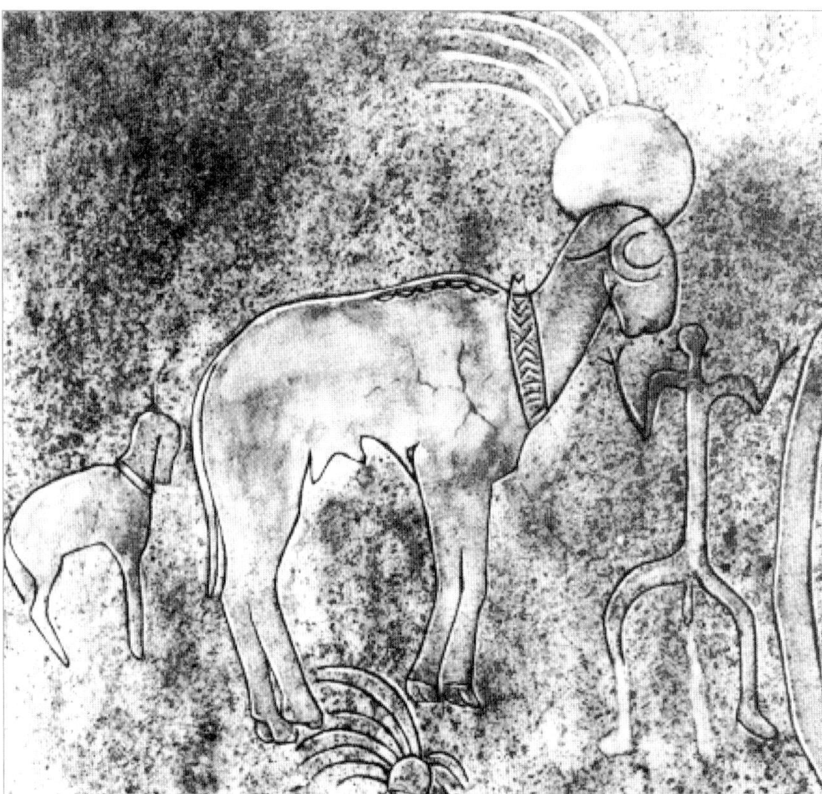

genden Flammenspeer. Im Mythos vom Goldenen Vlies wird die Verbindung Schaf–Sonne–Reichtum ganz deutlich. Als z.B. in alten Zeiten in der Donau Gold gefunden wurde, diente ein Widderfell, in den Fluß getaucht und dann getrocknet, traditionsgemäß zum Goldwaschen. Der goldene Reichtum der Sonne hat Beziehung zum Einfallsreichtum und Unternehmungsgeist des Widders - und zur matrilinearen Regentschaft der Göttin. Später stellte Alexander der Große die gleiche Sonne–Schafbock, Löwe–Widder Verbindung her: die Widderhörner, mit denen er des öfteren abgebildet ist, stammen von Ammon-Amun, der widderköpfigen Gottheit der libyschen Wüste, die in ihrem Geschlecht männlich und weiblich zugleich war.

Astrologisch betrachtet regiert der Widder den Kopf, und da gibt es eine interessante Verbindung zu Freuds Theorie in bezug auf die Herkunft unserer kreativen Ideen und Initiativen, ja unseres ganzen "Kultur-Gebäudes". Nach Freud entsteht all dies aus unserem sublimierten Sexualtrieb, d.h. aus der Sexualenergie, die durch unseren Kopf verändert und übertragen wird. Diese Energie, unsere "Libido", ist es, die uns kreative Ideen beschert und uns dazu antreibt, unsere Kulturen zu schaffen. Bei Widder-Geborenen ist es, aus dieser Sicht gesehen, die Sexualenergie (mit ihrer unabdingbaren Ich-Komponente), die ihrem Intellekt und ihrem Ideenreichtum zugrundeliegt. Es ist dieselbe Potenz, die die Widder-Geborenen in Situationen der Herausforderung zu Pioniertaten treibt. Auf einer weitergehenden Ebene befähigt ihre Hauptantriebskraft sie dazu, für den Erhalt ihrer Familie, ihrer Herde und ihres Landes zu kämpfen.

Wird das Weibliche wieder in das Widder-Zeichen zurückgebracht, so kann die Betonung der bestimmenden, der unbedachten und starrköpfigen Eigenschaften der Widder-Geborenen durch ihr Verlangen, im Einklang mit der Gesellschaft zu leben, relativiert werden. Im Angesicht der Göttin kann die Wärme und sonnengleiche Qualität des Widderherzens wieder zum Vorschein kommen. Als intellektuellstes aller Feuerzeichen drückt Widder die Bewegung vom Herzen zum Kopf aus (während

Schütze, als körperlichstes Zeichen, der Bewegung vom Herzen zur Hüfte bzw. zu den Beinen Ausdruck gibt). Die Sexualenergie des Männlichen gewinnt im Widder eine gewisse Leichtigkeit, eine Hingegebenheit, bei der z.B. der bekannte Widder-Enthusiasmus eine Rolle spielt. Wenn wir dem Zeichen eine weibliche Betonung geben, werden wir daran erinnert, daß mit der Bezeichnung "Hirte" eine Schutz- und Fürsorgefunktion ausgedrückt wird, die in ihrer Art mütterlich ist und ganz im Gegensatz zur kriegerischen Zerstörung steht, die spätere, patriarchale "Hirten" wie z.B. die ägyptischen Hirten-Könige der Hyksos anrichteten.

Die Darstellung des Widders als Doppel-Symbol (männlich und weiblich), die Betonung auf Handeln in Gemeinschaft mit anderen und nicht im Alleingang, entspricht der Stellung des Widder-Hauses im Geburtshoroskop. Der Widder regiert das erste Haus, das Haus der "nach außen gerichteten Persönlichkeit", das unseres Ich-Bewußtseins als auf Gemeinschaft angelegtes Wesen. Mit dem Regenten Mars symbolisiert der Widder den zweiten Schritt der Schöpfung, in dem sein Lebensfunke nach dem Aufsteigen aus dem Urmeer der Fische das Rad des Lebens im Tierkreis, d.h. einen zyklischen Prozeß in Gang setzt. So wie die bewußte Persönlichkeit im Unbewußten ruht und sich daraus erhebt, so kommt die Widder-Energie aus dem kreativen und lebensspendenden Meer der Fische und ist darin verankert. Betrachten wir dies auf der kosmischen Ebene, so verdichten sich die Gaswolken im Universum (Fische) immer stärker, bis sie so kompakt sind, daß sie als Sonne (Widder) leuchten.

Mit dem Segen der Göttin arbeitet die Widder-Energie nicht allein, sondern stets gemeinsam mit anderen. Ihre Energien und Handlungen stehen im Dienste der Herde - ganz so wie die Amazonen für ihre Gemeinschaft kämpften und sie als weibliche "Hirten" verteidigten. In dieser Hirtenkultur war die patriarchale Rollenverteilung noch nicht durch gewaltsame Eroberung durchgesetzt worden: die Frauen, die sich mit der Mutterschaf-Göttin identifizierten, setzten schöpferische Initiativen in Gang, hatten Freude an der Eroberung geistigen Neulandes und genossen es, aktiv zu sein; die Männer, identifiziert mit dem Widderbock-König, kümmerten sich um die Herde und schufen Wohlstand und Überfluß im heimischen Bereich. Der Amazone als ursprünglicher Regentin des Widders wollen wir uns jetzt zuwenden.

Regentin: Die Amazone

Im Gegensatz zu späteren Mythen waren die Amazonen in der frühen Antike für ihren Mut, ihre Unabhängigkeit und Schönheit berühmt. Die Griechen des Altertums bewunderten sie und waren stolz, wenn sie Amazonen als Vorfahren hatten. In Mary Renaults Neuerzählung des Theseus-Mythos zum Beispiel - Theseus war ein Gründer-Held aus Athen - finden wir die Liebe zwischen ihm und der Amazonenkönigin als eine Liebe unter Gleichgestellten dargestellt. Hippolyta ist feurig, impulsiv und unabhängig, jedoch auch edel und geradeheraus - also ganz typisch Widder. Die Amazone versinnbildlicht mit ihrem widdermäßigen Vorwärtsdrängen und ihrer Fähigkeit, sich zu begeistern, viel stärker die Mars-Energie , als dies Mars oder Widder in ihrer groben Brutalität vermögen.

Die Amazonen lebten zu einer Zeit, als kriegerische Auseinandersetzungen zunehmend grenzüberschreitend wurden und Horden von Eroberern die bekannte Welt überschwemmten, die vorherigen Siedler vertrieben oder sich nach und nach mit ihnen vermischten. Als Ergebnis dieser Überfälle kam es immer wieder zu einem Dunklen Zeitalter, wie z.B. 1700 v.u.Z. nach der Hyksos-Invasion in Ägypten oder um 1000 v.u.Z. in Griechenland, und die Gesellschaft wurde zusehends "brutaler", zusehends "patriarchaler". Homer berichtet, daß die Amazonen Troja gegen die frühen griechischen Armeen aus Mykenä zu Hilfe eilten und daß ihre Königin Penthesilea im Kampf durch das Schwert des Achill fiel. Herodot er-

zählt von einem Krieg zwischen den Amazonen und den Griechen, in dem die Amazonen weit ins Landesinnere, fast bis nach Athen vordrangen. Nach Robert von Ranke-Graves errichteten die Griechen nach diesem Krieg Heiligtümer zu Ehren der Amazonen - die sie auch die "Schönen" nannten -, in denen sie ihnen Versöhnungsopfer brachten. Homers und Herodots Amazonen lebten um das Schwarze Meer herum, das auch bis ins Jahr 5 als "Amazonen-Meer" bekannt war, und in den Bergen Anatoliens. In späterer alter Literatur werden alle Kriegerinnen als Amazonen bezeichnet - so spricht Diodorus von den Libyschen Amazonen, und Sueton behauptet, sie hätten einen großen Teil Asiens regiert. Die Römer waren stark beeindruckt von den keltischen Kriegerinnen, denen sie in Schlachten immer wieder begegneten.

Den vielen Krieger-Königinnen, die ihre Armeen in den Kampf führten, wurde auch oft Amazonen-Herkunft zugeschrieben. Als Alexander der Große erfuhr, daß die Amazonen-Königin Tomyris von Skythien Kyros den Großen von Persien zum Zweikampf gefordert und getötet hatte, empfand er große Bewunderung für die Amazone, die sein ganzes Leben lang anhielt, und er hatte keinen größeren Wunsch, als einmal eine Amazone kennenzulernen. Zu diesem Zeitpunkt war das aber leider im Nahen Osten und um die Ägäis herum nicht mehr möglich - weibliche Kriegskunst, Mut und Tollkühnheit im Kampf gab es nur mehr bei den Kelten. Daß die Römer die Amazonen herabwürdigten und völlig falsch beschrieben (z.B. daß sie sich eine Brust wegschnitten), war wahrscheinlich nichts anderes als Teil einer Hetzkampagne, die den mutigen Einsatz der keltischen Frauen im Kampf speziell in den Augen der Römerinnen lächerlich machen sollte.

Die Gesellschaft der Amazonen, deren Hintergrund nur Stück für Stück aus den klassischen Quellen erarbeitet werden kann, stand in starkem Kontrast zum andauernden patriarchalen Trend, und hier zeigt sich, wie Mars-Energie und Mars-Unternehmungsgeist, die Liebe zu Risiko und Herausforderung, ihre Entsprechung in der Unabhängigkeit der Frauen, in ihrer Aggressivität und ihrem Pioniergeist fanden. Die Amazonen bewahrten sich (und damit ihrer Gesellschaft) ihre Unabhängigkeit, indem sie sich das kriegerische Ethos der Zeit zu eigen machten - die Widder-Initiative, der Drang, sich zu behaupten und zu überleben, ist hier sehr stark zu spüren. Sie verwandelten dabei den kriegerischen Akt in etwas weniger "Bösartiges", ohne Winkelzüge und Hinterhältigkeit.

Der Gott Mars/Ares stand immer für den ungezügelten, vorwärtsstürmenden Drang physischer und sexueller Aggression, er ist brutal und kann die Konsequenzen seines Tuns nicht sehen, daher wird er oft als berauscht dargestellt: Soma und alle anderen zur Schlacht aufputschenden Getränke stehen im Zusammenhang mit Mars/Ares. Bei den Amazonen finden wir den gleichen impulsiven Drang und die Aggression, jedoch gemäßigter, mit klarerem Blick. Traditionell wird die Amazone der keuschen Göttin Artemis zugeordnet, und wenn sie tötet, dann nur in der lauteren, überpersönlichen Art der Göttin. Durch die Amazone lernen wir die "andere Seite" der Aggression kennen, den Mut, das Aufs-Spiel-Setzen des eigenen Lebens, und dabei wird uns klarer, welche Qualität hier dieser unwiderstehliche Drang hat, der jedes Hindernis überwindet und sich ohne Zaudern jeder Herausforderung stellt. In der Verbindung der Amazone mit Artemis wird auch ihrer Intellektualität, ihrer Freude an intellektuellen Risiken und Herausforderungen angemessenes Gewicht gegeben.

Die Amazonen - und was Herodot über sie berichtet

Im Krieg zwischen den Amazonen und den Griechen segelten die Griechen nach ihrem Sieg am Fluß Thermodon in drei Schiffen davon - und nahmen alle Amazonen mit sich, die sie hatten gefangennehmen können. Auf See gelang es den Frauen jedoch, die Griechen zu überwältigen und sie zu töten. Da sie nichts von der Seefahrt verstanden, wurden die Schiffe an die Klippen des Maiotissees im Gebiet der freien Skythen getrieben.

Dort gingen die Frauen an Land und drangen bis in den bewohnten Teil des Landesinneren vor. Auf ihrem Weg sahen sie eine Herde Pferde - sie fingen sie ein und ritten weiter, auf der Suche nach Beute. Die Skythen verstanden die Welt nicht mehr, noch weniger, wo diese fremden Plünderer mit ihrer unverständlichen Sprache und seltsamen Bekleidung herkamen. Erst nach einem Gefecht stellten sie anhand der Toten fest, daß sie es mit Frauen zu tun hatten, was, wie Herodot berichtet, die Skythen zu einer Umentscheidung veranlaßte. Sie wollten von diesen Frauen

jetzt Kinder haben und sandten eine Abordnung junger Männer - in gleicher Anzahl wie die Amazonen - mit der Order aus, die Frauen nicht zu bekämpfen, sondern in ihrer Nähe ihr Lager aufzuschlagen und zu tun, was jene täten.

Immer, wenn die Amazonen die Männer verfolgten, zogen sie sich vor ihnen zurück. Als die Frauen erkannten, daß ihnen von der Truppe keine Gefahr drohte, ließen sie sie in Ruhe, mit dem Erfolg, daß jeden Tag die Lager ein bißchen weiter aufeinander zu rückten. Herodot betont, daß keine Gruppe mehr als ihre Waffen und ihre Pferde hatte, daß sie das gleiche Leben führten, nämlich jagten und raubten.

So blieb es nicht aus, daß bald der erste Kontakt gemacht wurde: ein Skythe traf auf eine Amazone, die sich etwas vom Lager entfernt hatte, um sich zu erleichtern. Sie - so Herodots Worte - war ihm ohne Zögern zu Willen und gab ihm durch Zeichen zu verstehen, er müsse am nächsten Tage wiederkehren und einen Freund mitbringen. Zwei müßten sie sein, der Auftrag war klar, sie selbst würde noch eine weitere Frau mitbringen. Herodot berichtet, daß die Männer die Sprache der Frauen nicht erlernen konnten; die Frauen waren jedoch dazu imstande - wieder ein deutliches Beispiel für widdergemäßes selbstbewußtes Auftreten und wachen Verstand.

Nachdem die beiden Lager schließlich zu einem gemeinsamen geworden sind, fragen die Skythen, ob die Amazonen ihre Gattinnen werden wollen. Diese lehnen es ab und sagen:

“Wir können ... nicht mit euren Frauen zusammen leben. Wir haben andere Sitten als sie, denn wir schießen mit Pfeilen und Speeren und leben auf dem Pferde. Frauenarbeit verstehen wir nicht. Eure Frauen tun all das nicht, was wir tun, sondern tun Frauenarbeit, bleiben im Wagen und gehen weder auf die Jagd noch anderswohin. So passen wir nicht zueinander. Nein, wenn ihr uns zur Ehe haben und rechtliche Männer sein wollt, so geht zu euren Eltern, damit sie euch euer Erbe geben, und dann laßt uns für uns allein leben.”

Hier zeigt sich wiederum die Widder-Unabhängigkeit und die Lust an Abenteuer und Herausforderung.

Die jungen Männer sind einverstanden - und als die Amazonen ihnen vorschlagen, zur anderen Seite des Tanais (also aus skythischem Hoheitsgebiet hinaus) zu ziehen, ist ihnen das auch recht.

Herodot berichtet weiter, daß von diesem Zeitpunkt an “die Frauen der Sauromaten noch immer an ihrer alten Lebensweise festhalten, zu Pferde auf die Jagd reiten, mit und ohne ihre Männer, auch in den Krieg mitziehen und dieselbe Tracht haben wie die Männer.” In dieser von Herodot wiedergegebenen Geschichte werden die Widder-Eigenschaften der Amazonen sehr deutlich - ihre Impulsivität, ihre Bestimmtheit, ihr Pioniergeist, ihre direkte Art, ohne Drumherumgerede. Es scheint auch der Respekt durch, den ihnen andere Völker jener Zeit zollten, und der

Stolz ihrer Nachkommen, sie als Vorfahren zu haben, wird verständlich. In einer wilden kriegerischen Epoche, einer sehr patriarchalen Zeit, in der in vielen Gesellschaften männliche Vormacht herrschte, wurden die Amazonen als Gleichgestellte respektiert und aufgrund ihres Temperaments, ihres Mutes und ihres Selbstbewußtseins, ob nun in Kriegs- oder Friedenszeiten, bewundert.

In unserer heutigen Gesellschaft hat der Begriff "Aggression" nur mehr eine martialisch finstere Bedeutung, was an sich schon ein trauriges Spiegelbild unserer Kultur ist. Das Symbol der Amazone gibt einem anderen, tiefergreifenden Sinn des Wortes Ausdruck, nämlich dem des feurigen, impulsiven und herausfordernden Vorwärtsstürmens beim Ansteigen des Adrenalin-Spiegels, der biochemischen Wurzel aller "Aggression". Hier finden wir die wahren Eigenschaften der Widder-Geborenen, ihre Freude daran, Risiken einzugehen und neue Unternehmungen anzupacken. Widder-Frauen leben davon, daß sie sich einer Herausforderung stellen können; sie lassen sich nicht in eine Routine von Kinder–Kirche–Küche zwängen.

Widder im Patriarchat

In der herkömmlichen Astrologie hat der Widder eine gute Presse, und seine positiven Eigenschaften und Führungsqualitäten werden stets stark betont. Er ist ein aktives, ein "Macher"-Zeichen; sein Regent hat vielleicht kein so positives Image wie die königliche Sonne oder Jupiter (es ist einfach schwierig, für den grobschlächtigen Mars eine freundliche Beschreibung zu finden), der Widder-Mars ist jedoch voller Energie und Enthusiasmus und absolut konfliktfähig. Für Männer spiegelt der Widder Qualitäten wider, die in unserer Kultur als die "männlichsten" überhaupt betrachtet werden, nämlich Führungsqualität, Aggression, Unternehmungsgeist und Willen zum Wettbewerb.

Das in den meisten Texten im Zusammenhang mit dem Widder verwendete Fürwort ist daher "er", es heißt kaum einmal: "sie" ist voll Pioniergeist und Enthusiasmus, "sie" kann unüberlegt, stur und aggressiv sein. Im Patriarchat war es nicht üblich, daß Frauen sich in irgendeiner Weise aggressiv zeigten - wenn sie "wirkliche" Frauen waren! Dieses Klischee ist auch heute noch recht weit verbreitet, und Widder-Frauen sind nicht nur dem psychologischen Druck ausgesetzt, daß sie als Mann-

Weib diffamiert (und damit verbunden ihrer eigentlichen Natur entfremdet) werden. Sie leiden auch unter den praktischen und gesellschaftlichen Einschränkungen, daß sie ihre Widder-Talente nicht ausleben können. Der Begriff "Aggression" wird ja, wie wir schon gesehen haben, generell für die "bösartige zerstörerische" männliche Aggression verwendet, also für jenes brutale, dominierende und gewalttätige Verhalten, das von der eher "defensiven" weiblichen Aggression weit entfernt ist. Diese gängige Interpretation des Wortes führt dazu, daß Widder-Frauen ihre Talente auch selbst verkennen. Frauen werden dazu erzogen bzw. von der Gesellschaft dahin gedrängt, ihre Impulse der Ungeduld, des Vorwärtsdrängens und des Eigensinns zu kontrollieren und häufig auch zu verleugnen und zu unterdrücken, da es sich dabei vorgeblich um ein "egoistisches" Element ihres Antriebs handelt. Für die Widder-Geborene, die von Natur aus vor enthusiastischen Initiativen übersprudelt, kann dieser Druck verheerend sein. Unter dem Patriarchat vermittelt der Widder auf subtile, aber unüberhörbare Weise die Botschaft, daß es die Männer sind - und nicht die Frauen, bitte! - die zum Führen, zum Vorwärtsstürmen und zur Aggression geboren sind. Symbolsprache und patriarchale Praxis greifen hier ineinander und verstärken sich gegenseitig. Es ist hohe Zeit, daß weibliche Widder-Geborene als "sie" angesprochen werden und daß unsere männlichen, marsregierten Bilder durch weibliche Symbole, wie die Amazone, ersetzt werden, damit wir uns endlich mit einem uns gemäßen Symbol identifizieren können.

Das Widder-Zeitalter entspricht der Bronze- und Eisenzeit und hat astrologisch um 2000 v.u.Z., als die Ekliptik vom Himmelsäquator geschnitten wurde, begonnen. Es war ein Zeitalter ähnlich dem unseren, voller von Männern geführter Kriege mit Totschlag, Sklaverei und brutaler Unterdrückung ebenso wie Entdeckungsdrang und Kolonisierung. Das Widder-Element Feuer war sicher ein Symbol für die brennenden und zerstörten Städte, für die todbringende Macht des Krieges, aber auch für die lebensspendende Sonne. Um 1500 v.u.Z. verurteilte Zarathustra die blutrünstigen, kriegerischen Stämme, die nur aus Lust rauben und morden, und stellte sie in Gegensatz zu den friedlichen Siedlervölkern (in diesem Falle Viehzüchter), die zufrieden sind, wenn sie in Freundschaft und Wohlstand leben. Männliche Kriegsführung ist wie ein Krank heitsherd, der immer wieder zum Ausbruch kommt. Diese Krankheit scheint jetzt jedoch noch stärker "außer Kontrolle" zu geraten, wie eine Art von Trunkenheit der männlichen Psyche. Eine Trunkenheit, die durch die hierarchischen und patriarchalen Strukturen, in denen wir leben, mit ihrem Schwergewicht auf Wettbewerb und Konflikt, noch gefördert wird. Auf diese Weise hat sich das Widder-Zeitalter fortgesetzt und seine Macht im Fische-Zeitalter durch seine organisierte Gewalt aufrecht erhalten. Selbst die Botschaft von Jesus zu Beginn des Fische-Zeitalters, die uns an die friedliebende, freundliche und wohlwollende Qualität des Hirten-Königs erinnern sollte, fiel auf taube Ohren, und die frühe religiöse Bewegung wurde sehr rasch vom patriarchalen kriegerischen Mars eingeholt.

Griechen und Römer betrachteten einerseits Mars/Widder mit Abscheu, da sie die Sinnlosigkeit und den Brutalisierungseffekt des Krieges erkannt hatten - andererseits führten sie weiter Kriege. Was ihre Frauen dachten, wissen wir nicht oder nur aus Berichten männlicher Schriftsteller. Auch wir müssen die "bösartigen zerstörerischen" Qualitäten, die der Widder als rein männliches Symbol verkörpert, für dieses Zeichen ablehnen und nach anderen Mitteln und Wegen suchen, um Aggression so zu leiten, daß sie eher dem ursprünglichen Widder-Intellekt und seinem/ihrem freudigen Enthusiasmus entspricht. Wir müssen daher ganz dringend die Amazone wieder aufleben lassen, um das weibliche Element, die Göttin-Qualitäten im Widder und seinem/ihrem Symbol, wiederzubeleben. Damit können wir auch die Freude an Risiko und Herausforderung wiederentdecken, die eigentlich für das Wohlergehen unserer Welt stehen und nicht für ihre Zerstörung.

LÖWE ♌

Element: Feuer
Qualität: fix
Symbolbild: Die Löwin
Regent: Sonne
Regentin: Eleonore von Aquitanien

Löwe in Stichworten: großmütig, warmherzig, dominant, stolz, leicht aufbrausend

Löwe-Geborene sind warmherzig und dominant, die hervorstechenden Extrovertierten im Tierkreis; innerlich jedoch sind sie scheu und romantisch. Sie haben ein leidenschaftliches Herz und große Führungsqualitäten. Oft erscheinen sie eitel, selbstgefällig, arrogant, mit starker Willenskraft und großer innerer Selbstkontrolle, jedoch auch mit offenem Herzen. Sie haben Ehrgefühl und sind niemals gemein oder heimtückisch, sie haben ihre Freude an großen Aktionen und großzügigen Gesten. Sie finden Gefallen an Theater und eleganter Kleidung. Sie lieben die Künste ebenso wie Kinder und stehen gern im Mittelpunkt. Sie fahren auf Schmeicheleien ab, brauchen in der Jugend viel Lob und reagieren auf ihr Gegenüber mit Wärme und Freundschaft. Sie fühlen sich leicht verletzt, da sie von anderen meist mehr erwarten, als sie bekommen, können sich aber trotzdem ihre Freunde zum grölßten Teil erhalten. Sie können unbeabsichtigt gedankenlos und ungeduldig sein.

Die Löwe-Qualitäten sind dann am stärksten, wenn die Sonne, der Mond oder der Aszendent im Löwen steht.

Symbolbild: Die Löwin

Von alters her ist der Löwe bzw. die Löwin ein göttliches Symbol, majestätisch, golden und geschmeidig. Wir sind daran gewöhnt, uns den männlichen Löwen vorzustellen, mit fließender goldener Mähne, mit schweren und mächtigen Gliedern - ein Symbol der Majestät, von königlich männlichem Adel. In ältester Zeit jedoch war das Bild nicht das des Löwen-Mannes, sondern das der Löwen-Frau, der Löwin. Statuetten von weiblichen Leoparden oder Löwinnen in Begleitung einer Göttin (in Obsidian oder blauem Kalkstein) sind in Çatal Hüyük (6500 v.u.Z.), in Hacilar (5400-4700 v.u.Z.) und vielen anderen Ausgrabungsstatten in Anatolien, dem Irak, im Iran und auf dem Weg in Richtung Indien gefunden worden. Die Löwin als Löwe-Symbol ist neben dem Stier eines der sehr alten Bilder des Tierkreises und führt uns zurück zu den ersten bekannten städtischen Kulturen.

Um sich so lange geschichtlich halten zu können, müssen die Eigenschaften, die hinter dem Symbol stehen, von großer Bedeutung gewesen sein, und es ist gut möglich, daß zu jener frühen Zeit die Löwin wegen ihrer Feurigkeit, ihrer Schönheit und Wildheit, ihrer Anmut, aber auch ihrer edlen Haltung hoch geachtet wurde. Die Zeit, in der sie "regierte", war ganz gewiß eine Zeit ohne organisierte Kriegsführung - es gab keine Stadtmauern, keine kriegerischen Waffen sind gefunden worden. So wie die Löwin nur aus Notwendigkeit tötet, scheinen die Menschen in den Siedlungen nur Wild gejagt und getötet zu haben, um sich davon zu ernähren; noch wurde nicht wahllos und schon gar nicht innerhalb der eigenen Spezies getötet. Unter der Göttin und Löwin, unter dem Löwe-Zeichen, gab es das organisierte Verbrechen des Krieges noch nicht.

Daß sich das änderte, muß nicht gesagt werden. Nach den Überschwemmungen und den Erdbeben um 4500 v.u.Z. treten Wandervölker auf, und Übergriffe häufen sich. Die noch bestehenden und neue Städte werden durch Stadtmauern geschützt. Männliche Gottheiten machen der

Göttin ihre Oberhoheit streitig, und darin spiegelt sich der Kampf zwischen alter und neuer Ordnung wider. Manchmal wird ein Ausgleich gefunden, und Göttin und Gott erhalten gleich große Macht, wie z.B. im frühen Sumer und in Ägypten. Manchmal bleibt die Oberhoheit der Göttin sogar noch eine Weile bestehen, wie im minoischen Kreta. Dort wurde auch die zauberhafte Siegel-Gravur gefunden, die die Göttin auf einem Berggipfel zeigt, den Löwen und die Löwin neben sich - daher stammt auch der Name "Herrin der wilden Tiere", den ihr die Archäologen gaben. Im Lauf der Zeit wurde die Löwin durch den Löwen ersetzt: männliche Könige und Eroberer erwählten ihn sich als Feldzeichen. Der patriarchale Held Marduk aus dem akkadischen Kulturbereich wurde als Löwe abgebildet, ebenso wie die Könige von Assyrien, die ihn bevorzugt wählten, und die babylonischen Könige. Die Löwe-Qualitäten werden dementsprechend immer stärker zu Symbolen des Krieges und der Majestät eines Königs; zum Beispiel wird der Löwe häufig im Sprung auf sein Opfer (sehr oft ein Mensch) abgebildet, das er tötet, oder wir sehen ihn statuengleich und unbeweglich neben einem König sitzen. Diesen Löwen kennen wir heute als unser "Erbe" - denn für die Mykener und die späten Griechen war es ebenfalls der männliche Löwe, der die Stadttore zierte und der zum Symbol für den griechischen Zeus wurde.

Die Macht, die von der Löwin ausgeht, hat jedoch weiter gelebt, und es ist interessant festzustellen, daß wir noch immer das "Gefühl" haben, daß alle Katzen, ob groß oder klein, eine angeborene "weibliche" Qualität besitzen und deshalb auch als "sie" bezeichnet werden. Ischtar, die Göttin von Babylon, deren heilige Tiere Löwin und Löwe waren, blieb noch weit bis in patriarchale Zeiten hinein eine der beliebtesten Gottheiten, und ihr Einfluß war sehr ähnlich dem des 5. Hauses, das - astrologisch gesehen - vom Löwen regiert wird. Ischtar war zuständig für Liebe, Fruchtbarkeit, Kinder, die Künste, Theater, Unterhaltung, Kleidung, aber auch Führerschaft im Krieg, und sie wurde von den babylonischen Astrologen dem Planeten Venus zugeordnet. Durch diese Verbindung fand ein Aspekt des Löwenhaften Ausdruck, der dann verlorenging. Wie allen "überlebenden" Göttinnen, wurden auch Ischtar Attribute anderer, von den neuen männlich-dominierten Staaten abgeschaffter Göttinnen übertragen, was der Grund für ihren vielschichten Charakter ist. Ihr Löwe-Aspekt jedoch kommt stark durch, und sie erinnert uns daran, daß die Löwin voller Anmut, aber auch unzerstörbar ist.

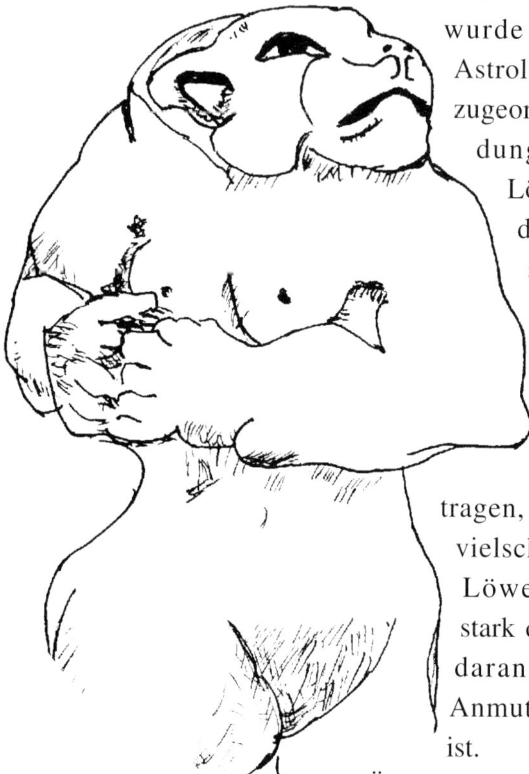

In Ägypten, wo Bilder, die einmal als heilig angesehen waren, beibehalten wurden, konnte die Löwin ihre Vorherrschaft über den Löwen bis weit in die römisch-christlichen Zeiten hinein bewahren. Im Alten Reich Ägyptens (ca. von 2686 v.u.Z. an) war die löwenköpfige Tefnut eine wichtige Göttin; ihre Gläubigen bezeichneten sie liebevoll als "Äthiopische Katze". Die Äthiopier waren die schönsten Menschen der alten Welt (wer jemals eine Äthiopierin kennengelernt hat, wird das gut verstehen). Der Löwe, jetzt allerdings in seiner männlichen

Form, ist immer noch ihr Nationalemblem.

Gleichermaßen bedeutsam und bis weit in die Zeit der Römer bekannt war die Göttin Sachmet, die die Löwin in ihrer wildesten und mächtigsten Form darstellt. Sachmet stand für die Löwe-Verbindung zur Sonne, und in ihr konzentrierte sich die Qualität der Unabhängigkeit. Sie war als Ras Tochter bekannt, als die Mächtige voller Feuer, Gattin des Ptah, doch niemandem untertan als sich selbst. Im späteren Ägypten war ihr Zwillingsaspekt in Bastet wahrscheinlich am beliebtesten. Bastet ist Sachmets Zwillingsschwester, die "Kleine Katze" neben der "Großen Katze" Sachmet. Gleichzeitig war sie die göttliche Sonnenkatze, die Apep, die Schlange der Dunkelheit, bekämpfte (sie hat auch einen Mond-Aspekt, der sie mit der Artemis des Jungfrau-Zeichens verbindet). Ihr Sonnen-Aspekt wurde im Sonnentempel in Heliopolis verehrt - hier ist sie das "flammende Auge der Sonne"(dargestellt mit der Uräus-Schlange), die Szepter und Ankh in den Händen hält. Das ägyptische Ankh, Ritualzeichen der Lebenskraft, ist das uralte Symbol, aus dem unser Zeichen für die Venus hervorgegangen ist. Es ist ein Hinweis auf die ursprüngliche Kraft und Macht der Venus, bevor die Voreingenommenheit des Patriarchats gegenüber dem Weiblichen einsetze.

Wie ändert sich nun die Auslegung des Tierkreiszeichens, wenn wir statt des Löwen die Löwin einsetzen?

Die würdige Haltung und eine gewisse Behäbigkeit - Eigenschaften des männlichen Löwen - treten gegenüber der Katzenanmut und Umgänglichkeit der Löwin in den Hintergrund. Ihre "weicheren" Qualitäten, die sich in Spielfreude und Liebe zu kleinen Kindern ausdrücken, ebenso wie ihre Verbindung zu Fruchtbarkeit kommen mehr zum Tragen. Das

Gold des Löwinnen-Fells und die Sonne reflektieren die goldenen Farben der Reife in der sommerlichen Natur - und auch Kinderreichtum war für die frühen Völker ein Zeichen für Wohlhabenheit und reiche Fruchtbarkeit. Die Astrologen ignorieren manchmal die "Fruchtbarkeitsaspekte" des 5. Hauses, und doch sind Kinder, ebenso wie Kunst und Sich-Verlieben Teil der spielerischen Seite der Löwin. Es ist die Löwin, die sich mit den Jungen balgt und die Mittelpunkt ihres Clans ist, der mitunter drei Generationen umfassen kann. Wenn heute Löwe-Frauen sich entscheiden, nicht so viele Kinder zu haben, so heißt das nicht, daß sie deswegen weniger fruchtbar wären!

Das fünfte Haus war immer schon recht stark von der Venus eingefärbt - bei der Löwin wird diese Verbindung zwischen Venus und fünftem Haus noch offensichtlicher. Ungebändigt in der Liebe wie im Kampf, drücken die Löwe-Göttinnen einen Aspekt aus, der anarchischer ist, einen, den der männliche Löwe mit seiner Machtposition im jetzigen gesellschaftlichen System nicht ausdrückt. Es ist recht interessant, daß dieser Aspekt des Anarchischen im Tierkreiszeichen Löwe in konventionellen Texten heruntergespielt wird. Das Haus der Liebesaffären ist schließlich nicht das Haus der Langzeit-Partnerschaften. Die höchst individualistische Löwe-Energie ist die Respektlosigkeit der Löwe-Geborenen einem "gegebenen" Status gegenüber. Dieses ganz typische Merkmal des Zeichens wird oft vernachlässigt. Ischtar war die Göttin der Liebe wie des Krieges, und der Planet Venus hat eine liebende und eine zerstörerische Seite, wie das auch bei der Sonne der Fall ist. Sowohl Sachmet als auch Bastet verkörpern Wildheit - was die unbezähmbare Art der Löwe-Geborenen widerspiegelt. Frei sein heißt wild sein, zumal innerhalb eines männlich dominierten Systems. Selbst unsere heutigen Katzen, ganz gleich ob groß oder klein, kommen nur zu uns, wenn sie es wünschen - bei unerwünschten oder gar erzwungenen Liebesbeweisen werden sofort die Krallen gezeigt.

Den Löwen als Löwin darzustellen, bereichert unser Verständnis dieses Zeichens, betont die Aspekte der Wildheit, der Fruchtbarkeit, der Fröhlichkeit und der Unabhängigkeit. Männliche Löwen sind schließlich recht schwere Tiere, sie sehen Statuen ähnlich und wirken träge und gelassen. Es ist die Löwin, die auf Jagd geht, die eine engagierte Mutter ist, mit den Jungen spielt und herumtobt und ihre Kinder bis zum letzten Blutstropfen verteidigt. Es dürfte nicht heißen: "mutig wie ein Löwe", sondern "mutig wie eine Löwin".

Regentin: Eleonore von Aquitanien

Um das Symbol Sonne im Tierkreiszeichen Löwe zu beschreiben, habe ich diesmal eine Herrscherin der neueren Zeit, nämlich Eleonore von Aquitanien, ausgesucht, da sich in Geschichte und Mythologie des Altertums keine so gute Entsprechung finden läßt. Die Sonne war eines der ersten Symbole, das immer wieder von Königen und Herrschern übernommen wurde. Im frühen Sumer, in Ugarit, wurde sie zum Beispiel als die "weibliche" Schapsch verehrt, war aber bis zu akkadischen Zeiten in den "männlichen" Schamesch verwandelt worden. Selbst in Ägypten mußte der frühe Mythos von Tefnut und Schu, in dem Löwin und Löwe beide als Symbol für die Sonne standen, der männlichen Sonne des Ra (bzw. Horus) Platz machen; Tefnut, Sachmet und Bastet haben danach nur mehr untergeordnete Rollen.

In alten Geschichten und Legenden gibt es allerdings noch Hinweise auf frühere Sonnen-Herrscherinnen als Eleonore. Das Zusammentreffen der biblischen Königin von Saba mit Salomon wird als das Treffen zweier gleichrangiger Sonnen-Herrscher beschrieben. Wahrscheinlich residierte die Königin in Äthiopien, dessen Emblem immer noch die Löwin bzw. der Löwe ist. Die zentrierende Qualität der Sonne, die allen Reichtum und Wohlstand um sich sammelt, kommt in der opulenten Beschreibung der beiden Königshöfe deutlich zum Ausdruck. Astrologisch wurde Salomon dem Schützen als dem "weisen" Herrscher zugeordnet, und auch hier wird die Königin von Saba ausdrücklich als ihm ebenbürtig dargestellt. Astrologisch gesehen, ist hier auch ganz deutlich die starke Verbindung unter den Regenten der Feuerzeichen (in diesem Falle Jupiter und Sonne) zu erkennen. Die Beschreibung des Königshofes von Saba genauso wie die Aussagen über die Göttin Ischtar erinnern uns daran, wie zivilisiert diese Sonne-Löwe-Regentinnen waren und wie sehr sie Reichtum und Schönheit in den Künsten, in Kleidung und Schmuck, in Benehmen und Literatur als selbstverständlich ansahen und förderten. Das war so speziell im östlichen Mittelmeerraum, und Eleonore von Aquitanien, die Löwe-Regentin der späteren Zeit, war vom Augenblick ihres Eintreffens an entzückt von den Königshöfen von Byzanz und Antiochia. Alexander der Große - wiederum ein Löwe - bewunderte schrankenlos die persischen Königshöfe und übernahm, sehr zum Ärger seiner mazedonischen Truppen, viele ihrer Gebräuche. Die zentrierende Kraft der Sonne, ausgedrückt in feiner Lebensart und der Förderung der Künste und des Theaters, war hier schon lange vor ihrem Aufblühen in Europa zu Hause.

Die "alten" Griechen kannten einige Löwe-Regentinnen: so weiß Herodot von der Königin Artemisia zu berichten, Kreterin mütterlicherseits, die eine Verbündete Persiens gegen die Griechen war. Mit einiger Verblüffung stellt er fest, daß "Xerxes von niemandem besser beraten wurde als von ihr". Der König weiß ihren Rat auch zu schätzen und zollt nach der Schlacht ihren Führungsqualitäten und ihrer Weisheit öffentlich Anerkennung, indem er ihr seine Söhne in Begleitung des Obereunuchen Hermotius anvertraut. Wie immer in der Geschichte, erfahren wir von Regentinnen nur im Zusammenhang mit Kriegen, und durch die starke

Betonung des Kriegerischen wird der Einfluß von Jupiter und Sonne im Löwen verdrängt. Im Zusammenhang mit Eleonore haben wir einen reichhaltigeren Fundus an geschichtlichen Berichten und Beschreibun gen.

Das Leben der Eleonore von Aquitanien

Während des frühen Mittelalters war der Großteil Europas in Barbarei und Kriegswirren gefallen - es gab nur ein Reich, das dem durch die Stärke und Persönlichkeit seiner Herrscherin entging: Aquitanien. Es war kultiviert wie eh und je, Literatur und die schönen Künste blühten. Am aquitanischen Hof und landesweit wurden Anstandsregeln verfügt, die höfische Ritterlichkeit und hohe Minne förderten. Im Reich der Eleonore dominierten die Frauen, und die Männer kamen, um Gunstbeweise von ihnen zu erflehen.

Dank ihrer sonnengleichen Zentrierfähigkeit und ihrer charismatischen Persönlichkeit gab es an Eleonores Höfen ein Zusammenspiel von löwegemäßem kultivierten Lebensstil, Liebe zu schöner Kleidung und zum Theater und der Anziehungskraft, die sie auf Dichter und Künstler aller Art ausübte. Dies machte sie in ganz Europa berühmt. In ihrem Reich war die sonst herrschende Feudalordnung ins Gegenteil verkehrt: der Mann war hier der Vasall, Schüler der Frau, seiner Herrin und Meisterin. Kein Wunder, daß die Feudalherren des restlichen Europa, ihr zweiter Gatte Heinrich II. von England nicht ausgenommen, hier Umsturz und Subversion witterten!

Als Eleonore noch mit Heinrich gemeinsam regierte, kam die an ihren Höfen herrschende Kultur mit ihrer Eleganz und Toleranz ins Kreuzfeuer der Kritik aus der männlichen Ecke, speziell durch den stärker werdenden Klerus. John von Salisbury zum Beispiel verdammte die Kleidung - "Modetorheiten, die das aufrechte England verweichlichen"; er empfahl daher "Exkommunikation für alle Mimen und Schmierenkomödianten, die den Geschmack der Öffentlichkeit verderben" und beklagte den Verlust der "vordem so soliden Werte".

Trotz dieser Opposition gelang es Eleonore und ihren Ratgebern am Hof, in London und England feines Benehmen einzuführen. Ihr Einfluß ließ in dieser Zeit die Arthusepik zu weiter Verbreitung gelangen. Alle Gedichte, alle Lieder beschäftigten sich mit "der Sache England", und es entstand ein Ehrencodex, der große Popularität gewann. Selbst als Thomas Becket die Verwaltung des Landes, die sich Eleonore vorher mit Heinrich geteilt hatte, übernahm, war ihr kultureller Einfluß immer noch sehr groß, wenn auch ohne politischen Rückhalt. Darauf mußte sie bis zu ihrer späteren Rückkehr nach Poitou und Aquitanien warten.

Was am stärksten auffällt, wenn wir über Eleonore lesen, ist ihre Unabhängigkeit, ihre Lebensfreude und ihre totale, unbewußte Unangepaßtheit an das männliche "Kirchen"-Ideal der Frau (alles Löwe-Eigenschaften) sowie der ungeheure Eindruck, den sie bei allen hinterließ, die ihr begegneten. Es war einfach nicht möglich, sie zu ignorieren - genausowenig, wie wir die Sonne ignorieren können. Ob es nun als Befehlshaberin ihrer Truppe von "Amazonen" im Kreuzzug mit ihrem ersten Gemahl, König Ludwig von Frankreich, war (der ihr selbst nie widerstehen konnte) oder beim festlichen Empfang, den ihr ihr Verwandter Raymond bei einem Zwischenstop in Antiochia gab (sie war dort von stärkerem Einfluß als ihr Gatte) - immer beeindruckte sie alle Anwesenden durch ihre Vitalität und ihr Charisma. Zu keiner Zeit war sie die pflichtbewußte und gehorsame Gattin, wie sie die Kirche verlangte, sondern stets die Partnerin ihres Mannes. So nahm sie gemeinsam mit ihm am Kreuzzug teil, befehligte jedoch ihre eigene Truppe von Gefolgsleuten und Soldaten; nach ihrer Scheidung von Ludwig besuchte sie später mit ihrem zweiten Ehemann, Heinrich II. von England, regelmäßig ihre Lehen und konnte die Loyalität Poitous und Aquitaniens für sich erhalten. Eine untertänige, "pflichteifrige" Löwin ist wirklich kaum vorstellbar: Als Eleonores männliche Mitregenten sie nicht mehr an den Regierungsgeschäften teilhaben ließen, sie ausschlossen (immerhin lebte sie in einem patriarchalen Zeitalter), wies sie ihnen die Türe - zunächst Ludwig, weil er sich mit Heinrich verbündete, und dann Heinrich, weil er versuchte, ihren Sohn Richard zum offiziellen "Oberhaupt" Aquitaniens zu machen. Wie allen Löwe-Geborenen und eigentlich allen Feuerzeichen war ihr das Unabhängigkeitsstreben angeboren, so daß sie sich vermutlich ohne Zögern wehrte, wenn dies auf die Probe gestellt wurde.

Fünfzehn Jahre lang stand sie in England unter Heinrichs "Hausarrest". Er fürchtete ihren Einfluß und die Kraft ihrer Persönlichkeit und ließ sie nicht gehen. Als er starb, war sie 68 Jahre alt. Trotzdem beanspruchte die unbezwingbare Löwin sofort die Regentschaft über England für ihren Sohn Richard, besuchte die Lehen und befreite Heinrichs Gefangene. Nach Richards Krönung verbrachte sie zwei Jahre in ihrem geliebten Poitou, mußte dann jedoch eilends nach England zurück, um John, Richards Bruder, daran zu hindern, die Macht zu übernehmen. Sie beschaffte das Lösegeld für Richard, der während eines Kreuzzuges in Gefangenschaft geraten war, und reiste selbst, im Alter von 72 Jahren, um ihn nach England zurückzubringen. Richard Devizes schreibt über sie: "Königin Eleonore, eine Frau, die ihresgleichen sucht, schön und züchtig, machtvoll und bescheiden, mild und sprachgewaltig, kam nach Pisa. Sie war reif an Jahren - hatte zwei Gatten und zwei Söhne, die ihrerseits Könige waren -, und war doch unermüdlich in ihrem Tatendrang, voll Kraft, die Zierde ihrer Zeit." Lassen wir die kirchlich vorgeschriebenen Attribute "züchtig", "bescheiden" und "mild" beiseite, so ist dies eine recht hübsche Löwe-Beschreibung! Eleonore war bis ins hohe Alter beliebt und behielt ihre magische Ausstrahlung.

Nach Richards Tod lebte sie in Poitou bei den Ihren - unternahm aber immer noch Reisen in ihre Ländereien. Fünf Städte empfingen den Gemeindebrief von ihr, und sie reiste nach Spanien, um ihre Enkelin Blanche mit dem König von Frankreich vermählt zu sehen. Sie starb 1204 in Fontevrault, und Matthew Paris schreibt darüber: "In diesem Jahr verstarb die edle Königin Eleonore, eine Frau von bewundernswerter Schönheit und Intelligenz."

Weder Eleonore von Aquitanien noch die biblische Königin von Saba erhielten Lob für ihre staatslenkenden Fähigkeiten, denn ihre durchweg männlichen Biographen konzentrierten sich vorwiegend auf ihre Liebe zur Kunst, zum Theater und zur feinen Lebensart. Und doch ist es vollkommen klar, daß Eleonore in Abwesenheit ihres Sohnes Richard, der sich meist auf Kreuzzug befand, das Königreich zusammenhielt. Richard Löwenherz ist nur eine sehr armselige Version des weiblichen Löwen, denn er ist rücksichtslos und brutal - trotzdem wird *er* das Löwen-Herz genannt und nicht Eleonore! Eleonore rettet zweimal das Königreich für ihn - sie ist es, die in hohem Alter die beschwerliche Reise rheinabwärts antritt, um ihn mit Lösegeld aus der Gefangenschaft zu befreien. Sie ist nicht nur die Frau ohnegleichen, voll Schönheit, Lebensfreude und Charisma, die Dichter und Troubadoure besingen, sie ist auch, wie Königin Artemisia, voll "männlichen" Mutes und eine kluge Ratgeberin. Sie regiert in ihrem eigenen Land Aquitanien, stark und bezaubernd - Eigenschaften, die alle Löwe-Geborenen zeigen, unabhängig von ihrer gesellschaftlichen Stellung. Die Sonne steht für mehr natürliche Intuition beim Regieren, sie hilft dazu, das Richtige zur rechten Zeit zu tun, und kann dadurch stärker als jeder andere Planet Gefolgsleute heranziehen und sie mit Energie erfüllen - und diese Qualität ist bei Löwe-Geborenen sehr stark ausgeprägt. Es ist ja auch die Sonne, die im Geburtshoroskop unseren Eintritt in die Welt anzeigt und um die sich alle anderen Planeten und Zeichen gruppieren.

Eleonore ist eine ganz typische Löwin: sie ist vital und charismatisch, sie liebt Poesie und Kunst, sie hat Kultur und Führungsstil. Sie hatte auch die typische Fruchtbarkeit der Löwin, sie gebar zehn Kinder und versorgte damit u.a. die Dynastie der Plantagenet mit Nachwuchs, die bis 1485 in England regierte. Die strahlenden, blondschöpfigen Plantagenet-Heldinnen und -Helden sind ganz typische Sonne-Löwe-Menschen, und sie hatten oft den Löwen als ihr Wappentier. Eleonore ist auch ein Beispiel für die Löwinnen-Qualität, "unter" ihrem Stand zu heiraten oder sich mit jemandem zu verbinden, der jünger ist als sie selbst. Heinrich, Eleonores große Liebe, war über zehn Jahre jünger als sie - und doch scheint die ursprüngliche gewaltige Anziehungskraft zwischen den beiden auf Gegenseitigkeit beruht zu haben. Ihr ganzes Leben hindurch fühlten sich jüngere Männer genauso zu ihr hingezogen wie Gleichaltrige - auch etwas, das Löwe-Frauen nicht ganz unbekannt sein dürfte. Vielleicht ist dies ein Teil der zentrierenden Sonnenkraft, die ja auch Freundinnen und Freunde anzieht und damit die Löwin zu einer so guten Lehrerin macht. Wenn sie die wilde und leidenschaftliche Glut ihrer Sonne leben, sind Löwe-Frauen zwar anziehend, doch niemals zerstörerisch - sie verletzen, sind aber schnell bereit, zu trösten.

Löwe im Patriarchat

Löwe-Geborene gehörten immer zu den Lieblingen der Astrologie, ihre positiven Qualitäten werden stets besonders hervorgehoben. "Er ist der geborene Führer", "er ist edelmütig, ehrenhaft und voll Großzügigkeit", sind nur einige der häufig genannten Löwe-Qualitäten. Folglich sind die meisten Löwen, wenn sie die Beschreibung ihrer Eigenschaften lesen, ganz entzückt, Löwe zu sein - und andere wären gerne Löwe. Selbst die weniger anziehenden Seiten, wie Arroganz und Blasiertheit, passen irgendwie in das Bild von Hoheit und Macht.
Löwe gilt als "männliches" Zeichen und wird sprachlich in der maskulinen Form beschrieben. Weibliche Löwe-Geborene sind daher, wie alle anderen Feuerzeichen auch, gewöhnt, sich mit "er" bezeichnet zu sehen,

was sie der eigenen Natur entfremdet. Die männliche Form verstärkt das unbewußte Vorurteil, das immer noch den Rollen von Männern und Frauen in unserer Gesellschaft zugrundeliegt, und verhindert damit, daß die weiblichen Talente der Löwin zum Ausdruck kommen. Stünde zu lesen, "sie ist eine geborene Führerin", "sie ist edelmütig, ehrenhaft und voll Großzügigkeit", dann gingen vielleicht mehr Frauen in die Politik oder zeigten sich in leitenden Positionen - und könnten damit Veränderungen in ihren Arbeitsbereichen herbeiführen.

In manchen Texten wird zwar für die hauptsächliche Beschreibung des Zeichens die männliche Form verwendet, sie gehen jedoch auf die weibliche Form über, wenn von der Liebe der Löwe-Geborenen zu Schmuck und schöner Kleidung sowie von ihrer Theaterbegeisterung die Rede ist, damit wird jedoch dem heutigen Klischee von "echt weiblichem" und "echt männlichem" Verhalten Vorschub geleistet. In sehr frühen Zeiten waren die genannten Vorlieben zumindest gleich stark bei Männern und bei Frauen zu finden, und es ist recht interessant, daß die gegenwärtige Ideologie diesbezüglich dem Männlichen weniger Raum zugesteht, als das früher der Fall war.

Bis vor kurzem war es für die meisten Löwe-Frauen unmöglich, selbst über ihr Leben zu entscheiden - dabei hat vielleicht die Tatsache, daß der weibliche, fruchtbare Ideenreichtum und die Initiative des Löwen in den astrologischen Beschreibungen nicht angemessen hervorgehoben wurde, in Verbindung mit der konstanten Verwendung der männlichen sprachlichen Form wahrscheinlich einfach die gesellschaftliche Situation und die Ideologie der Zeit gespiegelt (wobei ja "fruchtbar" rein weiblich verstanden wird - als körperliche Fruchtbarkeit). Hatten sie nicht das Glück, in eine reiche und dazu liberal denkende Familie geboren zu sein, so hatten Frauen nur wenig Gelegenheit, ihre "Führungsqualitäten" zu beweisen oder löwemäßig große Projekte und weitreichende Pläne zu verfolgen. Selbst heute sind die Möglichkeiten diesbezüglich noch recht beschränkt - außer im Bereich des Lehrens und des Theaters werden die Talente der Löwin immer noch viel zu wenig genutzt.

Ein anderer Grund für die geringe Ausschöpfung des weiblichen Löwe-Potentials liegt vielleicht nicht so sehr in der patriarchalen Mann-Frau-Ideologie von heute, als vielmehr in den gesellschaftlichen Verhältnissen begründet, die unter hierarchischen Machtstrukturen entstehen und unter denen männliche wie weibliche Löwen zu leiden haben. Die Aufteilung der Gesellschaft in "Führer" und "Geführte" mit einer organisierten Hackordnung, in der Autorität Stufe für Stufe erkämpft werden muß, ist nicht löwegemäß - Löwe-Geborene benötigen einen beweglicheren Rahmen, in dem sich ihre natürliche Autorität nach einer "Anwärmzeit" entfalten kann. In den meisten astrologischen Texten wird dem "weichen Herzen" des Löwen Anerkennung gezollt, und die Löwe-Geborenen sind auch sehr sensibel dafür, wie andere auf sie reagieren. Diese Empfindsamkeit ist es, die sie zu guten Führern macht - sie kennen von sich das Bedürfnis, jemandem zu folgen, ihn zu bewundern, und können daher andere sehr gut verstehen, wenn sie selbst in der Führungsposition sind. Wie alle fixen Zeichen ist der Löwe im Grunde nicht auf Konkurrenzkampf oder Aggression aus.

Die Anpassungsschwierigkeiten an unser hierarchisches, disziplinorientiertes System beginnen für die Löwin oft bereits in der Schule - speziell dann, wenn sie zu den Jüngsten der Klasse gehört. Der dauernde Verlust ihrer Würde kann Löwinnen, die im vorherrschenden männlich bestimmten Ethos der Dominanz gefangen sind, als Reaktion darauf schrecklich eitel und arrogant erscheinen lassen. Selbst jene, die sich so verhalten, sind normalerweise nicht wirklich aggressiv, sie haben dann aber das Bedürfnis, von anderen Abstand zu halten. Als fixes Zeichen ist die Löwin eher stabil als voranstürmend - ihre innere Stärke gewinnt sie aus dem Gefühl ihres Selbstwertes, ob dieser nun von außen bestätigt wird oder nicht.

Die Betonung des männlichen Löwen, der männlichen Sonne, hat unausbleiblich die Löwe-Qualitäten eingefärbt und dem Löwen, im Zusammenspiel mit dem herrschenden patriarchalen Ethos, eine Härte und dominante Schärfe zugeordnet, die den konservativen Herrscher in ihm unterstützen. Wenn wir nun den weiblichen Aspekt in dieses Zeichen zurückbringen, fördern wir demgegenüber die liebenswerten, charismatischen Züge der Löwin und bringen auch wieder ihr Bedürfnis nach Unabhängigkeit und Gleichberechtigung zum Ausdruck. Liebenswürdigkeit und Freiheitswille, wie in der Löwin ausgedrückt, und Eleonores unbezwingbarer Charme, ihre Unabhängigkeit und ihre höchst zivilisierte Regierungsform können weibliche Löwe-Geborene dazu veranlassen, sich ihren Unternehmungen wieder mit dem Herzen zu widmen und Spiel und Kreativität in unser Leben zurückzubringen.

Im Gegensatz zum vierten Haus von Familie und Verwandtschaft, in die wir hineingeboren werden, regiert Löwe, die Löwin, das fünfte Haus des Lebensausdrucks, in dem wir unser individuelles Potential entwickeln. Nach Oscar Wilde ist die Kunst "die intensivste Art Individualismus, die die Welt kennt" - und Kunst und Kreativität sind mit diesem Haus verbunden. In der früheren (und immer noch bestehenden) patriarchalen, hierarchischen Gesellschaft mit ihrer Obrigkeitshörigkeit und ihren auf Besitz und Macht beruhenden Ungleichheiten hatte die ausgeprägte Individualität der Löwe-Geborenen, ihre Unbezähmbarkeit, ihr Freiheitswille wenig Spielraum. Es ist höchste Zeit, die respektlosen Seiten der Löwin, wie auch ihre ungeheure Lebenskraft, wiederzuentdecken. Dies möchte ich durch einen weiteren Satz von Oscar Wilde bekräftigen: "Leben - es gibt nichts Selteneres in der Welt. Die meisten Leute existieren nur - weiter nichts."

SCHÜTZE ♐

Element:	Feuer
Qualität:	veränderlich
Symbolbild:	Zentaur (weiblich)
Regent:	Jupiter
Regentin:	Keltische Frauen; Boudicca

Schütze in Stichworten: optimistisch, ruhelos, reaktiv, offen, überschwenglich; starke Verbindung zu Tieren

Schütze-Menschen sind optimistisch, extrovertiert und fühlen sich am wohlsten, wenn sie sich bewegen können - sei es nun körperlich oder im geistigen Bereich. Sie reagieren schnell und zielgerichtet, und sie sind äußerst unabhängig. In Beziehungen erwarten sie Gleichberechtigung und Freiheit, Kameradschaft und Vertrauen. Sie sind offen und aufrichtig, humorvoll und sprachbegabt und häufig grandiose Schauspielerinnen und Schauspieler. Jedoch können sie auch prahlerisch und taktlos sein, unfähig, sich zu konzentrieren, und gelegentlich die wahren "Elefanten im Porzellanladen". Im Inneren allerdings sind sie einfühlsam, leicht verletzt und haben einen natürlichen Sinn für Fairplay. Sie sind dem Leben gegenüber stets offen. Schütze-Geborene finden Veränderungen (besonders geographischer Art) anregend, können sich gut ausdrücken (sind passionierte Lehrerinnen und Lehrer) und schmücken sich gerne. Sie sind sexy (diesbezüglich auch die Initiative ergreifend), gut koordiniert, kraftvoll und vor allem schnell.
Schütze-Eigenschaften sind am stärksten, wenn die Sonne, der Mond oder der Aszendent im Schützen steht.

Symbolbild: Die Zentaurin

Als die Griechen gerade die Kunst des Reitens und Wagenlenkens unter Alexander wieder neu für sich erobert hatten, wählten sie das Bild des Zentauren, des bogenschießenden Pferde-Menschen, für den Schützen. Die Mykener vor ihnen waren großartige Wagenlenker gewesen, und in den Ebenen von Anatolien und Europa, von der Donau bis nach Asien, nach Frankreich und Großbritannien gab es jede Menge Reitervölker, wie die Skythen des Herodot, die Amazonen und die Kelten Nordwest-Europas. Mit Schütze und seinem symbolischen Ausdruck im Zentrauren blickten die Griechen der Antike zurück auf ihr mykenisches Erbe und auf das der noch früheren berittenen Wandervölker. Sie selbst waren ja die letzten in der langen Reihe der Invasoren Griechenlands. Es ist interessant, daß alle Feuerzeichen gemeinsame kulturelle Charakteristika haben - die Liebe zu Bewegung, die Begeisterungsfähigkeit und Freude an Gesellschaft, ihre Extrovertiertheit. Besser als jedes andere Element beschreibt das Feuer diesen Teil der indogermanischen Völker mit ihrer Kraft und Energie.

Nach Robert von Ranke-Graves erinnern die Zentauren der Mythologie an die frühesten Bewohner, die durch die andauernden Invasionswellen ihre Heimstätten verloren und sich in die höchsten Berge zurückzogen, von wo aus sie gelegentlich Angriffe ritten oder sich später in die Siedlungsgebiete der Städte und Dörfer vorwagten - angeblich immer unter Zurücklassung schrecklicher Verwüstung. Diese frühen Siedler waren Anbeter des Pferdegottes, so heißt es bei Ranke-Graves, und im

Zentauren verbindet sich die Erinnerung an ihr älteres magisches Wissen mit dem der Amazonen. Ursprünglich gab es männliche und weibliche Zentauren (s. S. 283), und sowohl die frühen Siedler als auch die Amazonen verehrten die Göttin und den Mond.

Das Bild des Zentauren, das uns vom klassischen Griechenland her überliefert wird, ist jedoch das der männlichen Menschen-Hälfte (des männlichen Reiters) auf dem Körper der Stute. Hier schießt der Mann seine Pfeile (setzt seine Taten) von seiner tierisch-physisch-weiblichen unteren Hälfte aus, die er - natürlich - nach seinem Belieben kontrolliert und führt. Aus dieser Zeit gibt es zwar unzählige Abbildungen männlicher Reiter, jedoch kaum eine weibliche Darstellung, ja nicht einmal die einer Frau, die neben dem Pferd einhergeht. Um die Verbindung der Frauen zu Pferden wiederzuentdecken, müssen wir die Mittelmeer-Kulturen verlassen und uns dem Europa und Britannien der Kelten zuwenden. Griechischen Frauen war es - zumindest in der Öffentlichkeit - nicht mehr gestattet, die Künste des Pferdezähmens, des Reitens und Wagenlenkens auszuüben, die nach griechischem Verständnis eigentlich von Frauen, repräsentiert durch die Göttin Athene, "erfunden" worden waren. Und im Mythos wurden die ursprünglich männerfressenden Stuten des Königs Diomedes von Thrakien (früheres Amazonengebiet!) vom patriarchalen Kulturhelden Herakles im Rahmen seiner "zwölf Arbeiten" gezähmt.

Das Patriarchat liebte diese neue Interpretation der unterwürfigen Stute, die dem Reitersmann gehorsam war, und die zunehmend starreren gesellschaftlichen Strukturen und ideologischen Klischees "richtigen" männlichen und weiblichen Verhaltens wurden dadurch noch verstärkt. Da das Bild auf verschiedenen Ebenen wirkte, war es sehr langlebig. So hat zum Beispiel die Beziehung des Weiblichen zum tierischen, instinktiven und sexuellen Anteil des Zentauren sich ungeheuer praktisch für die christliche Vorstellung vom Sündenfall Evas erwiesen, während der Manneskopf des Reiters sich als eindeutiger Hinweis auf den überragenden männlichen Intellekt anbot. Sogar heute noch, in unserer doch nicht mehr ganz so patriarchalen Zeit (in der auch Kriege nicht mehr hoch zu Roß ausgefochten werden), ist die Darstellung des Zentauren als Frauengestalt auf einem Hengst-Körper schwer vorstellbar. Der Zentaur repräsentiert in unserer unbewußten Erinnerung immer noch männliche Oberhoheit; möglicherweise sehen die männlichen Schütze-Geborenen, die ganz bewußt ihren Machismo leben, sich selbst genau so.

Darauf, daß die ursprüngliche Bedeutung des Zentauren der weibliche Geist (die Reiterin) in Einheit mit dem Hengst, den sie gleichzeitig lenkte und kanalisierte, war, wird in den griechischen Mythen über den Ursprung der Zentauren hingewiesen. Der Dramatiker Aischylos schrieb im Jahre 476 v.u.Z., die Zentauren seien Abkömmlinge der Göttin Hera, die sich, in Form einer Wolke, einem Sterblichen vermählte. Hier ist weibliche Autorität dem männlichen Status übergeordnet.

Was hat das Bild des Zentauren an sich, daß die Griechen es wählten, um die Schütze-Qualitäten darzustellen? Und in welchem Ausmaß wird sein Bedeutungsgehalt vertieft und bereichert, wenn wir es mit dem ursprünglichen weiblichen Zentaurenbild unterlegen?

Da ist zunächst das Ineinandergreifen von Körper und Geist, die wunderbare, schnelle Koordination von Muskeln und Gefühl, von Körper und Willen - dargestellt durch die Zentaurin und ihre elegante Beweglichkeit und Kraft. Wenn wir den Reiter durch die Reiterin ersetzen, bekommen diese Qualitäten eine umfassendere, tiefergehende Bedeutung und verlieren den harten, hierarchischen Ausdruck. Hier wird nicht die Beherrschung und Lenkung des Tieres durch den Menchen dargestellt, sondern das Verschmelzen des Tierischen mit dem Menschlichen, der

Sexualkraft mit der weiblichen Intelligenz, der männlichen Energie mit dem lenkenden Geist. Der Gedanke, daß weibliche Intelligenz und weiblicher Wille männliche Sexualenergie und Kraft (in geschlechterbezogener Bildsprache ausgedrückt) führt und lenkt, ist der Realität der Schütze-Frau sehr nahe. Ganz gewiß ist sie nicht unterwürfig, sondern verbindet in sich ein starkes "Macho-Element" mit einem einfühlsamen Herzen. Das starke Einfühlungsvermögen der Schützin, ihre Bewegungsfreude und spontane Reaktion auf ihr Umfeld, wobei Körper und Geist als eines agieren, sind Qualitäten, die durch den weiblichen Zentauren wunderbar symbolisiert werden.

Wenn die ursprüngliche Bedeutung des Zentauren tatsächlich die Führung der männlichen Energie und Kraft durch weibliche Weisheit und Inspiration war, so müssen sich die Griechen für die Umkehrung des Bildes und das bei ihren Zentauren daraus entstehende Unheil selbst an die Nase fassen. Ein Schütze-Geborener kann unzweifelhaft Zerstörung schaffen, und wenn seine blinden, starken Reaktionen nicht durch ethische Grundsätze der Menschlichkeit im Zaum gehalten werden, dann wirkt er absolut als Grobian. Durch seine Schnelligkeit kann es bei einem (gedankenlosen) Schützen passieren, daß er einen Mitmenschen niederreitet, statt neben ihm herzujagen. Das Vergnügen, andere zu begleiten, die Freude an der Gesellschaft Gleichgesinnter und das Bedürfnis, auf die gesellschaftlichen Kräfte in ihrem Umfeld einzugehen, kann Schütze-Geborene aber auch dazu verführen, jedwedem ethischen Gedankengut zu folgen, das aus ihrem Lebensbereich auf sie zukommt. Die Auseinandersetzung damit kann sie aber auch dazu befähigen, eine geklärte Ausrichtung ihres Bogens zu finden, von dem aus sie gezielt ihre Pfeile der Voraussicht und Prophezeiung abschießen können.

In herkömmlichen astrologischen Texten steht nicht viel über das Einfühlungsvermögen der Schütze-Geborenen und ihre Aufgeschlossenheit für alles, was sie umgibt. In einer patriarchalischen Gesellschaft können diese Qualitäten, die in ihr ja als "weiblich" angesehen werden, dem Symbol des männlichen Zentauren auch schlecht zugeordnet werden. Der Bogen der Aufnahmebereitschaft ist jedenfalls für die Schützin genauso wichtig wie der Pfeil des Handelns und der Inspiration - denn es ist der Bogen mit der Sehne, auf welchem der Pfeil ruht und von dem aus er sein Ziel sucht.

Wenn wir daran denken, daß Schütze ein veränderliches Zeichen ist, gewinnt die Aufnahmefähigkeit der Schützin ihrem Umfeld gegenüber besondere Bedeutung. Veränderliche Zeichen sind an ihrem In-Fluß-Sein, ihrer Rastlosigkeit, ihrer Aufnahme- und Reaktionsbereitschaft zu erkennen. Wie der Zentaur brauchen sie die ständige Bewegung, wobei sie sich gut in ihre Umgebung einfühlen können - bei Schütze-Geborenen ist dies mit sozialen Bewegungen und Kräften verbunden (während es sich im Gegensatz dazu bei Fische-Geborenen um unsichtbare, psychische Kräfte handelt). Die Schützin "sieht" in die Zukunft und kann zukünftige Trends erspüren, weil sie in einer Gesellschaft die Bewegungen und die darunter liegenden Muster erspüren kann. Als Feuerzeichen reagiert sie aktiv auf die Umwelt (während Schwester Jungfrau lieber darüber nachdenkt), Roß und Reiterin jagen in die Zukunft und eröffnen so für alle, die nachkommen, neue Wege.

Diese Fähigkeit der Schützin, die für ihre Position im 9. Haus viel bedeutet, ist dem konventionellen "männlichen" Zentaur-Symbol sehr schwer zuzuordnen, und Astrologen, die sich auf die geballte Kraft der Schütze-Reaktion, den männlichen Richtungspfeil, konzentrieren, beschreiben diese Stärke oft auf eine Weise, als gehöre sie zu einem kardinalen oder fixen Zeichen. Die Schnelligkeit und Intensität der Reaktionen (es gibt diesbezüglich kein schnelleres Zeichen im Tierkreis) fördert diese Interpretation. Dabei sollten wir nicht vergessen, daß der Pfeil ein Symbol des Krieges und der sexuellen Aggression ebenso wie der Inspiration ist. Die Schütze-Wirklichkeit sieht jedoch anders aus - ihre Stärke ist nicht die der Selbstsucht, sondern eher die des gefühlsmäßigen Annehmens (daher das "weiche" Herz!) und des Wunsches nach freier, ungehinderter Bewegung. In diesem Zusammenhang ist es interessant zu beobachten, wie sich Energie und Kraft der Schütze-Geborenen nach innen wenden, wenn die Bewegungsfreiheit eingeschränkt wird und die Hürden weder durch Rebellion aus dem Weg geschafft noch durch einfallsreiche Aktionen überwunden werden können. Die Stute, die Pferde-Göttin, der weibliche Zentaur, stehen nicht nur symbolisch für den Tag, für Freiheit, Freude und Optimismus, sie sind (in der patriarchalen Gesellschaft) auch die Stute der Nacht (engl. Night-Mare), die gefährliche und beängstigende Göttin der Nacht, Göttin der unterdrückten Energie, die sich mit Gewalt Bahn schafft und für die geordnete Männer-Welt einen Alptraum von Untergang und Bedrohung darstellt. Das Symbol der nächtlichen Stute, der wilden Reiterin der Nacht, scheint, soviel wir heute wissen, besonders in Nordwest-Europa mit seiner früheren keltischen Kultur beheimatet zu sein. Aus dieser Kultur haben wir die meisten Mythen über Reiterinnen, seien sie nun Königinnen, Heldinnen oder Göttinnen. Um diese wenig festgelegten, der Gleichberechtigung huldigenden Gesellschaften wirklich verstehen zu können, müssen wir unsere Konditionierung vergessen, die uns sagt, daß nur Männer "edel" seien. Wir müssen uns bewußt machen, daß Frauen gleichen (oder sogar mehr) Edelmut des Geistes besitzen. Dann paßt das vor-klassische Symbol des edlen weiblichen Zentauren perfekt in seine Position im 9. Haus, ohne daß es auch nur im geringsten etwas von den anderen Qualitäten, die sich darin vereinigen, wie Begeisterungsfähigkeit, Freiheitsdrang und Schnelligkeit, verlöre.

In den Fähigkeiten der weitsichtigen Vorausschau des weiblichen Zentauren, die wie Pfeile von ihrem sensiblen Bogen aus aktiviert werden, nimmt die Schütze-Frau ihre soziale Rolle an und reagiert mit Energie und Inspiration, mit Wärme und Kraft auf die Gesellschaft, in der sie lebt. Mit dem weiblichen Zentauren als Symbol ist es undenkbar, daß Jupiter als Regent des Zeichens - so, wie der männliche Zentaur es transportiert - lediglich der Kopf wäre, der Kontrolle ausübt. Deshalb möchte ich im folgenden nicht von den von Rom ausgehenden, patriarchalischen Zuschreibungen sprechen, sondern von der Beziehung des weiblichen Zentauren zu den frühen keltischen Völkern.

Regentin: Keltische Frauen; Boudicca

Jupiter wird gemeinhin als der jovialste und großzügigste Regent gesehen, als sprachgewandter Extrovertierter, der das "Höhere Selbst" der Weisheit, die andere inspiriert, symbolisiert. Durch Schütze wird seine Regentschaft im 9. Haus der geographischen und metaphysischen Reisen in unbekannte Gebiete sichtbar (dargestellt im mit Weitsicht auf ein Ziel gerichteten Pfeil des Zentauren). Durch den Schützen vertritt Jupiter auch das erste soziale Prinzip im Tierkreis (Schütze, Steinbock und Wassermann sind ja bekanntlich die drei Zeichen, die traditionsgemäß die sozialen Kräfte in unserer Gesellschaft repräsentieren). Das bedeutet, daß Jupiters Einfluß sich in der Gesellschaft als Ganzes widerspiegelt. Bei den Kelten finden wir diesen Einfluß am deutlichsten ausgeprägt, obwohl wir alles, was wir über sie wissen, durch die Brille christlicher Schreiber und Berichterstatter aus der Römerzeit erfahren, weil die Kelten selber keine schriftliche Literatur hinterlassen haben. Weit entfernt vom behäbigen Jupiter der Römer, ist der keltische Jupiter voll Magie und überschwenglicher Lebensfreude.

Wenn wir die riesigen Gebiete betrachten, in denen keltische Völker lebten, ist es erstaunlich, wie einheitlich die Beschreibungen fremder Beobachter bezüglich ihrer charakteristischen Züge sind - eine Übereinstimmung, die bis zum heutigen Tage reicht. Ihr jupitermäßiger Überschwang, ihre Offenheit, gekoppelt mit ihrer stark mystisch-magischen

Tradition, wird von allen erwähnt. Selbst die Römer, die ihnen normalerweise auf dem Schlachtfeld begegneten, zollten ihnen, wenn auch zögernd, ihre Hochachtung. So berichtet Strabo, daß sie "voll Temperament und stets kampfbereit waren". Er kommentiert ihren persönlichen Mut, ihre Liebe zu kräftigen Farben (eine typische Feuer-Jupiter-Qualität), zu Schmuck, Preisliedern und Unterhaltung, ihre Freude an Festen und Streitereien. (Jupiters Extrovertiertheit führt nicht immer zu Harmonie!) Er schreibt: "Bei der geringsten Provokation wechselten sie für gewöhnlich ihren Aufenthaltsort...", was sehr genau zu Jupiters Lust an Bewegung und zu seiner Position im 9. Haus paßt. Die Kelten waren in den Augen aller, die mit ihnen zu tun hatten, sehr redegewandt, große Dichter, überschwenglich, hochbegabt, in jeder Hinsicht extrovertiert und besonders bewegungsfreudig - alles Eigenschaften, die Jupiter im Schützen repräsentiert. Diese Merkmale waren Frauen wie Männern eigen - und heutigen Lesern und Leserinnen, die wir doch alle unter einer immer noch vorwiegend patriarchalen Ideologie groß geworden sind, mögen die offene vollblütige Lebenslust der keltischen Frauen, ihre "männlichen" in Verbindung mit ihren "mystischen" Eigenschaften recht fremd und überraschend vorkommen.

Die Keltinnen kämpften nicht nur in den Schlachten gegen die Römer an vorderster Front, sondern waren auch im Alltagsleben vornean - sie waren Dichterinnen (*banfile*) und Druidinnen (*bandrui*), sie hatten bis in christliche Zeiten hinein ihr eigenes Hab und Gut und konnten sich, wenn sie wollten, von ihren Ehemännern trennen. Es gab von Frauen geleitete Schulen und Ausbildungsstätten für jene, die die Kunst der Weissagung, Dichtung und Magie erlernen wollten. Die Frauen in diesen Schulen vermittelten ihre Kenntnisse und ihr Wissen noch bis zur Römerzeit. Es ist höchst unwahrscheinlich, daß die unbeschwerte Geselligkeit, die die Kelten so liebten, ausschließlich von Männern bestritten wurde, wie dies traditionelle Literatur und frühere (männliche) Interpretationen archäologischer Funde so gerne darstellen! Von einer Jupiter-Gesellschaft dürfen wir wohl Gleichheit der Geschlechter erwarten. Die flexible Haltung dieser dem Gleichheitsgedanken verbundenen keltischen Völker spiegelt sich auch in ihren Gesellschaften wider, die von matrilinear über bilinear bis zu patrilinear alles sein konnten.

In der Literatur sind viele keltische Königinnen erwähnt, die sowohl die offene überschwengliche Lebensfreude Jupiters wie auch seine eher mystischen Qualitäten besaßen, wie z.B. die legendäre dreifältige Macha, die rotmähnige Königin und Prophetin, die gegen die Berittenen des Königs von Ulster anstürmte und gewann. Eine andere Königin, Medb, verwahrte sich gegen den Vorwurf ihres Gatten Ailill, daß ihre Heirat mit ihm ihren Reichtum und ihr Prestige erhöht hätte, und forderte ihn zu einem Wettkampf, bei dem beide den eigenen Reichtum zur Schau stellen mußten. Gälische Frauen forderten Männer unverblümt auf, mit ihnen "das Bett zu teilen", und rächten sich für eine Verweigerung manchmal mit unentrinnbaren "geis", mit denen sie die Unverfrorenen an sich banden (wie Dierdre den Naoise und Grainne den Diarmuid). Alle diese Königinnen waren, wie Boudicca, anerkannte Wahrsagerinnen und Prophetinnen. Die gallische Epona (Regina), bekannt durch bildliche Darstellungen, die sie auf dem Pferderücken oder umgeben von Pferden zeigen, hatte in ganz Gallien Altäre und Heiligtümer und wird mit der walisischen Rhiannon in Verbindung gebracht. In der alten Dichtkunst, den Mythen und Sagenkreisen aus Irland und Wales, sind die keltischen Frauen als gute Reiterinnen mit Temperament und Wissen um Magie beschrieben.

Woher stammt diese Jupiter-Art der Keltinnen, ihre kraftstrotzende, extrovertierte Natur und ihr starkes mystisch-prophetisches Talent, das sich bis in unsere Zeit in der Tradition des "zweiten Gesichts" in Schottland und der "fey"-Frauen, der weisen Seherinnen in Irland, verfolgen läßt? Vielleicht wurden diese Fähigkeiten, die das geheimnisumwitterte Volk der Tuatha De Danann (Volk der Göttin Danu) die Kelten gelehrt hatte und zu denen neben allgemeinem Wissen und Lebensweisheit auch "Naturwissenschaft, Magie, Druidenschaft und Hexenkunst" (so die Niederschrift eines christlichen Mönchs) gehörten, ursprünglich von Frauen,

nicht von Männern, weitergegeben. (Tuath war der Name für eine Gemeinschaft von Gälen, die bis weit in christliche Zeit hinein matrilinear organisiert war.) Auch könnte die Göttin Danu durchaus die Jupiter-Göttin der Kelten gewesen sein, die Herrin des Goldenen Frauen-Landes jenseits des Meeres, jenes Paradieses aus Legende und Volksdichtung, das in den irischen Geschichten von der "glücklichen Anderswelt" immer wieder aufscheint. Es ist dies ein zauberisches Land, in das der Held Bran und seine Gefährten reisten, dasselbe, in das Conle, der Rothaarige, zog, Vater und Freunde zurücklassend. Das klassische Goldene Zeitalter war in der keltischen Tradition ausdrücklich ein Zeitalter der Frauen und ihrer der Gemeinschaft wohltuenden Regierungsform, lange bevor patriarchale Herrschaft, Krankheit, Hunger und Kriege die Welt heimsuchten.

Die Göttin Danu und ihr Volk bewohnten auch die "Feen"-Hügel, die Megalith-Kammern und Dolmen, in die sie sich bei der Ankunft der Söhne Miles, der Gälen, zurückzogen. Die irische Sagenwelt weiß von Reisen aus unserer alltäglichen in eine Welt des Feen-Spiels und -Schabernacks. Ähnlich ist es im hinduistischen Denken: das Universum ist "lila", das göttliche Spiel Brahmas und die Metaphern "Spaß" und "Spiel" werden sehr oft zur Beschreibung des Höheren Geistes herangezogen. So wie für die Iren Magie und Weissagung absolut nichts Ungewöhnliches waren, so spielt Brahma im Kosmos Verstecken, führt Shiva einen lebenssprühenden Tanz auf - das umfassende geistige Verständnis der Hindus liegt dem der Kelten viel näher als beide dem römischen. In der Sprachgewandtheit, dem Ideenreichtum und dem Spielerischen der Phantasie, die immer schon ein besonderes Merkmal der keltischen Gesellschaft waren (und es heute noch sind), findet die Bedeutung, die wir der Göttin, Jupiters Höherem Selbst, zumessen, umfassenderen, tieferreichenden Ausdruck. Ihre mitteilsame, lichte Seite konnte unverfälscht durch die Strenge und den Ernst unter der männlichen römischen Herrschaft fortleben.

Die Göttin im Schützen als Regentin des ersten der drei Zeichen, bei denen es um die Wirkung der sozialen Kräfte geht, steht nicht nur für persönliche Qualitäten, sondern auch für soziale Prinzipien, eine bestimmte Form gesellschaftlicher Organisation, und sie demonstriert im Symbol "Jupiter" das hedonistische Prinzip. Nach Michael Chance gründet sich die hedonistische Gesellschaft auf persönliche Extrovertiertheit und ist nicht hierarchisch; sie ist fließend und veränderlich, Dominanz und Status sind ohne große Bedeutung, nur dazu da, die "Aufmerksamkeit anderer zu erregen" und sich ihren Beifall durch Darstellung, Kleidung, Rhetorik, Einfallsreichtum, kurz alles, was einen Menschen für eine kurze Zeitspanne einmalig macht, zu erringen. Hedonistische Gesellschaften drücken die Lebenslust und Freiheit von Jupiter als Göttin aus, ihre ungeheuer ausgeprägte Individualität, die gerne die Zügel schießen läßt (sehr schützegemäß!). In keltischen Gesellschaften, besonders bei den keltischen Frauen, steht dieses Prinzip ganz vorn.

Zum Schluß möchte ich gerne auf unsere berühmteste keltische Königin, Boudicca, zu sprechen kommen. In der Vergangenheit wurde sie als Krieger-Königin oft dem Widder zugeordnet; als Königin und Anführerin entspricht sie natürlich auch dem Löwe-Bild. Zwischen den Feuerzeichen-Frauen besteht eine starke Verbindung, vielleicht auch darum so auffällig, weil sie uns, geschichtlich betrachtet, am nächsten sind. Sehr oft hören wir über Frauen aus der Vergangenheit auch nur etwas durch Schriften und Berichte von Männern. In diesen Beschreibungen werden die Königinnen und Kriegerinnen als außergewöhnliche Frauen betrachtet, die Männer-Rollen eingenommen haben.

Im Gegensatz zu den Amazonen war Boudiccas "Alltagsleben" nicht das einer Kriegerin; sie betritt die geschichtliche Bühne erst in dem Moment als Anführerin, als ihr starker Gerechtigkeitssinn, ihre schützemäßige Auflehnung gegen Ungerechtigkeit und vielleicht auch ihr prophetisches Wissen um den "richtigen Zeitpunkt" sie zum Angriff zwingen (nicht zu vergessen: sie hätte die Römer beinahe besiegt). Der Feldhase, den sie als Weissagerin opfert, ist lange schon ein heiliges Tier gewesen - dem Schützen in Schnelligkeit, "Inspiration" und aus tiefstem Innern kommender Reaktion verbunden (wir können einen Feldhasen wegen seiner starken Emotionen nicht in Gefangenschaft halten). Der Hase im Sprung, das geheiligte Tier der berittenen Kelten-Königinnen, stellt die bescheidenste und doch geheimnisvollste Form der Göttin Jupiter dar, der ewig Undurchschaubaren, ewig Mythischen.

Boudicca

Boudicca, Königin der Iceni auf den Britischen Inseln, voll Leben und Kraft, rasch bereit, gegen Ungerechtigkeit vorzugehen, ist eine wahre Schützin. Sie wird üblicherweise als Lenkerin ihres von Pferden gezogenen Streitwagens im Kampf gegen die Römer dargestellt, begleitet von ihren beiden Töchtern (in der keltischen Mythologie ist die Drei eine magische Zahl). Die Legende überliefert sie uns als Protagonistin des "Fair Play", jenes Gerechtigkeitssinnes, der allen Schütze-Geborenen so wichtig ist. Die Schnelligkeit ihrer Handlungsweise, kaum daß sie sich einmal zu etwas entschieden hat, weist sie als wahre Schützin aus: die Römer konnten sich einfach nicht vorstellen, daß es irgendjemandem gelingen könnte, in derart kurzer Zeit eine so große Armee gegen sie zusammenzutrommeln, wie es Boudicca schaffte.

Boudicca hat wahrscheinlich wie eine typische Jupiter-Keltin ausgesehen. Beobachter beschrieben die Königin als hochgewachsen, langbeinig und rothaarig. Diodorus berichtet, daß die männlichen Krieger ihr Haar so aus der Stirn zurücknahmen, daß es aussah wie die Mähne eines Pferdes, und wahrscheinlich hatten auch die Frauen die Angewohnheit, ihr langes Haar zurückzuwerfen (daher der Beiname der irischen Königin Macha: "die mit der roten Mähne"). Sie wird immer als redegewandte, einfallsreiche und vorausschauende Anführerin beschrieben. Nirgends scheint auch nur der geringste Zweifel an ihren Führungsqualitäten auf - sie muß also die strahlende, großherzige Jupiter-Natur gehabt haben - ihre sonnengleiche Wärme in Verbindung mit großer Beweglichkeit. In Boudicca vereinen sich die Kräfte von Mars, Jupiter und Sonne.

Die Iceni hatten wahrscheinlich eine matrilineare Gesellschaftsform, wie auch viele in angrenzenden Gebieten lebende Stämme, die sich Boudiccas Aufstand anschlossen. Die Tatsache, daß nirgendwo gesagt wird, daß ein männlicher Krieger versucht habe, die Führungsrolle zu übernehmen, bekräftigt einmal mehr, daß bei den Kelten Männer und Frauen gleicherweise Autorität besaßen. Die Römer haben natürlich nur eine männliche Autorität anerkannt, und ihre Behauptung, Boudiccas Gatte habe seinen "Anteil" (also die Hälfte) des Landes den Römern "überlassen", war eine typische Methode, die römische und damit männliche Regierungsweise in jener Provinz durchzusetzen. (Bei der Kolonisierung "matrilinearer" Gesellschaften in Afrika und anderswo arbeiteten z.B. die Briten mit ähnlichen Tricks.) Der Prokurator Catus verlangte von Boudicca sogar, wenn sie ihre Stellung als Königin behalten wolle, müsse sie ihm eine große Summe Geldes zahlen, die ihr Gatte - angeblich - den Römern schuldete (wie wir sehen, hat sich bis heute nicht viel an den Vorgehensweisen in der Politik geändert!). Das Land der Iceni war reich; es gab Ackerbau, aber auch Handel mit Bernstein und "ausländischen" Waren. Erst die heutigen Archäologen erkennen und anerkennen, daß die keltische Kultur alles andere als "barbarisch" oder "grob" war, wie dies unsere früheren Schulbücher so gerne vermittelten.

Die Römer wollten Boudicca und ihre beiden Töchter auf persönlicher Ebene wie in der Öffentlichkeit demütigen. Boudiccas Töchter wurden vergewaltigt, sie selber wurde ausgepeitscht. Es ist durchaus möglich, daß ihre Schütze-Natur mit der unbewußten Gewißheit, daß Männer und Frauen gleichwertig sind, im Zusammenspiel mit ihrem offenen, Unabhängigkeit demonstrierenden Auftreten, für die patriarchalen Römer einfach zu viel war. Sie müssen jedoch später ihren Fehler bitter bereut haben.

Boudiccas Aufstand war der größte, den die Kelten jemals in Britannien durchgeführt haben. In der ersten Schlacht konnte sie den römischen Truppen eine gewaltige Schlappe zufügen und stürmte bis London vor (das auch damals schon die bedeutendste Stadt war). Auf ihrem Weg legte sie alle römischen Lager und Häuser in Schutt und Asche. Die entsetzten Römer wandten sich hilfesuchend an den Gouverneur Paulinus, der in Anglesey kämpfte, und er brachte in Eilmärschen seine Legionen, die Elite-Truppe der Invasoren, in den Kampfbereich. Die Tollkühnheit und der Bravado der Kelten, ihr persönlicher Mut und ihre Energie, zerbrachen schließlich an der römischen "Kampfmaschine", der überlegenen Kriegstechnik und - nach römischer Aussage - an der besseren "Disziplin" der Legionen. Boudicca konnte mit ihren Töchtern und einigen Gefolgsleuten in einen nahegelegenen Wald entkommen. Dort beendeten sie und ihre Töchter ihr Leben, indem sie sich vergifteten. "Lieber in Freiheit sterben, als Sklavin sein!" - von wem dieser Ausspruch stammt, wissen wir nicht, er entspräche jedoch ganz ihrem Charakter.

Boudiccas Kampftruppen bestanden aus Frauen und Männern und wahrscheinlich auch aus Torques-Trägern. Diese, so heißt es bei Diodorus über die Gesatae, paradierten nackt an der Spitze des Heeres, nur mit ihrem Torques, einem goldenen Halsring, und Armreifen geschmückt: männliche Krieger der Göttin im Kampfrausch, die keine schützende Bekleidung trugen, um sich als besonders mutig hervorzutun. Die Goldtorques der keltischen Krieger wurden von Archäologen zumeist in Frauengräbern gefunden und seltener im Grab eines Kriegers (waren die Frauen doch meist reicher an Gold und kostbaren Gegenständen als die Männer). Vielleicht mußte in dieser egalitären Gesellschaft ein Mann, der Krieger werden wollte, sein Leben der Göttin und den Frauen des Stammes weihen, was durch das Tragen des Torques symbolisiert wurde. Die Wurzeln des Ritterlichkeitsideals, das Boudiccas Löwe-Schwester, die später regierende Leonore von Aquitanien, einführte, liegen hier, in den keltischen Gesellschaften unserer Ver-

gangenheit - vor der Machtübernahme durch die Römer und spätere Patriarchate.

Schütze im Patriarchat

Als Feuerzeichen ist es Schütze - wie Löwe und Widder - im Patriarchat gar nicht so schlecht ergangen. Die astrologischen Texte betonen "seine freiheitsliebende, extrovertierte Art, seinen Optimismus und seine Weisheit, seine edle intuitive Natur". So ist es eigentlich recht angenehm, Schütze zu sein, bis auf die Tatsache, daß wir, als Frauen, immer mit "er" bezeichnet werden.

Auch hier, wie bei allen anderen Feuerzeichen, werden unsere positiven Attribute als männliche beschrieben, also "nicht ganz uns gemäß". Wir können dies nur entweder so annehmen und uns damit an männlichen Vorstellungen orientieren, oder wir distanzieren uns aufgrund des Pronomens von der Beschreibung, wie wir das auch in anderen Fällen oft tun. Die Qualitäten können nie wirklich "uns" meinen, wenn sie mit dem falschen Geschlecht versehen sind - für Frauen, die vor noch nicht gar so langer Zeit gelebt haben, müssen diese Qualitäten total irreal gewesen sein. Selbst heute erinnert die Auflistung der für Schütze-Geborene geeigneten Berufe uns Frauen daran, wie weit der Weg ist, der noch vor uns liegt, um wirkliche Gleichheit in der Gesellschaft zu erlangen: "Rechtsanwalt, Universitätsprofessor, Jockey, Tierarzt, Offizier ...". Berufsmöglichkeiten zu verändern, ist ein langer, schwieriger Prozeß, und vielleicht sollten wir wegen solcher Auflistungen in Astrologiebüchern nicht unbedingt wütend werden, da sie nur die gesellschaftliche Realität widerspiegeln. Die Verwendung der Formen des sprachlichen Masculinum jedoch kann geändert werden; sobald wir lesen könnten, daß "sie" freiheitsliebend, daß "sie" optimistisch und weise ist und daß "sie" eine edle intuitive Natur besitzt, würden uns die uns auferlegten Beschränkungen viel stärker bewußt werden. Da wir Schützinnen sind, würden wir aber auch unsere Fähigkeit, Schranken zu überwinden, erkennen; wir würden uns generell in unserem Zeichen mehr zu Hause fühlen.

Bis jetzt wird jedoch an der maskulinen Form festgehalten, und diese wird durch die Bilder, die mit dem Zeichen assoziiert werden, psychologisch noch verstärkt. Schütze wird, wie wir gesehen haben, immer als männlicher Zentaur dargestellt, und der übliche Regent ist wiederum ein Mannsbild in mittleren Jahren, nämlich Jupiter, der joviale Herrscher über die römische Götterwelt (manchmal steht anstelle Jupiters auch Salomon, der biblische, weise männliche Herrscher). Auf diese Art und Weise wird die Einheit von Geist und Körper, die nimmermüde, energiegeladene Reaktion, die der Zentaur so wunderbar verkörpert, zu einem männlichen Vorrecht und werden die Qualitäten Edelmut und Weisheit im wesentlichen als "männlich" und nicht als "weiblich" angesehen.

Wenn Bildsymbol und Regent männlich sind, hat das nicht nur Auswirkungen auf das Individuum, sondern auch auf die Gesellschaft. Wie wir gesehen haben, verkörpert das Symbol die reale Kraft, Menschen in Bewegung zu setzen und gesellschaftliche Praxis entweder zu bestätigen und zu rechtfertigen oder zu verändern. Die Symbole der Astrologie sind vor einem allgemeinen kulturellen Hintergrund zu sehen; sie sind sowohl Teil des allgemeinen Sprachgebrauchs wie Teil einer Fachsprache. Im Patriarchat ist die männliche Dominanz ein entscheidendes strukturelles Erfordernis, ein alles durchdringendes Ethos; und das Symbol des Mannes mit dem weiblichen Pferdekörper wird vor diesem Hintergrund unweigerlich so gedeutet, daß der Mensch, als männliches Wesen, die Tierwelt (und gleichzeitig das Weibliche) beherrscht und lenkt. Das Symbol reflektiert die unserer Kultur zugrundeliegende Sichtweise und unterstreicht sie; damit wird die noch heute vorherrschende Haltung der Tierwelt gegenüber bestätigt: der überlegene, denkende (männliche) Mensch beherrscht die ihm unterlegenen, geistlosen und rein körperlich orientierten anderen Spezies (und beutet sie aus). Asketisches Christentum und städtische industrialisierte Lebensweise haben das ihrige zu dieser Einstellung beigetragen, die sich in der nachklassischen Zeit in absolutem Mangel an Respekt vor jeder anderen Lebensform als der eigenen geäußert hat (mit ein paar Ausnahmen, z.B. Katze, Pferd und Hund). Der Heilige Franziskus ist in der ganzen Heiligen-Schar der christlichen Geschichte der einzige, der sich um die Tiere gekümmert hat. Für die meisten Lebewesen dieses Planeten, besonders für die Tiere, hat der "Teufel" mit Sicherheit Menschengestalt!

In ähnlicher Weise wird die Entfaltungsmöglichkeit Jupiters im 9. Haus (dem Haus weiträumiger Erforschung der Welt, geographisch und metaphysisch) durch die männliche Regentschaft des römischen Jupiter, durch sein hierarchisches Statusdenken, stark eingeschränkt. In unserer Gesellschaft spiegelt sich dies in der Bemühung, den kreativen offenen Geist in das Korsett von Herrschaft und Hierarchie, von linearer Spezialisierung und Schreibtischplanung zu zwängen. Daß unsere Philosophie, Moral und andere ethische Werte weit hinter den technischen Errungenschaften zurückgeblieben sind, ist absolut nichts Neues, wird aber erst jetzt mit den noch vorherrschenden patriarchalen Strukturen in Verbindung gebracht. In einer Zeit, in der wir mehr denn je Jupiters intuitive Voraussicht brauchen, um heutige Verhaltensmuster zu verändern und dem Überleben eine Chance zu geben, haben wir uns in unserem Denken zusehends spezialisiert. Diese Art des Denkens wird in Schulen und Universitäten gelehrt, die nach wie vor hierarchisch organisiert sind und deren Sinn und Zweck es sein soll, weit entfernt vom praktischen Alltag die vorhandenen Gesellschaftsstrukturen aufrechtzuerhalten und ihnen Ewigkeitswert zu verleihen. Solche Institutionen sind der Tod jedes Jupiter-Gedankens; der kreative Funkenflug, den Arthur Koestler so gut in seinem Buch *Der göttliche Funke* beschreibt, findet kaum mehr statt, und Einsichten und Erkenntnisse rücken in immer weitere Ferne, nicht nur in geographischer Hinsicht, sondern auch in bezug auf ihre Qualität, das heißt sie rücken immer weiter weg vom menschlichen Leben, von menschlicher Wärme und Nähe - und das ist nicht im Sinne von Jupiter. So haben z.B. die Fortschritte in der Gentechnologie und anderen Wissenschaften schreckliche moralische Probleme im Schlepptau, die von den meisten Wissenschaftlern jedoch nicht zur Kenntnis genommen werden, da es ihrem Verständnis nach ihre Aufgabe ist, etwas zu erforschen und zu "entdecken", ohne Rücksicht darauf, was ihre "Entdeckungen" mit sich bringen könnten. Ohne Jupiters ganzheitliche Bewußtheit und humanen Weitblick muß jede weitere Bildung, die dem 9. Haus untersteht, auf der Stufe des patriarchalen Merkur stecken bleiben.

So wie wir den Zentaur vom männlichen Bild der Herrschaft über das Tierreich befreien müssen, so ist es auch notwendig, Jupiter von der Zwangsjacke patriarchaler Ausschließlichkeit und Hierarchie zu befreien. Wenn wir die ursprünglich weibliche Prägung übertragen, können wir im Zentauren wieder Ganzheitliches finden, Pfeile der Prophetie empfangen und in Jupiter eine uns unterstützende und spielerische Erweiterung des Geistes und der Ideen sehen. Das nach vielen Seiten hin offene schützegemäße Gemeinschaftsdenken, das so gut zu diesen Zielen paßt, muß auch in der heutigen Welt wiedergefunden werden - es besteht die Chance, daß dies im zukünftigen Netzwerk des Wassermannzeitalters möglich sein wird. In Schütze wird der Mensch nach Durchwanderung der Zeichen für persönliche Entwicklung (von Krebs bis Skorpion) als soziale Kraft in seine gesellschaftliche Rolle hineingeboren, um nach bestem Wissen und Können in den Strukturen, die das Zeichen vorgibt, zu leben und zu handeln bzw. diese neu mit Inhalt zu füllen.

4

Die Erdzeichen:

Stier, Jungfrau, Steinbock

Das Element Erde steht herkömmlicherweise für Form und Struktur, für alles, was sich manifestiert, das ganze materielle Universum, in dem wir leben und dessen Teil wir sind. Für die alten Völker war die Erde die Mutter, die allen Dingen Gestalt gibt - allem Leben, der Atmosphäre und den Ozeanen. Die Erdmutter ist das älteste aller spirituellen Symbole überhaupt, wir können es bis weit ins Neolithikum zurückverfolgen. Sie bringt uns in Verbindung mit dem Kosmos (wurde doch unser Planet aus der feurigen Sonne geboren wie unser ganzes Planetensystem, das Universum) und mit allem, was auf unserer Erde lebt. In der Erde sind die psychischen Schwingungen der Fische (Wasser), die Dynamik des Widders (Feuer) verankert, in ihr werden sie manifest und schaffen Leben und Formen, wie wir sie kennen. Es ist kein Zufall, daß in nahezu allen Sprachen unser Planet als Mutter Erde bezeichnet wird, als diejenige, die Leben schafft und erhält. Für uns Frauen ist es ein unvorstellbares Glück, daß wir an ihren Qualitäten teilhaben, daß auch wir Leben schaffen können.

Im Element Erde sind wir in unserer Welt zu Hause, und die Qualitäten der Sicherheit und Stabilität werden in den ihr zugeordneten astrologischen Zeichen immer wieder betont. Unsere irdischen Sinne sind wie Fenster, durch die wir das Universum betrachten und ihm Sinn geben, und nur mit ihrer Hilfe können wir denken, fühlen, uns etwas vorstellen, schöpferisch sein und handeln. Sie sind die Quellen unseres Glücks, aber auch unseres Schmerzes, der Begrenzung wie der größtmöglichen Entwicklung. Die Liebe zu Schönheit und Form, die so oft bei den Erdzeichen zu finden ist, wird dadurch, daß wir ihre Vergänglichkeit und Begrenztheit begreifen, umso tiefer. Die Erde-Geborenen wissen daher auch um die Doppelfunktion des Körpers als Prisma höchster Freude einerseits und als Gefängnis andererseits; ihre große Widerstandskraft und körperliche Ausdauer wird sehr oft von einer melancholischen Grundstimmung oder einem stillen Hinnehmen des Schicksals begleitet: Alle Erd-Kinder kennen die Angst und schwermütige Sehnsucht der Seele.

Die Einsicht in die Bedingungen des Lebens ist allen Erde-Geborenen eigen, ebenso wie der Impuls, etwas aufzubauen, Ordnung und Harmonie zu schaffen, Dinge offensichtlich zu machen. Die ungebändigten Kräfte von Wasser und Feuer bekommen Struktur und Ordnung durch die Erde, die der Energie Form verleiht. In diesem Schöpfungsprozeß, in dem eine bestimmte Masse stets einer bestimmten Energie entspricht (Einstein), ist Begrenzung ebenso wichtig wie Ausdehnung, das Herauskristallisieren von Neuem ebenso wie der Erhalt des Vorhandenen. Wir finden dieses praktische Gleichgewicht in allen Erdzeichen, sei es nun in der abwägenden Haltung der Jungfrau, in der organisierenden Disziplin des Steinbocks oder in der kreativen Vorsorge des Stiers. Dieses praktische Denken, das in Beschreibungen der Erdzeichen so oft einen abschätzigen Beigeschmack erhält, ist eigentlich die Grundvoraussetzung unseres Lebens auf der Erde und im Universum; ohne das praktische Denken der im Element Erde Geborenen gäbe es keine menschliche Kultur!

Die Vorstellung, daß die Erde weiblich ist, daß die uralten Mutter-Gottheiten der Erde heilig sind, machten das Element zu einem natürlichen Korrektur-Ziel für die neuen patriarchalen Ideologien. In Platos *res publica* steht das Erd-Element (vertreten durch Bauern, Handwerker, Baumeister und Händler, die mit Geld zu tun haben) an unterster Stelle in der sozialen Pyramide, obwohl genau diese Berufe das produzieren, wovon die anderen (Krieger und Philosophen-Könige) abhängig sind! Im Patriarchat wurde die Erde als "kalt", passiv, als eines der "negativen" und "weiblichen" Elemente bezeichnet. Daher wurde sie auch der Nacht und nicht dem Tage und unausgesprochen "dem Unglück" im Gegensatz zum "Glück" zugeordnet. Im Christentum mit seinem tiefen Mißtrauen allem Körperlichen gegenüber wurde alles mit Erde Verbundene in noch größerem Maße herabgesetzt und ihrer ganzen schöpferischen und phantasiereichen Möglichkeiten entkleidet. Praktisches Denken wurde mit Worten wie "langweilig", "phlegmatisch", "ohne Vorstellungsvermögen" und "unkreativ" umschrieben. Das paßte auch nahtlos ins Klischeebild der Frau als "gute Hausfrau" (und biologisch bestimmte Erzieherin der Kinder); bis vor kurzem war ein Lieblingsargument gegen die Gleichwertigkeit von Mann und Frau das angebliche Fehlen jeglicher "echter" Kreativität und Vorstellungskraft bei der Frau.

Es ist ein Jammer, daß viele astrologische Beschreibungen der Erdzeichen immer noch durch dieses, meist unbewußte, männliche Vorurteil belastet sind. Der Schwerpunkt liegt nach wie vor auf Phlegma und Langeweile, so daß es keiner Erde-Geborenen übelgenommen werden kann, wenn sie meint, überhaupt keine Phantasie zu haben, vom Intellekt ganz zu schweigen! Dabei hat Jungfrau einen doppelgesichtigen Merkur (Planet des Geistes), Stier hat Mond und Venus (die beiden am stärksten für Kreativität und Imagination zuständigen Planeten) als Regenten, Steinbock erscheint im mystischsten Teil des Tierkreis-Jahres mit Saturn (dem Schicksalsplaneten) als Regent. Angesichts dieser Planetenherrscher dürfte es sich lohnen, einen Blick zurück hinter die patriarchalen Vorurteile zu werfen, um mehr über die ursprüngliche Bedeutung dieses Elements herauszufinden, das sich in den drei Zeichen ausdrückt. Ich hoffe, daß mir dies in den nachfolgenden Kapiteln über die Zeichen, ihre Regenten und Regentinnen gelingt und daß damit dem Element Erde sein wahrer Reichtum und seine Macht zurückgegeben werden kann.

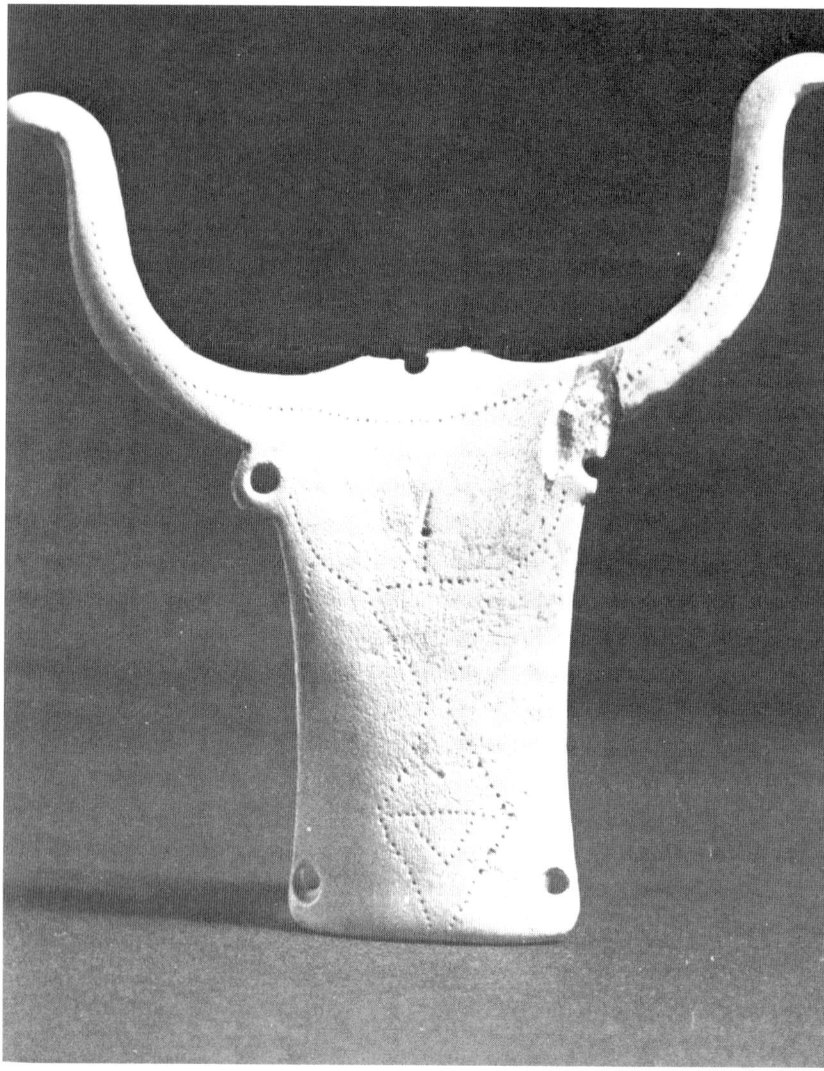

STIER ♉

Element: Erde
Qualität: fix
Symbolbild: Der Stier
Regent: Venus (traditionell)
Regentin: Gaia-Venus,
die Erd-Göttin

Stier in Stichworten: kraftvoll, loyal, kreativ, praktisch, ausdauernd, freudig

Stier-Menschen sind stark, beständig und ausdauernd, sie haben eine starke Vitalität und Widerstandskraft. Es ist ihr Bedürfnis, in allem, was sie anfassen, Form, Harmonie und Struktur zu schaffen. Sie lieben die Schönheit in allen Dingen, besonders jedoch im Tanz und in der Musik, wobei ihnen Melodie und Rhythmus wichtig sind, und sie sind mathematisch begabt. Sie sind gut geerdet und fühlen sich jederzeit in ihrem Körper zu Hause, in Bewegung ebenso wie in Ruhe. Stier regiert den Berührungssinn und ist Mutter wie Geliebte. Stier-Geborene können stur und besitzergreifend sein; sie sind unübertroffen im Ertragen - bis sie dann einmal in blinder Wut explodieren. Ihre Reaktionen sind zutiefst aufrichtig, in der Liebe sind sie treu und loyal. Sie haben ausgeprägte Vorstellungskräfte und fühlen sich zur Natur hingezogen, zum Land wie zum Meer.

Stier-Qualitäten sind dann am stärksten, wenn Stier das Sonnenzeichen ist, jedoch auch, wenn der Mond oder der Aszendent im Stier steht.

Symbolbild: Stier

Der Stier hat zu keiner Zeit etwas von seiner magischen Ausstrahlung verloren. Er war immer schon das Symbol für Lebensenergie, für latente Kraft und Gewalt, für Pracht und Stärke, für Vitalität - "die Sonne strahlt durch sein Fell". Selbst im weltlichen Ritual der heutigen Stierkämpfe in Spanien wird noch etwas von der ursprünglichen Verbindung zwischen Mensch und Stier, zwischen Leben und Tod erlebbar. In Portugal gibt es noch immer das minoische Stierspringen. Wie heruntergekommen und kommerziell diese Rituale heute auch sein mögen, wie sehr sie ihrer ursprünglichen religiösen und mystischen Bedeutung entkleidet sind: für

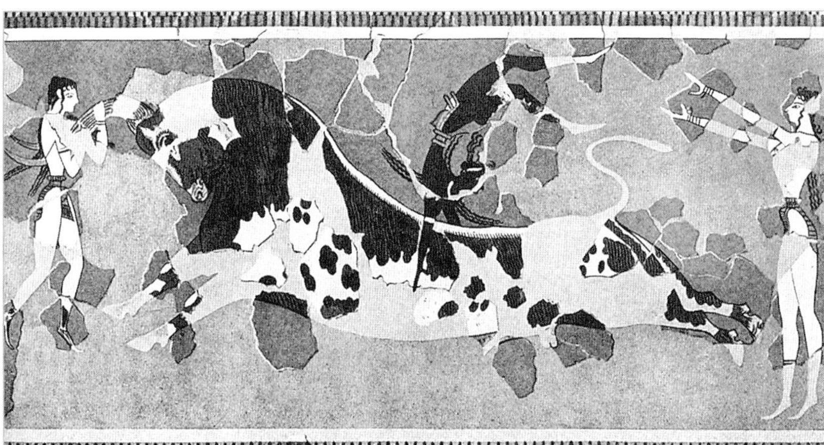

all jene, die das Zusehen ertragen können, ist es immer noch möglich, den Schauder zu spüren, den sie auslösen.

Der Stier ist ebenso wie die Erdmutter das älteste religiöse Symbol, das wir kennen. Die Göttin und ihr Stier-Sohn bildeten gemeinsam eine Einheit im Ritual der in Çatal Hüyük und Umgebung (ca. 6500 v.u.Z.) bezeugten Religion. Das Taurus-Gebirge trägt in Erinnerung daran seinen Namen, und die Ausgrabungen dort liefern Funde, die 800 Jahre Besiedlung nachweisen. Die Zivilisation hat sich von dort mit größter Wahrscheinlichkeit nach vielen Richtungen hin ausgebreitet; so taucht der heilige Stier bereits um 4000 v.u.Z. in den frühesten kretischen Ansiedlungen auf, in Südost-Europa (Anza II) sowie im Norden Syriens und im Irak (möglicherweise als Ergebnis der Kolonisierung von Çatal Hüyük aus). Wie in Çatal Hüyük, so finden wir auch in Ebla viele wunderschöne Figürchen der Göttin mit ihrem heiligen Bullen, oder auch von der Göttin, die von Stiermännern umgeben ist. Es wird angenommen, daß "Minos, der Stier" in Kreta ein Titel war, den alle Könige trugen. Er verdeutlicht ihre Stier-Sohn-Beziehung zur kretischen Großen Mutter, mit der sie, in Verkörperung der Königin, heilige Hochzeit hielten.

Çatal Hüyük war eine friedliebende matrilineare Zivilisation (möglicherweise sogar Teil jenes Goldenen Zeitalters, von dem Hesiod berichtet und in dem männliche Kriegsführung noch nicht entdeckt war). Und die große Stärke und Potenz des Bullen stand im Dienste der Göttin und wurde durch sie im jährlichen Opferritus zur Wiederkehr des Frühlings, also der zyklischen Rückkehr des neuen Lebens, an die Gesellschaft weitergegeben. Warum das Siedlungsgebiet aufgegeben wurde, wissen wir nicht; es gab keinerlei Hinweise auf Krieg; doch wurde bald danach die Welt von schweren Erdbeben erschüttert, denen starke Überschwemmungen folgten. Archäologische Spuren finden sich danach erst wieder um ca. 3500 v.u.Z., jetzt aber von Krieg und Invasion. Die Städte sind nun von Mauern umgeben, und überall werden gewaltige Schlachten geschlagen. Der jugendliche Kultur-Held Marduk erhält in Babylon seinen Ehrentitel "Junger Bulle der Sonne", weil er die Große Göttin Tiamat und ihre

Armee, bestehend aus Stier- und Skorpion-Menschen und anderen matrilinearen Völkern, niedermacht.

In einem anderen patriarchalen Mythos wird der wilde, ungezähmte und durch Himmel und Hölle tobende Himmelsbulle (vielleicht Symbol des Zorns der Göttin) durch Gilgamesch von Uruk "rechtens" bezwungen und getötet. (Es handelt sich hierbei um die gleiche "magische" Geschichte, die später im Mithraskult in Rom dargestellt wurde.) In Kreta zieht sich der Stier-Sohn in den Untergrund der Höhlen und des vulkanischen Irrgartens zurück, von dem aus dann wiederholte starke Erdbeben diese liebenswerte Zivilisation zerstören (das letzte Beben fand um ca. 1500 v.u.Z. statt).

In dieser Zeit der zunehmenden Übergriffe durch das Patriarchat treten alle Götter und Heroen, die die Macht der Göttin für sich beanspru-

chen, als Stier in Erscheinung. Ein höchst beliebter patriarchaler Zeitvertreib ist es nun, die Verbundenheit zwischen Göttin und Stier zu pervertieren, indem die Göttin zur Kuh gemacht wird, mit der der Stier-Gott seine Verführungs- oder Vergewaltigungsspielchen treibt. Daher bespringt im griechischen Mythos Zeus als Stier Europa, Io, Hera und Demeter, die in der Gestalt von Kühen erscheinen, wobei ihre Kräfte, die er sich dann auf magische Weise aneignet, an ihrer

Farbe Weiß, der heiligen Farbe der Mondin, zu erkennen sind. Nur in Ägypten, wo alte Traditionen nie ganz aufgegeben werden, überlebt etwas von der ursprünglichen Bedeutung von Göttin und Stier. So wird hier der Sonnengott Ra morgens als das Kälbchen der Nut, der uralten Mond-"Kuh"-Göttin des Himmels, deren als Regen herabfallende Milch die Erde fruchtbar macht, geboren - mittags ist er der Stier und ihr Gefährte, der dann des Abends stirbt, um am nächsten Morgen wieder als Kalb geboren zu werden. Die andere ägyptische "Kuh"-Göttin, Hathor von Dendera, behielt auch einige ihrer alten Stier-Qualitäten bis in die Zeit der Römer hinein. Sie ist Gattin des Horus (Mond zu seiner Sonne), göttliche Hebamme (die Leben erschafft), Herrin der Musik, des Tanzes und der Liebe. Hier ist die Verbindung zu den beiden Planeten, die den Stier regieren, unübersehbar. Ihr magischster und - für uns - geheimnisvollster Aspekt ist der der Sieben Hathors, in dem sie die Schwingungen der Plejaden reflektiert; die Plejaden sind das wunderschöne Sternbild, das auch als Sieben Schwestern (im Sternbild Stier) bekannt ist und das in Indien die Sieben Mütter der Welt heißt. Nach Robert von Ranke-Graves sind die Plejaden auch die sieben Mondsicheln tragenden Priesterinnen.

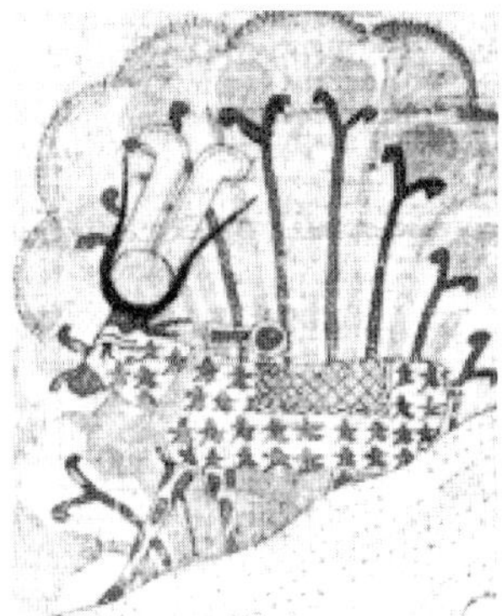

In der Antike steht der Stier-Gott/Held jedoch häufiger allein oder befindet sich bestenfalls in Gesellschaft einer sanften Kuh-Göttin, einer freundlichen, fraulichen Ernährerin, deren einziger Lebenssinn es ist, sich um ihren starken, aktiven, dominierenden Partner und seine Kinder zu kümmern. Unter diesen Voraussetzungen hassen Frauen es zu Recht, wenn sie als "Kuh" bezeichnet werden (in England ist "cow" ein grobes Schimpfwort, Anm. d. Übers.), womit "fügsam", "passiv" und "umständlich" (sprich: langsam und dumm!) gemeint ist. - Die Vorstellung, daß das Element Erde "passiv" sei, ist ein direktes Ergebnis dieses patriarchalen Bildes. Durch die Schaffung einer vollkommen andersartigen

Beziehung zwischen Göttin und Stier hat die patriarchale Ideologie letztendlich dazu geführt, daß die Göttlichkeit des Bullen zerstört wurde, weil er kein Gegenüber in einer gleichwertigen, wenn auch unterschiedlichen Kraft mehr hatte, in der er sich widerspiegeln konnte. (Das ist der Grund für die "leidenden" Stiere in den Dionysos- und Mithras-Kulten.) In der recht beliebten, nicht-dionysischen Symbolsprache ist der Stier ein Kraftlackel, vielleicht gerade noch ein guter Kämpfer oder mächtiger König, jedoch ohne Visionen. Leider hat die Astrologie diese Interpretation für den Stier übernommen und damit das Zeichen seiner höheren, göttlichen Bedeutung beraubt.

Wenn also die ursprüngliche Bedeutung des Stiers um so viel tiefer und reichhaltiger war als die heutige, wie würde sich für uns die Beschreibung des Stiers als Sonnenzeichen verändern?

Zunächst würde wahrscheinlich die Macht und Majestät des Bullen stärker hervorgehoben, seine ungeheure Vitalität, die ihn zum passenden Symbol für die Lebenskraft des Frühlings, für die aufsteigenden Säfte des pflanzlichen Wachstums macht. Stier symbolisiert die Vielfalt der Formen, die Freude an der Lebendigkeit unseres Körpers - kein anderes Zeichen vermittelt das so stark (daher die Freude der Stier-Geborenen an Handtätigkeit und ihr Entzücken am Tanz). Als Gegengewicht zu ihrer Bewegungsfreude können Stiere auch so richtig faul sein - beide Verhaltensweisen betonen den Genuß des Körperlichen, des Lebendigseins. Stiere konzentrieren sich mit ihren Sinnen auf die Gegenwart, sie verstehen die "Bewußtheit" des taoistischen und buddhistischen Denkens, das Hier und Jetzt des Vogels Mynah in Aldous Huxleys *Eiland*. Der oft zitierte "Fatalismus" der Stier-Geborenen ist nur die Folge ihrer Gegenwärtigkeit, in der der Same der Vergangenheit und die Blüte der Zukunft ruhen. Wenn die Stier-Frau, dem Antrieb ihrer Erde-Regentin folgend, ihre ganze Kraft und Ausdauer in ihre Kinder und in die Gesellschaft investiert und damit hilft, die Zukunft zu gestalten, kann sie damit Berge versetzen - wie die stiergeborene Frauenrechtlerin des 19. Jahrhunderts, Sylvia Pankhurst. In konventionellen Texten wird diese Kraft allerdings gewöhnlich nur erwähnt, wenn sie fehlgeleitet ist und destruktiv wirkt (der Stier, der mit dem Kopf durch die Wand will).

Als Bulle trägt der Stier dic Mondsicheln als Gehörn - damit sind Stier-Menschen einerseits in der mächtigen Regentin Erde verankert, werden jedoch gleichzeitig in den Kosmos gehoben. In der Liebe der Stier-Geborenen zu Form und Struktur liegt ihr musikalisches und mathematisches Talent und die geheimnisvolle Fähigkeit, mit den Sphärenklängen zu schwingen (vgl. J.-E. Berendt: *Die Welt ist Klang*). Musik und Mathematik sind die Quintessenz des Universums, sie liegen der Ordnung alles dessen zugrunde, was manifest wird, und damit auch der Kunst der Astrologie. Für Pythagoras, den antiken taurischen Kosmologen, waren die Strukturen von Masse und Bewegung, von Musik und Mathematik eng mit der Musik der Sphären verbunden. Da der Stier sich so sehr in seinem Körper und seinen Strukturen zuhause fühlt, spiegelt er bzw. sie die Strukturen des Raumes, der Bewegung und des Klangs, die in und um uns sind, sowie die Kristallstrukturen des Lebens selbst.

Die Liebe zur Form macht den Stier zu einem der kreativsten Zeichen überhaupt - etwas, das in den üblichen Texten meist diskret verschwiegen wird. Die gegen alles Sinnliche gerichtete ideologische "Verschwörung" der vergangenen 2000 Jahre (unter Einfluß des asketischen Christentums) hat sich besonders gegen den Stier gerichtet, der von allen Zeichen am meisten den Sinnen lebt und von der Göttin der Schönheit und der Form, Erdmutter Gaia (Venus), regiert wird. Stier ist das Zeichen mit der vielseitigsten künstlerischen Begabung. Stier-Geborene drücken sich künstlerisch kreativ mit den Mitteln von Licht und Klang, Malerei und Skulptur, Rhythmus und Harmonie aus und können diese ebenso genießen wie gutes Essen und körperliche Berührung. Ihre Sinnenfreude führt absolut nicht zu Gefräßigkeit und Trunksucht (beides "unsinnliche" Verhaltensweisen), wie das Stier-Geborenen oft unterstellt wird! Und langsam, langsam akzeptieren wir, auch für uns selbst, wieder die Bedeutung der Sinnlichkeit und der Berührung. Stier-Geborene haben sie immer schon geliebt und waren dafür empfänglich, was man ihnen sehr angekreidet hat. Von Psychologen hören wir, daß Kinder Berührung brauchen, daß sie schmusen und kuscheln können müssen, ihre Streicheleinheiten suchen - wie wir alle, ob Kinder oder Erwachsene. Die Stier-Mutter bringt Wärme und Menschlichkeit, sie tröstet das Kind, nimmt es in ihre Arme, wie es ihre Natur ist. Frauen haben auch immer gewußt, daß nur ein gefühlvoller Liebhaber den Sex menschlich macht.

Daß wir in unserer modernen, nüchternen Zeit den Stier immer noch als mächtiges Symbol erkennen - und das 8500 Jahre nach seinem ersten (uns bekannten) Erscheinen als heiliges Tier - bestätigt nur die Stärke und Langlebigkeit dieses Zeichens. Wie seine Regentin Gaia kann der Stier Krankheit und Verletzung, Verschmutzung und fehlendes Verständnis überdauern. Wir sollten aber die Stierkräfte wie die der Erde niemals als selbstverständlich ansehen. Wenn der Bulle über die Maßen gereizt wird, greift er schnell und erbarmungslos an.

Çatal Hüyük: Die Göttin und der Stier

Wie uns aus Ausgrabungsfunden bekannt ist, hatte Çatal Hüyük, die anatolische Stadt, deren Blütezeit zwischen 6500 und 5650 v.u.Z. lag, eine hochentwickelte Stadtkultur mit spezialisiertem Handwerk (Textilverarbeitung, Töpferei und Holzschnitzerei), Obsidian- und Metallbearbeitung und einer künstlerischen Tradition mit religiös-philosophischem Hintergrund - das Ganze in einer heterogenen Gesellschaft von ca. 6000 Einwohnern. Die Menschen führten Getreide, Bauholz, Seile und anderes ein und exportierten vermutlich fertige Produkte, unter anderem auch ihre schönen Figuren aus Obsidian, Ton und Stein. Sie waren friedliche Händler und matrilinear organisiert (die Gräber mit den reichsten Beigaben waren die der Frauen). Es gab keine Stadtmauern, es wurden auch keine Kriegswaffen gefunden. Die Malereien in den heiligen Räumen zeigen Landschaften und festliche Szenen. Hier gibt es keine Bilder von Krieg, Gefangenschaft und Vasallen, die Tribute bringen, wie bei den späteren Völkern Mesopotamiens, sondern die Darstellung von Szenen, in denen Menschen tanzen und singen oder wilde Tiere zähmen. Auf einer Wandmalerei ist im Hintergrund ein ausbrechender Vulkan und im Vordergrund dic Stadt zu sehen. Ein anderes Bild zeigt Geier, die sich an Leichen gütlich tun - eine Erinnerung daran, daß die Stadt in einem Erdbebengebiet lag, das damals recht aktiv war.

In Çatal Hüyük ist der Stier als heiliges Tier am häufigsten vertreten: In den heiligen Räumen findet sich meist das Bildnis der Göttin mit dem Bullen. Der Stier ist ihr heiliges Tier, das in den jährlich wiederkehrenden Riten geopfert wird (symbolisch befruchtet sein Same die Erde und leitet den neuen Zyklus der Jahreszeiten ein). Er ist der göttliche Sohn, der von ihr geboren wird. Das Symbol Mutter und Sohn, das zu allen Zeiten und in allen Religionen immer wieder vorkommt, ist in Çatal Hüyük mit allem Leben, nicht nur dem menschlichen, verbunden. Die Göttin Gaia gewinnt dabei an Tiefe und Bedeutung. (Aber auch andere Göttinnen finden sich in Çatal Hüyük dargestellt, so z.B. die Göttin mit dem Leoparden (Löwe) und die Zwillings-Göttin.)

In Çatal Hüyük hatte der Mondkalender Gültigkeit, und nicht der Sonnenkalender, der erst viel später entstand. Und in diesem Zusammenhang gewinnt die astrologische Erhöhung des Mondes im Stier ihre ursprüngliche Bedeutung. Die Stier-Riten waren Mond-Riten, die Feiertage durch die Mondgöttin bestimmt, die ja Regentin der Monats- und Jahreszyklen und der Gezeiten ist. Die Bewohner Çatal Hüyüks - als Handelszentrum - befuhren ziemlich sicher auch die Meere und hatten damit mathematische und astronomische Kenntnisse; wahrscheinlich waren sie schriftkundig.

Durch Çatal Hüyük bekommen wir einen kleinen Einblick in eine andere Kultur (vielleicht sogar eine andere Zivilisation) als unsere eigene. Eine Kultur, die nur Frieden kannte, ihre Wechselwirkung mit der Natur bewußt erlebte, matrilinear war und keine Ausbeutung betrieb. Sie war vielleicht, auf ihre Weise, so technisch fortgeschritten wie die unsere, und die Wiederentdeckung dieser Kultur hat, mehr als jede andere, dazu geführt, daß wir unsere Sicht von Vergangenheit und Gegenwart verändern. Damit ist ein für alle Mal dem heißgeliebten Mythos einer linearen Entwicklung, wie sie im 1. Kapitel dieses Buches beschrieben ist, ein Ende bereitet.

Regentin: Gaia, Erd-Göttinnen

Gaia ist der griechische Name für Kali-Tara, Mutter Erde, Mutter allen Lebens, Schöpferin der Götter. Sie ist die "tiefgründige, nicht versagende Nahrungsquelle Erde" (Hesiod), die als erste dem Chaos entsteigt und den Himmel gebiert. In der modernen Naturwissenschaft ist sie unser

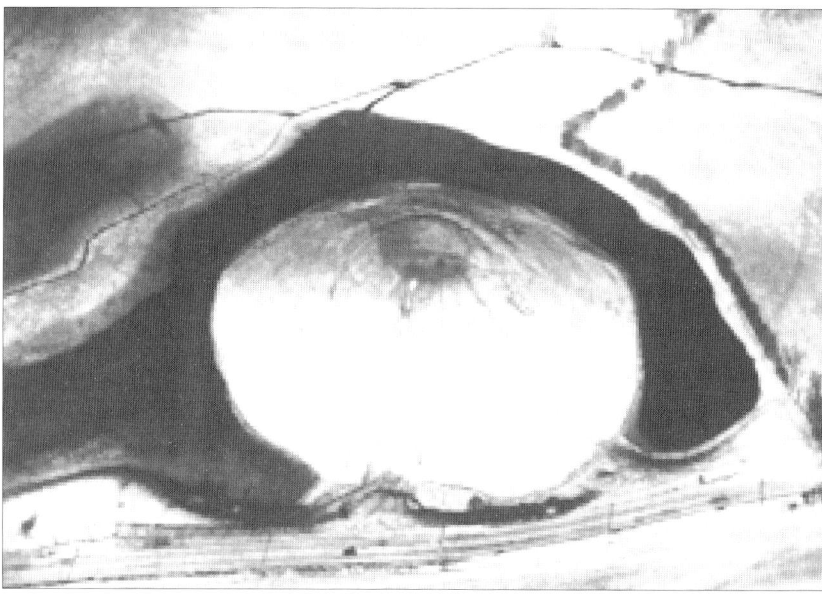

Planet Erde, der die Winde, die Luft, die Atmosphäre schafft, ohne die es kein Leben gibt. Sie ist in Wahrheit der Grundstein unserer Existenz, die Basis für *maya*, für das Leben.

Als Göttin ist Gaia unvorstellbar alt - ihre Existenz geht zurück bis ins Neolithikum. Niemals war sie *nur* eine Fruchtbarkeits- oder Ackerbau-Göttin, wie sie im patriarchalen Denken gerne gesehen wird, und schon gar nicht das fügsame, passive Wesen der postklassischen Bildersprache. Als Erde-Venus symbolisierte sie die Naturkraft in all ihrer Schönheit und Unzerstörbarkeit, den Kosmos so gut wie unsere Welt. Aus dem kreisenden Sternenstaub des Alls (Fische) und dem heißen dynamischen Feuer (Widder) schafft Gaia Form und Struktur: unseren Planeten Erde, der seine Bahn zieht und auf dem wir leben. Sie ist Mutter und Schöpferin der Form, wahre Nährmutter des Lebens schlechthin. In ihr zeigt sich Venus in ihrem tiefsten, schöpferischsten und liebevollsten Aspekt.

"Ich singe von Gaia, der ältesten Gottheit, der unverrückbaren Mutter des Universums" - so hieß es bei den homerischen Dichtern, die sie anbeteten. In ihrem Heiligtum in Delphi wurde sie als Herrin von Zeit und Raum verehrt, die die Zukunft ihrer Kinder voraussagen und den Verlauf ihrer Lebenstage vorhersehen konnte (eine Gabe, die viele Stier-Geborene noch haben). Ihr entsprangen die drei Schicksalsgöttinnen (Moiren), die den Lebensfaden für die einzelnen Menschen spinnen, zuteilen und abschneiden. Die Riesen mit hundert Händen, die wilden einäugigen Zyklopen wurden von ihr geboren - mythologisch-historische Erinnerungen der dorischen Griechen an eine Zeit, in der sie die Welt verwüstete, und vielleicht auch an die darauf folgenden (Luft-Erde-betonten) Megalith-Kulturen, die es verstanden, Kosmos und Erde in Beziehung zu setzen (z.B. in den Steinkreisen).

Gaia hat mit der passiven Figur der späteren Mythologie gar nichts gemein. Ihrer Nachfolgerin Demeter ganz unähnlich, regierte sie nicht nur das Land, sondern auch die Felsen, Vulkane und die labilen seismischen Platten unter unseren Kontinenten und Meeren. Als unsere Mutter Erde war sie bei weitem nicht immer wohlwollend, und ihre Wut konnte unter der Erdoberfläche gären, bis sie sich in vernichtenden Lavaströmen (im rotglühenden blindwütigen Zorn des Stiers) Luft verschaffte. Wir haben in diesen vergangenen Jahrtausenden, die für die Stier-Gaia eine nur kurze Zeitspanne darstellen, wahrscheinlich mehr Glück als Verstand gehabt, daß wir den vollen Zorn unserer Erde nicht erfahren haben.

Gaia ist jedoch vor allem die Nährerin, die in den großen Frühlingsfesten rund um den Erdball gefeiert wurde: in den Göttin-Stier-Ritualen von Çatal Hüyük, im Frühlingsritus der griechischen Demeter. In den Beschreibungen der Venus durch traditionelle Astrologen hören wir nicht viel von der Fröhlichkeit der Stier-Gaia, weil sie es vorziehen, ihre (sogenannte) enge Beziehung zur Form in den Vordergrund zu stellen. Frühlings- und Mai-Feiern der Gaia werden auch heute noch abgehalten, in ihnen drückt sich die Freude an ihrer Schöpfung und an der Kraft und Stärke des neu erwachenden Lebens aus; in Indien verkörpert sie *maya*, das Leben, in seiner Vielfalt, mit all seinen Freuden und tiefen Empfindungen. Die Figuren indischer Statuen und Friese sind immer tanzend dargestellt, ob in erotischer Vereinigung oder in schlichter Freude an der Bewegung, und in der Literatur ist, wie in den Statuen, die Sinnlichkeit stets in ihrer edelsten Form ausgedrückt, zart und respektvoll. Hier kann der Pfad zur Erleuchtung, zur Transzendenz über die Sinne erfolgen, wo Erfahrungen bestätigend oder erweiternd sind oder auch die Rückmeldung erlebt wird, nicht auf dem richtigen Weg zu sein. Indien ist in seiner kulturellen Tradition des Vegetarismus, der aus dem Respekt für alles Lebende stammt, zutiefst stiergemäß.

Als Schöpferin und Formerin des Lebens gewährt Gaia den Ihren eine Vielzahl von Fähigkeiten, akademische (Kristallographie, Geologie und andere Geo-Wissenschaften) wie praktische (Ackerbau, Konstruktion und Finanzen), künstlerische (Malerei, Skulptur, Arbeiten mit Ton, Musik, Tanz und Mathematik) wie soziale (Einrichtung neuer Institutionen, Aufstellen neuer Gesellschaftstheorien). Hinzu kommen noch alle jene, die mit Essen, Trinken und "Ernährung" im weitesten Sinne zu tun haben. In herkömmlichen Beschreibungen des Zeichens wird hierauf selten Bezug genommen; sie konzentrieren sich vorwiegend auf die "schwerfälligen" und "langsamen" Eigenschaften, die mit dem Klischee der "negativen" Erd-Venus zusammenpassen. Die Langsamkeit der Stier-Geborenen, die ihrem eigenen natürlichen Rhythmus und dem der Erd-Gaia folgen, sollten wir eher als Kritik an der künstlich hochgejagten Schnellebigkeit in unseren Städten auffassen. Als Frauen kehren wir, zumindest während der Schwangerschaft, zu den langsamen, ewig wiederkehrenden Rhythmen der Gaia zurück und vermitteln so unseren Kindern die Wurzel-Kraft und die Harmonie ihrer Welt.

Unter dem Einfluß der Gaia haben die Beziehungen des Stiers tiefe Wurzeln, und die liebevolle Loyalität und Treue der weiblichen Stier-Geborenen ihren Freundinnen und Freunden gegenüber ist eine ihrer liebenswertesten und am meisten geschätzten Eigenschaften. Wenn sie sich allerdings unsicher fühlt, führt dieselbe Qualität dazu, daß sie besitzergreifend reagiert. Wie die Erde kann sie ihre Gefühle nicht von einem zum anderen Augenblick ändern, und alle, denen sie ihre Liebe einmal geschenkt hat, empfinden sie als aufbauend, ruhig und ausdauernd.

Gaias Liebe zur Schönheit hat trotz ihrer Tiefe einen bittersüßen Beigeschmack dadurch, daß sie um die Vergänglichkeit weiß. Wenn dieses mondige Empfinden aufkommt, dann erfahren die Stier-Geborenen besondere Verzauberung und Verzückung, leiden aber auch am stärksten. In den ekstatischen griechischen Dionysos-Riten von Theben, bei denen nur Frauen Zutritt hatten, wurde das Leiden des Stier-Sohnes dargestellt. Der Gott-Sohn trägt bei seinem Kommen und bei seinem Scheiden eine goldene Maske, die stets das gleiche bittersüße Lächeln zeigt. Die Gaia des Stiers braucht keine Drogen, um "high" zu sein: mit ihrer Mondmusik und ihrem Mondtanz greift sie nach der Unendlichkeit.

In der Gemeinschaft mit der Mondin wendet Gaia ihre Augen von ihrer Schöpfung fort und läßt sich von den Schwingungen der Musik der Sphären mitnehmen; sie nimmt teil am Großen Tanz des Kosmos, kreist mit den Galaxien und folgt dem Lauf der Planeten. Seit Anbeginn der Zeit haben Menschen Kreis- und Spiraltänze getanzt und darin auf dem Boden unserer Erde die Muster des Kosmos wiederholt und gespiegelt. Als die Astronauten das erste Mal im All schwebten, waren sie fasziniert von der Schönheit und Majestät der Erde, die sich voll Farbe und Licht im dunklen Weltraum dreht. Wenn wir an Gaia als unsere Mutter denken, vergessen wir sehr oft ihre Schönheit. Einige von uns mußten sie erst verlassen und von außen her betrachten, damit uns wieder zu Bewußtsein kommen konnte, wie einmalig sie in ihrer Art ist - die vollendete Tänzerin, die Geliebte, die Mutter.

In seinem Buch *Gaia* hat Professor Lovelock ein völlig neues Bild unserer Erde gezeichnet, das die wissenschaftliche Welt weitgehend im Sturm erobert hat. Darin wird aus der Sicht heutiger Forscher bestätigt, was die Antike bereits über Gaia wußte: ihre zentrale Bedeutung für unser aller Leben. Nach Lovelock funktioniert Gaia, unsere Erde, wie ein einziger lebender Organismus, von dem wir nur ein kleiner Teil sind. Das "Ziel" dieses Organismus ist es, Leben entstehen und gedeihen zu lassen und es zu erhalten. So weist Lovelock z.B. darauf hin, wie die Erde offenbar die Temperatur und die Zusammensetzung der Luft (z.B. den Anteil an Sauerstoff oder Kohlenstoff) reguliert, um die für das Leben nötigen Bedingungen zu schaffen:

... *wenn es Gaia tatsächlich gibt, dann können wir uns vorstellen, daß wir und alles Leben auf der Erde Teile eines ungeheuer großen Wesens sind, das als Ganzes die Macht besitzt, unseren Planeten als passendes Habitat für das Leben zu erhalten.*

Das ist die Gaia der homerischen Dichter und der Antike, die "Kosmische Mutter, Älteste der Gottheiten", deren Symbole bis in unsere ganz frühe Vergangenheit zurückreichen, zu den alten Bildern der Göttin, die unendliche Fruchtbarkeit darstellen: die Mutter des Lebens, der *maya*, der Form. Es scheint, daß wir jetzt endlich den Reichtum und die Tiefe von Gaia, der Venus-Regentin des Stiers, wiederentdecken, und zwar in der Wissenschaft wie im Mythos, in der Symbolsprache wie im täglichen Leben. Bevor wir die Auswirkungen dieser Wiederentdeckung auf unsere Zukunft betrachten, möchte ich das Kapitel über Gaia mit einer kurzen Beschreibung einer sehr stiergemäßen Dichterin beschließen, die in ihrem Leben und in ihrem Werk sehr vielen Gaia-Qualitäten Ausdruck gibt: Sappho.

Sappho

Sapphos Gedichte hören und dann glücklich sterben - war Solons Kommentar zu den Werken dieser größten aller Dichterinnen. Sie steht am Anfang der griechisch-hellenischen Kultur, an deren Ende wir eine andere berühmte Frau, nämlich Hypatia, finden (s. Kapitel Zwilling). Sapphos Dichtungen wurden gesungen, wie alle frühen Gedichte, und ihre zauberhaften Rhythmen, ihre gefühlvollen Bilder und die Melodiosität ihrer Werke wirken selbst noch in den bruchstückhaften Übersetzungen, durch die wir sie heute kennenlernen. Obwohl es kein von ihr selbst aufgeschriebenes Werk gibt, sondern nur Fragmente in einer fremden Sprache, von Fremden niedergeschrieben, klingt das Echo ihrer Worte magisch nach bis in unsere Zeit, so daß wir, 2500 Jahre nach ihrem Tod, uns an ihrem Werk erfreuen und vollkommen einer Meinung mit den Griechen sein können, die sie einhellig als ihre größte Dichterin bezeichneten. Da nach Sapphos lyrischen Liebesgedichten keine Steigerung mehr möglich war, wandte sich das Genie der Griechen dem Drama zu.

Mit ihrer Liebe zu Form und Schönheit ist Sappho typisch Stier. Sie ist auch Stier in ihrem Sinn für Melodie und Rhythmus und in ihrer Sinnenfreude. Ihr Charakter, loyal, vital und stark, kommt in ihren sehr stiergemäßen Gedichten zum Ausdruck und zeigt sich vielleicht bis hin zu der starrköpfigen Entschlossenheit und Hartnäckigkeit, mit der sie an dem gewählten Beruf festhielt. Daß ihrem Ruf Schaden zugefügt wurde, geschah erst 200 Jahre nach ihrem Tod, als Athen die Peloponnesischen Kriege führte und bereits streng patriarchalisch war (und, nach Bascoul, eine beginnende feministische Bewegung im Keime erstickte).

Es ist interessant, daß Buddha traditionsgemäß Stier ist. Sappho, die Bindungen akzeptiert, erreicht die Transzendenz durch die Form, während Buddha, der Bindungen negiert, das Nirwana erreicht, indem er die Form ignoriert; es sind dies vielleicht weibliche und männliche Wege, die sich in verschiedenen Yogarichtungen niederschlagen - und die beide äußerst stiergemäß sind.

Stier im Patriarchat

Stier-Geborene sind von der Astrologie nie besonders positiv eingeschätzt worden. Weder ihre Führungsqualitäten (sie werden dem Feuer-Löwen zugesprochen!) noch ihre künstlerischen Gaben oder ihre Phantasie (sie gehören der Luft-Venus in der Waage und dem Feuer!) werden besonders genannt. Ihr Talent für Mathematik und für Musik wird vielleicht noch am Rande erwähnt, ihr mondhaftes Entzücken am Tanz jedoch gänzlich ignoriert. Als "weibliches" Erdzeichen (und deshalb "negativ") muß Stier in das von der patriarchalen Ideologie vorgegebene Klischee eingepaßt werden, daher wird ihre plumpe Körperkraft und ihre Ausrichtung aufs Materielle herausgestellt (womit die Liebe zur "Form" auf das Geringste reduziert wird). Stier-Geborene sind, so scheint es, erdhafte, solide Menschen, phantasielos, aber gemütlich (um nicht zu sagen: träge), es sei denn, jemand regt sie auf: dann explodieren sie in blinder Wut. Selbst ihre Sinnlichkeit wird ins Negative gewendet; Stier-

Geborene sind angeblich alle wie Falstaff: Trunkenbolde, Vielfraße, vulgären Genüssen zugetan, faul und indolent.

Kein Wunder, daß sich nur wenige Stier-Geborene gerne mit diesem Bild identifizieren. Wie ihre Schwestern Jungfrau und Steinbock wird auch die Stier-Frau gewöhnlich schlechtgemacht. Zur Zeit der mittelalterlichen Astrologie war das noch extremer, und Erde wurde, dem nachptolemäischen Denken folgend, als "kalt" und "trocken" beschrieben, als Staub einer *toten* Erde. Die patriarchale Denkweise mochte offensichtlich die reiche Fruchtbarkeit und tiefe Schöpferkraft der Erde nicht anerkennen.

Da Erde das Element ist, das am längsten in Bezug zu Frauen steht, und da Frauen unwiderruflich an ihren Qualitäten teilhaben, wurde es mit wachsender Stärke der Patriarchate zunehmend verteufelt. Die Praxis männlicher Oberhoheit und Unterwerfung der Frauen fand ihren Widerhall in der Ideologie von den Geschlechtern, die sich in Symbol und Bild niederschlägt. So wurden die Elemente hierarchisch geordnet, wobei die alte Folge von Wasser-Feuer-Erde-Luft verworfen und durch eine neue ersetzt wurde, bei der Erde und Wasser die untersten Sprossen der Leiter darstellten. So wie sich die Beziehung der Geschlechter zueinander veränderte, geschah dies auch mit der Beziehung zwischen dem Menschen/dem Mann und der Natur (das engl. Wort "man" hat zwei Bedeutungen, "Mann" und "Mensch" - Anm.d.Übers.): Sie verwandelte sich in eine Situation von Herrschaft und Ausbeutung. Diese höchst unstiergemäße Betrachtungsweise unseres Lebenszwecks auf dieser Erde wird erst seit kurzer Zeit und auch nur von wenigen Menschen in Frage gestellt. Da die Anzahl der aussterbenden Tier- und Pflanzenarten von Tag zu Tag zunimmt (was sowohl auf die Überbevölkerung unseres Planeten als auch auf unsere Technologie zurückzuführen ist), müssen wir Menschen für Gaia, unsere Erde, wie ein Virus, wie ein bösartiges Krebsgeschwür sein - und nicht etwa die "Krone der Schöpfung".

Der vernichtendste Schlag, den das Tierkreiszeichen Stier durch das Patriarchat erlitten hat, ist der Angriff auf die Sinnlichkeit der Frauen. Im vor-viktorianischen England erklärte die christliche Kirche die Frauen zu wollüstigen Geschöpfen, "tierhaft" in ihrer Natur, die die (vorgeblich hilflosen) Männer durch ihre Verführungskünste vom Pfad der Tugend lockten. Die aufrechten Kirchenmänner blickten mit Abscheu auf den natürlichen Vorgang der Geburt, da dabei höchst sündhaft das Fleisch und das Leben gefeiert und die Christenmenschen von ihren geistlichen Werten weggeführt würden. Auch ohne das Zutun der christlichen Kirche (das von Karen Armstrong in ihrem Buch *The Gospel According to Women* gut dokumentiert ist) waren schon die frühen Patriarchate sinnenfeindlich (wir brauchen nur an die vielen Vergewaltigungen durch Zeus zu denken). Das Patriarchat ist auf Sex aus, nicht auf Sinnlichkeit. Wenn wir Anklageschriften aus Babylon lesen, finden wir dort die gleichen Sexualverbrechen, die Männer an Frauen und Kindern begingen, wie es sie heute gibt.

Wir entdecken heute etwas von den alten Stier-Weisheiten wieder neu und begreifen besser die gegenseitige Abhängigkeit von Natur und Mensch. Schließlich sind wir ein Teil der Natur. Dieses wachsende Verständnis hat u.a. dazu geführt, daß neue, "sanfte" Anbaumethoden in der Landwirtschaft und politische Parteien wie die "Grünen" entstanden sind; Aufforstungen erneuern die Wälder, und wir fühlen uns wieder mehr daheim in unserem Körper - Fleisch und Geist gehen wieder eine Verbindung ein. Wahrscheinlich ist es kein Zufall, daß die neue Sorgfalt im Umgang mit der Natur (wie mit uns selbst) in jenen Ländern begonnen hat, wo Frauen einen besseren Status, Gleichberechtigung und politisches Gewicht erlangt haben, wo also das Patriarchat endlich etwas zurückweicht. Wenn wir den weiblichen Stierqualitäten wieder ihren Stellenwert zurückgeben, werden Stier-Frauen als Wegbereiterinnen beim Bau unserer Zukunft dabei sein - einer besseren Zukunft für Gaia, unsere Erde, und damit für uns alle.

JUNGFRAU ♍

Element: Erde
Qualität: veränderlich
Symbolbild: Die Jungfrau
Regent: Merkur
Regentin: Artemis; die Intellektuellen

Jungfrau in Stichworten: klug, kritisch, freundlich, interessiert, scheu, scharfsinnig

Jungfrau-Geborene sind die intellektuellen Genauen des Tierkreises, die in einem Meer von Fakten die dahinterliegende Ordnung suchen. Sie sind objektiv, kühl, analytisch, machen feine Unterschiede, vergleichen und sind kritisch (besonders auch sich selbst gegenüber). Ihre Hypernervosität betrifft auch ihre Gefühle. Sie reagieren auf geistige Schwingungen und sind ständig dabei, ihre Umgebung zu beobachten. Ihr Zeichen ist das des professionellen Dienstes. Jungfrau-Geborene wägen zehnmal das Für und Wider ab, sie folgen lieber ihrem Schicksal, als daß sie es herausfordern, sind eher aufnahmebereit als initiativ. Ihr Verstand jedoch ist scharf wie eine Klinge, ihre Reaktionen sind subtil, und Einfühlsamkeit ist bei ihnen besonders ausgeprägt. Sie fühlen sich zu Menschen des eigenen Geschlechts hingezogen, sie schließen gern Freundschaften und teilen mit anderen; plumpes, lautes und vulgäres Verhalten stößt sie ab. Sie sind grundsätzlich freundlich, haben jedoch auch Spaß an spielerischer Herausforderung. Darüberhinaus sind sie für sich selbst die beste Ärztin und der beste Arzt.

Die Jungfrau-Charakteristika sind am stärksten, wenn die Sonne, der Mond oder der Aszendent in der Jungfrau steht.

Symbolbild: Die Jungfrau

Jungfrau ist, abgesehen von den Zwillingen, das einzige Zeichen, das durch eine menschliche Gestalt ausgedrückt wird. Ungleich den Zwillingen, die männlich und weiblich dargestellt sind, ist die Jungfrau ausschließlich weiblich. Der traditionelle Regent beider Zeichen ist Merkur, der Planet der Sprache, der Kommunikation und des Geistes; und in der Jungfrau findet Merkur seine vollkommene Entwicklung.

Das Symbol der Jungfrau steht für den Inbegriff von Integrität und Vollkommenheit (Reife), für eine einzigartige Objektivität, die es dem Verstand ermöglicht, auf höchster Ebene zu arbeiten. So spiegelt sich die Reinheit der Form der Jungfrau in der Reinheit ihres Intellekts wider. Sie symbolisiert Unabhängigkeit und Freiheit in bezug auf Sexualität und Leidenschaft ebenso wie in bezug auf gesellschaftliches Streben nach Anerkennung, was sich in ihrem absoluten Denken und ihrer Spiritualität äußert. Im Zusammenhang mit der Merkur-Verwirklichung bedeutet das Bild der Jungfrau den klaren, von fleischlichen Gelüsten und weltlichen Dingen unbeeinflußten Verstand, der sein volles Potential ungestört ausschöpfen kann. Gleichzeitig verpflichtet ihr Erd-Charakter sie dem Dienst an der Menschheit in einem umfassenden Sinn (das 6. Haus der Jungfrau wird ja das Haus des Dienstes genannt), und gibt damit dem scharfgeschliffenen merkurischen Intellekt die Möglichkeit, sich praktisch auszuwirken. Die Jungfrau hat als einzige im Tierkreis den ungetrübten ganzheitlich denkenden Verstand, der seine Unbestechlichkeit nie aufgibt. Damit können ihre Gedanken wie ein Schwert die Sentimentalitäten und Vorurteile des täglichen Lebens durchschneiden und unsere Platitüden in ihrer Scheinheiligkeit ans Licht bringen - wie alle, die je jungfräulicher Kritik ausgesetzt waren, aus Erfahrung wissen! Allerdings übt die Jungfrau ebensoviel Kritik an sich selbst wie an anderen - und sie tut das eigentlich nur darum, weil sie rastlos auf der Suche nach Vollkommenheit ist und weil ihr scharfer Verstand ihr immer wieder anzeigt, daß zum erwünschten Ziel noch ein gutes Stück fehlt. Jungfrau war für uns schon immer ein Symbol für Vollkommenheit, für einen Idealzustand, der in sich perfekt ist. Im Symbol Jungfrau finden wir die Schöpfung Mensch in ihrer Integrität dargestellt, in der sich Geist, Körper und Seele vereinen, in ihrer einzigartigen unversehrten Ordnung, die ihre Erd-Schwester, die Stier-Gaia, ihr verliehen hat.

Das Bild der Jungfrau symbolisierte ursprünglich nicht den Zustand vor der Aufnahme einer sexuellen Beziehung. Erst unter dem Patriarchat wurden Mädchen bzw. Frauen als Jungfrauen bezeichnet, solange sie nicht verheiratet waren (so bei den Griechen) oder noch keinen Sex hatten (so bei den Christen), was den Schluß nahe legt, es handele sich bei Jungfräulichkeit um ein Übergangsstadium vor der eigentlichen "Erfüllung" bzw. vor dem "sexuellen Vollzug"! Jungfrau ist keineswegs ein anti-sexuelles Symbol. Die Askese, die patriarchale Verfälschung der Jungfräulichkeit, wurde von gequälten Männern in dem Bemühen praktiziert, ihre Sinne zu bezwingen. Askese war jedoch kein Merkmal der jungfräulichen Jungfrau in ihrer ursprünglichen Form. Erst im Patriarchat wird Ehelosigkeit (der Zölibat) zur Verneinung des Weltlichen, zu einer Auspeitschung des Körpers und der Sinne in dem Bemühen, alte Weisheiten wiederzuerlangen oder neue unter das Volk zu bringen. Der männliche Mystiker ist eine Kopie der zölibatär lebenden Jungfrau. Dieser wurde selbstverständlich nicht als Jungfrau bezeichnet. Im Patriarchat war Jungfrau eine Bezeichnung, die für heiratswillige, "unberührte" Frauen verwendet wurde. Heirateten sie nicht, so wurden sie alte Jungfern genannt, oder Nonnen. Selbst Nonnen wurden sexuell definiert; sie erhielten den Titel "Bräute Christi". Mönche dagegen wurden niemals als "Bräutigam" oder wenigstens als "Sohn" bezeichnet, sondern wurden als die wahren im Zölibat Lebenden angesehen. Die Jungfrau, so scheint es, kann nicht wahrhaft zölibatär leben; es wird angenommen, sie könne nur dann glücklich sein, wenn sie einen Ehemann findet oder einem männlichen Gott dient.

Vom Standpunkt eines Mannes her mag dieses Bild ja attraktiv sein, für die Frau jedoch ist es eine Katastrophe. Ein wahrhaftigeres Bild der jungfräulichen Jungfrau-Frau zeigt uns die Geschichte der Agnodike, die ich später erzählen werde. *Vorher wäre es jedoch nützlich, einige der alten, ursprünglichen Bedeutungen des Symbols Jungfrau zu entdecken, um zu sehen, wie sie unser Verständnis des Zeichens erweitern können.*

Im frühen Altertum war Jungfrau "die Einzige", "die Einmalige", und symbolisierte das Potential einer Göttin, der Ersten Schöpferin, die aus sich heraus Leben schuf und folglich keinen Partner brauchte. So konnten Isis und Artemis "jungfräuliche Mütter" genannt werden, ohne daß dies zu einer Verständnisschwierigkeit führte. Die Großen Göttinnen der unterschiedlichsten Kulturen hatten nahezu alle diesen Doppel-Titel. Die Alten kannten auch den Zusammenhang zwischen Jungfräulichkeit bzw. Ehelosigkeit und göttlicher Weisheit und Inspiration, bei der der Geist sich ungehindert höherentwickeln kann. Sie sahen auch den Zusammenhang mit selbstlosem Helfen, Mitgefühl und spirituellem Beistand, weil dadurch der Geist von selbstsüchtigen Motiven und persönlichen Vorurteilen frei wird. Die Priesterinnen des Heiligtums der pythischen Artemis in Delos lebten zölibatär und waren rituell von den normalen Dingen des gesellschaftlichen Lebens getrennt. In allen größeren, männlich bestimmten Religionen wurde dieser rituelle Rückzug aus dem Weltlichen in der Tradition von jungfräulichem Zölibat selbstverständlich durch Priester fortgesetzt. Die Magier der Chaldäer lebten ebenso im Zölibat, wie dies heute die Priester der römisch-katholischen Kirche und der orthodoxen Ostkirche tun. Die Jungfrau hat sich bis heute, wenn auch in männlicher Verkleidung, ihre ursprüngliche, heilige Bedeutung erhalten.

Jungfrau ist ein veränderliches Zeichen, und das Symbol steht für ihre Intuition und ihre Fähigkeit, auf andere einzugehen. Die Jungfrau-Geborenen ergreifen nicht leicht selbst die Initiative, reagieren aber auf die Bedürfnisse anderer. Die sensible Reaktion auf kleinste Unterschiede in Stimme und Ton, auf die feineren Ausdrucks- und Gefühlsnuancen, ist bei ihnen stärker ausgeprägt als bei allen anderen Zeichen. Es wird gesagt, daß Jungfrau-Geborene oft nach außen hin kühl reagieren und damit weniger sensibel erscheinen als die Fische-Geborenen. Dies ist allerdings nur deshalb so, weil sie befürchten, durch das Ansprechen einer bestimmten Situation die Dinge für andere zu verschlimmern. Diese Jungfrau-Sensibilität ist wunderschön im Jungfrau-Symbol verkörpert, wenn wir es in seiner ursprünglichen Bedeutung sehen: die Jungfrau in ihrer integren Vollkommenheit, unberührt von der Welt, eingestimmt auf die höheren Schwingungen von Luft und Erde in ihrer Harmonie.

Weil die Jungfrau die Bedürfnisse der Menschheit spürt, richtet sie ihren klaren Geist auf unsere Bemühungen aus, Ordnung und Vollkommenheit in unser Leben zu bringen. Daher ist es traditionsgemäß sie, die die Menschen das Schreiben, Lesen und Rechnen sowie die Kunst des Messens und Aufzeichnens lehrt. Als griechische Themis war sie für die Ordnung und den Kalender zuständig, war Mutter der Jahreszeiten und der Geschicke; sie lehrte König Evander die Schrift. Als Seschat ist sie die Göttin der Maße und des Schreibens - sie vermerkt den Namen des Pharaos auf dem Baum des Lebens und die Zahl seiner Erdenjahre als Sterblicher. Später heiratet sie Ptah, der mit dem Mond identifiziert wird, der der Schreiber Gottes war und Herr der Magie; der Astronomie, Mathematik und Technik entwickelte (wiederum die männliche Übernahme nahezu aller Jungfrau-Talente!).

Was uns Frauen von dem früheren göttlichen Bild der Jungfrau heute geblieben ist, ist die Jungfrau Maria, die Mutter Christi. Sie ist die Mutter des Mitgefühls, die die Tränen der Welt sammelt. Von vielen gläubigen Katholiken wird sie als göttliche Mutter verehrt und ist für sie in ihrer Heiligkeit und Majestät ihrem Sohne gleich. So anziehend ihr Bild auch sein mag, ging doch im Patriarchat einiges an Symbolgehalt und tieferer Bedeutung verloren. Ihre Jungfräulichkeit wird zu oft als ein ihr von einem männlichen Gott auferlegtes Zölibat betrachtet, das ihm die Möglichkeit gibt, sie durch seinen Heiligen Geist zu befruchten. Die Jungfräulichkeit gehört jedoch untrennbar zu Maria und weist sie als reinen Geist aus, als die Göttin, die den Sohn gebiert, der sich für die Zukunft der Menschheit opfert. Wiederum wird die Jungfrau Maria oft als nur passiv, fügsam, auf das Wort eines Mannes wartend dargestellt (eine im Patriarchat beliebte Vorstellung). Um die Jungfrau in ihren wahren Qualitäten, ihrem eigentlichen, aktiveren Selbst kennenzulernen, müssen wir weiter zurück gehen. Die Geschichte von Agnodike (einer griechischen Jungfrau, die um 300 v.u.Z. lebte), beleuchtet die Facetten der Jungfrau, die häufig ignoriert werden.

Die Jungfrau taucht auch immer wieder in unseren Märchen auf, die ja alte Symbole überliefern. Hier ist sie die jungfräuliche Prinzessin, die kalte, unnahbare Eis-Jungfrau, die von Männern verehrt und umkämpft wird, aber höchst selten selbst etwas tun muß. Andererseits regiert sie das wahrscheinlich aktivste Haus im Horoskop, das sechste Haus der Gesundheit und der Arbeit, der Berufe, die unseren lebensnotwendigen Bedürfnissen dienen (hier wird häufig von "Dienen" gesprochen; damit ist aber nicht die Arbeit des Dienstpersonals in der so beliebten Literatur des 19. Jahrhunderts gemeint). Da ist ihr feingeschliffener, analytischer Verstand, ihre kühle Objektivität in den von ihr bevorzugten Gebieten Medizin, Botanik, alternative Gesundheitsvorsorge, Ernährung und Nahrung, Rechnungswesen, Vermessung und Forschung jeder Art; da ist ihr Geschick, Ordnung ins Heim oder Büro zu bringen, Fakten und Zahlen zu beherrschen; sie klassifiziert und vergleicht, ihr Geist ist fähig und klar, höchst aktiv und lebendig (daher geht ständig viel in ihr vor, was zu oftmaligem Grübeln und zur Unschlüssigkeit der Jungfrau-Geborenen führt). Im Erdzeichen Jungfrau, verankert in ihrem Streben nach vollkommener Ordnung und Form, bekommen die rastlosen, forschenden, nervösen Energien des Merkur schließlich Gestalt und Substanz und tragen dazu bei, unser aller Leben zu bewahren und die Ordnung aufrechtzuerhalten. Als Priesterin der Mond-Artemis, die uns Tag und Nacht beschützt, symbolisiert die Jungfrau in ihrer edelsten Ausprägung diejenige, die das Heilige hütet, die die Weisheit der Mondin für die Menschheit bewahrt.

Ihrer Regentin Artemis, in der sich Merkur in höchster Vollkommenheit ausdrückt, sowie ihrer Entsprechung in der Jungfrau Agnodike möchte ich mich jetzt zuwenden.

Regentin: Artemis (und Agnodike)

Artemis war immer mit Mond und Merkur verbunden. Sie ist Artemis mit dem silbernen Bogen, Tochter von Leto, der weißen Schwanin, Zwillingsschwester des Apoll, "schöner als alle Kinder des Himmels, voll Entzücken schießt sie ihre Pfeile" (so heißt es bei Homer). Ihre Pfeile sind die des Intellekts, scharf geschliffen, schnell und unpersönlich, und in ihrem Tempel in Delphi befaßten sich ihre Priesterinnen mit Politik, Recht und Moral ebenso wie mit Heilung. Ihre Priesterin wurde Pythia (Schlange) genannt und war dafür bekannt, gegen Schlangenbisse immun zu sein. Als Heiligtum der Artemis von Pythia war ihr Schrein in der ganzen Ägäis für Heilkunst und Weissagung berühmt. Ihre Priesterinnen lebten zölibatär.

Artemis liebt die bewaldeten Höhen, das wilde, unberührte Land, an dem die Musen sich erfreuten. Zu ihr gehören Urania, die Muse der Astronomie, und Klio, die ein Gerät zur Zeitmessung mit sich trägt. Sie teilen mit ihr die Unempfindlichkeit gegen Schlangengift, genauso wie die Priester des Thoh, des ägyptischen, männlichen Merkur. Die Schlange war schon lange das Symbol für intellektuelle Weisheit: kühl, wissend und langlebig; sie scheint schon in sehr alter Zeit in Astronomie und Medizin übernommen worden zu sein. In Artemis spiegelt sich die Kühle und Objektivität der Schlange und ihr unpersönlicher Intellekt (wie in den meisten Jungfrauen). In diesem Sinne ist sie der erste wahre Profi.

Die Verbindung der Artemis mit Merkur in der Jungfrau ist hier sofort offensichtlich. Sie erklärt das typische Zögern der Jungfrau, wenn es darum geht, um Gefälligkeiten zu bitten - schließlich ist sie daran gewöhnt, daß die Leute mit Anliegen zu ihr kommen und sie um eine Gefälligkeit ersuchen! Durch ihre Verbindung zur Mondin erinnert uns Artemis an die Freude der Jungfrau an Mond-Wissen. Unser Wort Mathematik stammt von "mathesis", wörtlich übersetzt *ma* = Mutter, *thesis* = lernen, und die Bezeichnung "mathematici" bedeutete "gelehrte Mütter". So wie die ersten Kalender Mondkalender waren, waren die ersten Lehrerinnen die gelehrten Mütter. Die Einteilung der Jahre, die Navigation, das Beobachten der Gestirne, um die Bewegung der Erde und der Planeten zu studieren - all dies gehört ebenso wie Botanik und Medizin zu den Fähigkeiten der gelehrten Mütter. Im alten Ägypten gab es Frauen, die als Schreiberinnen arbeiteten, die Astronominnen, Baumeisterinnen und Mathematikerinnen waren und die bis in klassische Zeiten als Ärztinnen wirkten. Im alten Sumer gab es Richterinnen und Frauen, die im Älte-

stenrat vertreten waren und die Duftstoffe herstellten, also als frühe Chemikerinnen bezeichnet werden können. Chemie und Medizin (die Verbindung Skorpion – Jungfrau) waren die beiden Berufszweige, die Frauen im Nahen Osten auch weiterhin offenstanden, als sich die Systeme schon patriarchalisch verhärtet hatten.

Artemis ist ohne Zweifel eine vor-olympische Göttin, die ursprünglich vielleicht von Thrakien nach Griechenland kam - Thrakien war ja, laut Hesiod, das Heim der Musen. Nach Herodots Beschreibung "leben die Thraker inmitten hoher bewaldeter und schneegekrönter Berge. Ihr Orakel ist auf der höchsten Bergspitze, und sie haben eine Priesterin". Artemis wird auch mit Diana, der römischen Mond- und Jagdgöttin, in Verbindung gebracht, die ebenfalls in schattigen Wäldern und in den Bergen zu finden ist. Heutzutage haben ihre Pfeile der kritischen Differenzierung (mit denen sie Naturerscheinungen zwar analysiert, aber keinesfalls die Harmonie mit ihnen stört) ihre ursprüngliche Bedeutung weitgehend verloren. Den römischen Legionären und den kriegerischen Griechen dienten ihre Pfeile nur mehr der Tötung wilder Tiere - welch traurige Folge patriarchalen Denkens! Die Verzerrung der ursprünglichen Bedeutung wird auch offensichtlich, wenn wir den Ausdruck der Artemis in der Jungfrau betrachten. Jungfrau-Geborene haben einen naturgegebenen Abscheu vor dem Töten (zu brutal und vulgär!), und ihr Nervensystem reagiert mit Blockaden, wenn sie es tun müssen. (Manche bekommen dabei sogar große Schmerzen im Steißbeinbereich.) Ein Geschöpf nach dessen Tod zu sezieren und zu analysieren macht ihnen allerdings nichts aus, denn das entspricht ihrem analytischen Geist. Trotzdem ist die Jungfrau im Vergleich zu anderen Zeichen eher vegetarisch ausgerichtet.

Daß so wenig über den scharfen Intellekt der Jungfrau und ihre Fähigkeit des Systematisierens zu hören ist, hat vielleicht damit zu tun, daß Männer es schwer ertragen, wenn das Zeichen, das von der ersten Intellektuellen - Artemis - regiert wird, weiblich ist. Die antike Wissenschaft basierte, genauso wie die heutige, auf Zahlen und Maßen. Artemis regierte wahrscheinlich auch die Anwendung der Astronomie zum Zwecke der Navigation und für kalendarische Aufzeichnungen (was später Apollon tat), also die angewandte Mathematik - im Gegensatz zur "reinen" Mathematik des Stiers. Der Höhepunkt in der Entwicklung dieser Kunst ist die minutiöse Mathematik, die sich in Steinkreisen, Observatorien und Ritualstätten, wie zum Beispiel Stonehenge, ausgedrückt

hat. Die leidenschaftliche Neigung der Jungfrau-Geborenen zu Selbstkritik und Perfektion ist der ideale Ansporn für ihren Intellekt. In den wunderbaren und geheimnisvollen großen Steinkreisen - den Monumenten einer vergangenen Kultur und Wissenschaft, die wir immer noch nicht ganz verstehen - findet sich das perfekte Zusammenspiel von Erde und Luft, von konkreten und mentalen Kräften, geistgeschaffene Form im Dienste der Menschen.

Mond-Weisheit verbindet Artemis mit Bastet, der Katzen-Göttin, deren hohe Zeit um 900 v.u.Z. war. Sie wurde als ein Sonnen-(Löwe-)-Symbol und als Mond-Göttin, als das (weibliche) Auge des Horus bzw. Ra verehrt. Wie die Katze bleibt Artemis (und die Jungfrau) im Grunde unabhängig, wie die Katze ist sie feinsinnig und vornehm, sie kann grausam sein, ist dabei aber nicht bösartig. In bezug auf Sexualität liebt die Jungfrau die spielerische Jagd, wie auch Artemis sie schätzt, auf einer subtilen geistigen Ebene. Jungfrauen fühlen sich angezogen von feinen, zarten Dingen, zum Beispiel von der Form eines schlanken Halses, der zarten erotischen Berührung von Händen - alles Laute und Vulgäre stößt sie auch in dieser Beziehung ab.

Das Ärgste, das man Artemis hat antun können, war, sie in eine Göttin der Fruchtbarkeit und des Gebärens umzufunktionieren, indem man sie mit der Artemis von Ephesus vertauschte (Artemis war ein recht häufiger Name in Griechenland). Diese Artemis ist der Grund für die Fehlinterpretation eines Berichtes von Herodot. Er schreibt: "Wenn die thrakischen und paionischen Frauen der Artemis (Basileia) opfern, bringen sie die Gaben auch in Weizenhalme gehüllt herbei." Ein Überrest dieses alten Rituals sind die Strohpuppen, die noch heute in vielen Teilen Europas aufgestellt werden. Dies jedoch so zu interpretieren, daß Artemis eine Fruchtbarkeitsgöttin sei, bedeutet, das Ritual in die falsche Jahreszeit zu verlegen! Fruchtbarkeitsrituale im Jahreslauf des Ackerbaus gibt es nur im Frühling. Nach der Ernte ist die Zeit des Danksagens für die vergangenen Monate des Wachstums, die nach dem Mondkalender der Artemis unterstehen. Dann ist die Zeit der Heilkunst, für Sammeln und Trocknen von Kräutern und für die Kunst, die Zeit vor dem Winter kalendermäßig zu planen. Es ist dies auch die Zeit, in der die großen Rituale beginnen, in der sich die Schlange über Jungfrau, Waage und Skorpion erstreckt. Das Symbol für Jungfrau stellt die Schlange dar,

♍ den Kopf mit geöffnetem Maul (und mit den Giftzähnen) in der Erde vergraben. (Ob du einer Schlange heilender Weisheit begegnest, wenn Du auf eine Jungfrau triffst, oder einer Schlange der erbarmungslosen Kritik, hängt davon ab, in welcher Stimmung ihr aufeinandertrefft.) Jungfrau schließt die Schlangenkraft ein, die das ganze Universum durchfließt, und bringt sie zum Heil der Menschheit ein. Nur im kühlen Denken der Artemis ist wahre Weissagung möglich.

In Artemis ist der aufmerksame, reagierende und aufnahmebereite Geist von Merkur am stärksten ausgeprägt. Ihrer scharfgeschliffenen Intelligenz wurde in den neuen patriarchalen und kriegerischen Kulturen kein Raum gegeben. Vielleicht ist es das einzige, was man in schlechten Zeiten tun kann: sich auf sich selbst zurückzuziehen, um integer zu bleiben. Als kalt und herzlos bezeichnet zu werden, ist natürlich für das innerlichste Zeichen der Humanität völlig unangemessen, trotzdem haben Jungfrau und Artemis immer wieder darunter zu leiden. Hinter der griechischen Artemis steht die Integrität des Geistes, eine höchst wertvolle und göttliche Eigenschaft, ohne die wir verloren sind.

Agnodike

Ich möchte dieses Kapitel gerne mit einer Geschichte beenden, die Artemis in der Jungfrau im "wirklichen Leben" zeigt. Es ist dies die Geschichte der Agnodike, die ca. 300 v.u.Z. in Griechenland lebte. Um den Hintergrund zu beleuchten, zitiere ich einen Bericht von Hyginus:

"Bei den gebildeten Athenern gab es einst ein Gesetz, nach dem es Frauen bei Todesstrafe untersagt war, Medizin oder Physik zu studieren. Dieses Gesetz hatte einige Zeit Gültigkeit, während der viele Frauen im Kindbett oder an Frauenkrankheiten starben, weil ihr Schamgefühl ihnen verbot, sich von einem Mann entbinden oder behandeln zu lassen." (Vermutlich hatten sie auch Furcht vor männlicher Inkompetenz!) Agnodike, typische Jungfrau und daher äußerst interessiert an allem, was mit Gesundheitspflege zu tun hat, und von dem Wunsche beseelt, ihren Verstand zu nutzen, findet einen Weg, dieses Gesetz zu umgehen. Als Mann verkleidet, geht sie nach Alexandria und studiert dort unter dem berühmten Herophilus (zu einem Zeitpunkt, da bereits alle Frauen vom Medizinstudium ausgeschlossen sind). Sie kehrt - immer noch als Mann verkleidet - nach Griechenland zurück, richtet eine Praxis ein und hat sehr großen Erfolg, besonders bei Frauen. (Es wird übrigens angenommen, daß sie dies gemeinsam mit anderen Frauen geplant hatte. Bemerkenswert dabei ist einerseits die Jungfrau-Gründlichkeit bei Planung und Durchführung ihres Entschlusses, andererseits ihr Eingehen auf die Bedürfnisse der Frauen - beides typische Jungfrau-Kennzeichen.)

Die männlichen Kollegen werden natürlich eifersüchtig und beschuldigen Agnodike, "die Ehefrauen zu verderben", worauf sie sich als Frau zu erkennen gibt und die Männer in Verwirrung und Peinlichkeit zurückläßt. Jetzt ist sie jedoch in Gefahr, wegen Gesetzesverletzung verurteilt zu werden.

Hier nun haben wir einen der wenigen Berichte über Frauenwiderstand:

... sie betraten das Haus (des Obersten Richters), das von den Frauen der Stadt umringt war, traten vor die Richter und sagten, sie würden sie nicht weiter als Gatten und Freunde, sondern als ihre ärgsten Feinde, betrachten ... würde sie hingerichtet, dann würden sie alle mit ihr sterben.

Angesichts dieses Aufstandes geben die Richter nach; Agnodike wird freigesprochen und erhält die Erlaubnis, zu praktizieren und sich zu kleiden, wie sie es wünscht. Das Gesetz wird infolgedessen dahingehend geändert, daß weibliche Ärzte Frauen behandeln dürfen - aber keinesfalls Männer, das ist klar!

Agnodike ist eine wahre Jungfrau-'Jungfrau' in der Art, wie sie als Single lebt. Wie sehr unterscheidet sie sich doch von den passiven Jungfrauen späterer Geschichten, die sich alles vorschreiben lassen (oder nur darauf warten, von einem Mann erobert oder geheiratet zu werden). In Agnodike können wir den scharfen Jungfrau-Intellekt erkennen, ihr Interesse an allem, was mit Gesundheit und Medizin zu tun hat, ihre professionelle Objektivität als praktizierende Ärztin. Wir sehen in ihr auch die Jungfrau-Artemis-Solidarität dem eigenen Geschlecht gegenüber. (Jungfrau-geborene Männer können sich gewöhnlich mit der patriarchalen Macho-Gesellschaft nur sehr schwer identifizieren.) Auch wird hier die Verbindung zwischen Artemis-Jungfrau und Geburt und zwischen Jungfrau und Hebamme illustriert. Als Ärztin und Kräuterkundige hatte die Jungfrau-Artemis selbstverständlich auch mit Schwangerschaft und Geburt zu tun - vielleicht war das dramatische Ansteigen der Gefahren für Frauen im Kindbett ein direktes Ergebnis des Ausschlusses von Frauen aus allen medizinischen Schulen (außer in Ägypten), nachdem Hippokrates von Kos seine rein männliche Institution eingerichtet hatte. Die Jungfrau-Artemis wird auch als Göttin der Geburt bezeichnet, und zwar nicht deshalb, weil sie mit der Artemis von Ephesus, der Frühlings- und Fruchtbarkeitsgöttin des Stiers, in Zusammenhang steht, sondern wegen ihrer Verbindung zur Medizin, zum herbstlichen Sammeln von Kräutern zu Beginn der Rituale der Großen Schlange und wegen ihrer Präsenz als Heilerin während Schwangerschaft und Geburt.

Wir haben es Agnodike zu verdanken, daß die Medizin Frauen in einigen Ländern weiterhin offenstand, selbst während des "finsteren" Mittelalters. Intellektuelle Frauen, meist Damen der gehobenen Gesellschaft, behielten ihr Ansehen in Byzanz, bei den Arabern und entlang des Mittelmeeres. Die Jungfrau-Intellektuelle "unterzukriegen", war für das Patriarchat das Schwerste - kein Wunder bei ihrem Superhirn! Selbst unter dem "strengeren" Patriarchat des Protestantismus beschäftigten sich Frauen mit Botanik und Biologie, mit der Erforschung und Klassifizierung der Natur, mit Astronomie und Mathematik. Universitätsstudium, Berufsausbildung und Status wurde ihnen verwehrt, und doch brach sich ihr Intellekt Bahn, vergleichend, strukturierend, analysierend, Ordnung schaffend im Dienst an der Menschheit.

Da in verschiedenen Teilen der Welt das Patriarchat seinen Griff lockert, ist es möglich, daß eine Rückkehr zu Mond-Wissen, zur Weisheit der Artemis-Jungfrau, der Jungfrau und Mutter, stattfindet. Das steigende Interesse an einer ganzheitlichen alternativen Vorsorge-Medizin, das Wissen um unsere ökologische Wechselbeziehung zu Natur und Kosmos, das die wachsende Beteiligung von Frauen im öffentlichen und beruflichen Bereich begleitet, ist ein gutes Zeichen. Angesichts der großen ökologischen Katastrophen, die uns möglicherweise bevorstehen, kann uns vielleicht allein die Jungfrau mit ihrem kritischen, analytischen und vergleichenden Verstand vor dem Abgrund retten!

Jungfrau im Patriarchat

Wie zu erwarten, hat die Interpretation der Erd-Jungfrau unter dem Patriarchat zu leiden gehabt. Denn Jungfrau ist ein weibliches Zeichen, und der "männliche" Merkur kann deshalb seine Kräfte in ihr nicht vollständig ausdrücken. So beschert uns die konventionelle Astrologie die lächerliche Situation der Merkur-Regentschaft im Zeichen Jungfrau, in dem er zwar erhöht steht, aber doch nicht seinen höchsten Ausdruck finden kann. Wie oft mögen Astrologen sich danach gesehnt haben, die Merkur-Erhöhung irgendwo anders hinzusetzen!

Dies ist, wenn nicht auch anderes, ein sehr guter Hinweis auf die vorpatriarchale Wesensart der Astrologiesymbole. Daß Regentschaft und Erhöhung der Jungfrau ungebrochen erhalten geblieben sind, ist Ausdruck der Kraft einer Tradition und des Respekts, der ihr in der Astrologie gezollt wurde. Interpretationen, die in Worte gekleidet sind, nehmen unvermeidlich den Tenor und Charakter kultureller Voreingenommenheiten in sich auf, in denen sie gefangen sind.

So wird die Intellektualität der Jungfrau in der patriarchalen Gesellschaft immer heruntergemacht, denn der Intellekt wird als "männlich", nicht als "weiblich" gesehen. Diese Vorstellung stammt aus dem alten Griechenland - Platos idealer Staat wurde von männlichen Philosophen regiert, wenn er auch Frauen zugestand, lernfähig zu sein. Das Eingeständnis unserer Gesellschaft, daß Frauen genauso intelligent sind wie Männer, gibt es noch nicht lange: erst nach 1945 wurden akademische Grade von Frauen als denen der Männer gleichwertig anerkannt. Bis dahin galt, daß die Fähigkeit zu Analyse, Vergleich und kritischer Unterscheidung in Beschreibungen des Tierkreiszeichens Jungfrau oft nur nebenbei auftauchte. Ihr Talent, Fakten und Konzepte zu ordnen, zu kodifizieren und klassifizieren und Modelle zu erstellen, wird meist als "sich in Einzelheiten verlieren" oder "perfekte Hausfrau" heruntergemacht. Es heißt, Jungfrau-Geborene seien zwar klug, aber engstirnig, sie sähen "den Wald vor lauter Bäumen nicht" - kaum zu begreifen, daß sie unter diesen Voraussetzungen in früherer Zeit mit Kräuterkunde und ganzheitlicher Medizin in Verbindung gebracht werden konnten! Die anerkannte "Klarheit" des Jungfrau-Zeichens ist nie mit ihrem "klaren" Intellekt in Verbindung gesehen worden - wie sollte sie auch, wenn der klare Intellekt doch männlich ist!

Für die patriarchale Vorstellung von Intelligenz hat die Jungfrau zu wenig "Ellenbogentechnik". Diese Vorstellung sieht Intelligenz eher im Vorwärtsstürmen und der intellektuellen Schärfe des Schützen oder dem sprühenden Geist des Zwillings (Schütze und Zwilling sind in der konventionellen Astrologie "männliche" Zeichen). Die stille Rastlosigkeit des Jungfrau-Intellekts, aktiv, doch nie drängend, reflektiert für den Mann sein Idealbild: die Frau, die sich dem (männlichen) intellektuellen Führungsanspruch unterordnet. Jungfrau-Frauen sind in astrologischen Beschreibungen fast immer ideale Angestellte und Sekretärinnen, die den Anweisungen ihres (männlichen) Chefs folgen (und gewöhnlich seine "rechte Hand" sind, wovon allerdings keiner redet!). Es heißt, Jungfrauen seien nicht zum Führen geboren (wie die Löwen) und daher am glücklichsten, wenn sie unter Anleitung arbeiten können. Das Patriarchat - als Hierarchie - kann nicht erkennen, daß es dazu möglicherweise für Frauen eine Alternative gibt: nämlich mit anderen Menschen zusammenzuarbeiten. Die Zeichen der Zeit in bezug auf professionelles Arbeiten heute gehen eher dahin, daß gemeinsam mit den Kollegen gearbeitet wird und nicht unter oder über ihnen. In patriarchalen Beschreibungen der Jungfrau-Talente ist allerdings von einer Zusammenarbeit mit Gleichgestellten zum Wohle und im Dienste der Allgemeinheit keine Rede - man kann den Frauen schließlich in bezug auf ihre Stellung keine Flausen in den Kopf setzen! - Auch als Erdzeichen hatte Jungfrau unter der Abwertung der ihr zugeordneten Eigenschaften zu leiden. “Praktisch, gewissenhaft, methodisch” - im Prinzip wunderbare Eigenschaften, ohne die kein Profi sein kann. Und doch: irgendwie schaffen es die Handbücher, sie wie “fade, langweilig, einfallslos” klingen zu lassen. Die schwerfällige, langsame Erde wird in Gegensatz gebracht zur beweglichen, temporeichen Luft, ersteres ist die weibliche Jungfrau, das zweite der männliche Zwilling. Jungfrauen sind vorsichtig, wie jeder gute Denker mit Tiefgang, aber sie sind, wie die Zwillinge, ein veränderliches Zeichen; sie sind sensibel und reagieren auf Dinge, die in der Luft liegen. Jungfrauen sind nervös gestimmt, ihr Zeichen regiert die Eingeweide, und ihr Nervensystem reagiert stark auf Sorgen und Kummer, d.h. sie sind ganz sicher nicht schwerfällig!

Die Tatsache, daß Jungfrau ein Erdzeichen und vom Symbol her weiblich ist, hat es der traditionellen patriarchalen Astrologie unmöglich gemacht, sie als Ausdruck klaren Verstandes, als Merkur-Vervollkommnung zu behandeln. Wie wir bereits bei den anderen Erdzeichen gesehen haben, wurde das Element Erde im Patriarchat mit voller Absicht herabgewürdigt, um damit den hierarchischen Vorrang der “männlichen” Feuer- und Luft-Elemente zu sichern. Ideologie und tatsächliches Sozialverhalten reichten sich dabei die Hand, männliche Dominanz wurde gerechtfertigt und durch die ideologisch bestimmten Symbole, die noch immer hinter vielen unserer unbewußten Strukturen stehen, unterstrichen.

Wenn wir Erde jedoch nicht als unbeweglich und langweilig, sondern als ein Symbol der Ordnung, Struktur und Harmonie, die unserem Universum eigen sind, betrachten, dann begreifen wir vielleicht besser die umfassende Ganzheit, die hinter den Strukturen von Geist und Form liegt und die sich im Jungfrau-Symbol so gut ausdrückt. In der Jungfrau gibt es keinen Gegensatz zwischen der Ordnung in der Natur und der Ordnung des Geistigen, zwischen den Gesetzen des harmonischen Zusam menspiels von materieller Form und geistigen Prozessen. Vielleicht ist es diese Art des Denkens, die dem Patriarchat so völlig fremd und zuwider ist. Im Sinne der Jungfrau ist die Erde eine lebendige Einheit in einem lebendigen Universum, dessen Gesundheit und Wohlergehen in direktem Verhältnis zu dem seiner Bewohnerinnen und Bewohner steht - eine Betrachtungsweise, die subtil ist und ohne hierarchische Strukturen auskommt und der sich daher unsere gegenwärtige Kultur nicht leicht anschließen kann. Um es noch einmal anders auszudrücken: das Universum, die Erde und alles Leben darauf sind Teil eines Netzwerks miteinander in Beziehung stehender Kräfte; sie selbst sind ebenfalls in einem Netzwerk miteinander verbunden, einem Gespinst dynamischer Wechselwirkungen. Mit Hilfe der sensitiven und urteilsfähigen Jungfrau-Mentalität können wir die Gesetze in diesem Netzwerk erkennen und mit ihnen arbeiten. Eine Jungfrau-Kultur könnte niemals die Umwelt so verschmutzen oder ihre Gesetze manipulieren (von der Gentechnik bis zur Atombombe), wie die unsere das schon seit längerer Zeit tut. Der aggressive Intellekt, der die Natur benützt und sich, früher oder später, selbst und alles, was mit ihm in Berührung kommt, zerstört, ist das Gegenteil zur Jungfrau, die im Einklang mit der Natur handelt.

Es ist die praktische Veranlagung der Jungfrau, zu der wir wieder zurückkehren müssen, statt sie zu negieren; wenn wir uns so verhalten, wie es dem Leben und unserem Planeten dienlich ist, können wir vielleicht das Mond-Wissen für uns wiedererobern, die Weisheit, die einst die unsere war und in der Denken und Natur Hand in Hand gehen.

STEINBOCK ♑

Element: Erde
Qualität: kardinal
Symbolbild: Ziegenbock
Regent: Saturn
Regentin: Maat (und Nofretete)

Steinbock in Stichworten:
nachdenklich, voll Selbstdisziplin, höflich, ehrgeizig, ernsthaft

Steinbock-Geborene sind ernsthafte, disziplinierte Menschen mit einem starken Wunsch nach Ordnung und Struktur in ihrem gewählten Umfeld; sie können länger als alle in anderen Zeichen Geborenen konzentriert und ohne Pause arbeiten. Sie sind die liebenswertesten Introvertierten des Tierkreises - wenn sie wollen! Sie sind auf verhaltene Art geistreich und für die Künste ebenso begabt wie für Verwaltung, Philosophie oder Bauwesen. Ob es um die eigene Zukunft oder um die der Gesellschaft als Ganzes geht: immer sind sie bemüht, etwas zu erarbeiten; dafür erwarten sie dann die entsprechende Belohnung: Anerkennung durch die Gemeinschaft. Steinbock-Geborene können sehr charmant sein, so daß die darunter liegende stählerne Kühle nicht sichtbar ist. Von anderen erwarten sie nur das, was sie auch von sich selbst verlangen. In der Langzeit-Planung sind sie besser als in jedem anderen Tierkreiszeichen Geborene. Sie sind unaufdringlich, haben einen starken Willen und viel persönlichen Mut. - Die zweite Lebenshälfte ist üblicherweise besser für sie als die erste.

Die Steinbock-Eigenschaften sind dann am stärksten, wenn die Sonne, der Mond oder der Aszendent im Steinbock steht oder wenn der Regent im Aszendenten aufgeht.

Symbolbild: Der Ziegenbock

Das Symbol des Ziegenbocks hat eine lange Tradition, es war bei den Babyloniern bekannt, aber auch bei den Kretern und Ägyptern. Für alle diese Völker war der Ziegenbock ein heiliges Tier, der Göttin geweiht, in Verbindung mit ihr ein Symbol für Majestät und Wohlstand, für Hingabe und Tiefgründigkeit. Für die Pharaonen war der Ziegenbart, den sie trugen, Teil ihrer königlichen Insignien (wie andererseits auch die Kobra-Uräus-Schlange). Ihr Thron ruhte auf der Hieroglyphe der Göttin Maat (der planetarischen Regentin des Steinbocks). In Sumer wurde eine wunderschöne, aus Lapislazuli, Gold und Silber gefertigte Statue des heiligen Ziegenbocks gefunden, die Vorderhufe gegen den Baum des Lebens (den heiligen Baum der Inanna) gestemmt. In der griechischen Mythologie versteckt Rhea, die kretisch-griechische Erd-Göttin der zweiten Generation, das Kind Zeus in Kreta, wo es von der Ziegen-Nymphe Amaltheia gesäugt wird, die ihm mit ihrer Milch die Kräfte der Göttin weitergibt. Hyginus identifiziert das Tierkreiszeichen Steinbock mit der Nymphe Amaltheia, indem er berichtet, Zeus habe ihr Bild aus Dankbarkeit in den Sternenhimmel gesetzt; und eines der Hörner der Amaltheia wurde zum Füllhorn ewigen Überflusses und Reichtums.

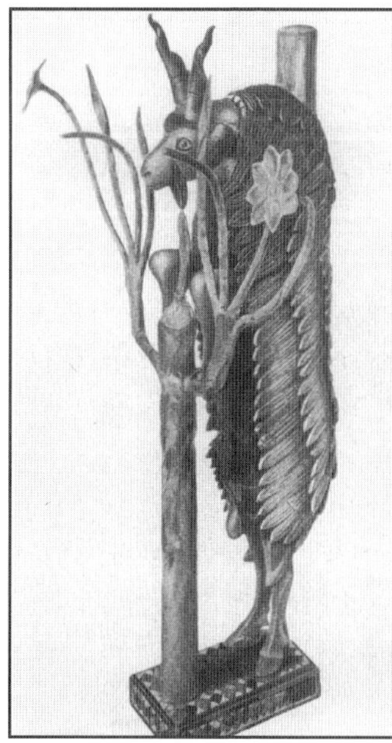

Diese Bilder des Ziegenbocks und die darin enthaltenen Bedeutungen und Qualitäten sprechen von Wohlstand und Magie, von friedlichem Überfluß. Arkadien, jener Teil Griechenlands, in dem der Ziegen-Sohn Pan bis in römische Zeiten hinein verehrt wurde, war traditionell das

Land des antiken “Goldenen Zeitalters”, das Land, in dem “Milch und Honig flossen”, wie die Dichter sagen. Für die ursprünglichen pelasgischen Einwohner, die in den Bergen und kleinen Tälern lebten, war die Ziegenmilch wichtig, nicht die von Schaf oder Kuh (Widder und Stier). Es war die Ziege, die dem Land Reichtum und Frieden gab.

Die Ziege hatte jedoch schon immer tiefere mystische Bedeutung, speziell in den Ritualen zur Winter-Sonnenwende, dem Wendepunkt des Jahres, wenn der dunkle Same tief in der Erde ruht und zum Frühling hin langsam wieder zum Leben erwacht. Mit Tod und Wiedergeburt des Ziegensohn-Königs, gesegnet mit der Gunst der Göttin, haben die Zivilisationen weltweit sein Opfer, aber eben auch seine Wiedergeburt rituell symbolisch nachvollzogen. Die Geburt des Ziegen-Sohnes, des neuen Königs, läßt die Milch aus Amaltheias Brüsten reichlich fließen und kündigt damit einen neuen Wachstumskreislauf, ein neues Jahr an. Die Christen übernahmen das Fest vom ägyptischen Horus; er, der Sonnen-Gott, hatte es wiederum vom “bescheideneren” und menschlichen Ziegensohn-König übernommen. So gesehen war das mittelalterliche (und auch das spätere) Gott-Königtum nur ein schwaches Echo der tieferen Bedeutung des Steinbock-Symbols.

Wie kommt es, daß sich die Bedeutung des Symbols des Ziegenbocks derart verändert hat, daß Astrologen heute ihre Schwierigkeiten haben, sie mit den Qualitäten des Tierkreiszeichens in Beziehung zu setzen? In der heutigen Umgangssprache haben wir “die blöde Ziege” und den “geilen Bock”, d.h. von der göttlichen Majestät des Steinbocks ist nichts übrig geblieben; in der patriarchalen Bildersprache stehen sich der lächerliche “Mecker-Greis” (Steinbock) und der ehrwürdige “Weise Alte" (Pater Saturn) diametral gegenüber. Dieser gewaltige Unterschied in der Auslegung des Tierkreiszeichens, seines Symbols und seines Regenten lassen ziemlich sicher vermuten, daß hier kulturelle Vorurteile am

Werk waren und daß verschiedene Ideologien eingegriffen und die Bedeutungen des Symbols und seiner Regenten verändert haben.

Unser heutiges Bild des Ziegenbocks stammt teilweise aus dem klassischen Griechenland, aus den Mythen und Sagen des Ziegen-Gottes Pan (dessen Name "allumfassend" bedeutet), Sohn und Gatte der Amaltheia (und damit Ziehbruder des Zeus). In diesen Geschichten wird Pan mit den ihn begleitenden Faunen und Satyrn als Hirten- oder Weidegott dargestellt, genial in seiner Art, manchmal jedoch unkontrolliert in seiner Sexualität, (angeblich) ganz anders als die städtischen "zivilisierten" Athener und ihre olympischen Götter. Wenn ein Teil dieser Rufschädigung an Pan (und seinen Gläubigen) auch aus städtischem Snobismus erfolgte (damals wie heute aktuell!), wurde sie andererseits auch gezielt betrieben. Wir dürfen nicht vergessen, daß Mythen und Sagen in der damaligen Zeit als Propagandamittel benutzt wurden. Die patriarchalen Götter des Olymp der Athener konnten auf dem Lande nie richtig Fuß fassen, da dort die alten Sitten und Gebräuche gepflegt wurden. Besonders in jenen Teilen Griechenlands, die von Invasoren nahezu verschont geblieben waren, konnte Pan seine Oberhoheit bewahren - als Sohn der Göttin, als Ziegen-Gott, der sterben muß, um die Erde fruchtbar zu machen, als Gott-König der früheren Zeit. Die starke Verankerung dieser Tradition zeigt sich auch darin, daß Pan nie Zeus, als oberster Gottheit, untergeordnet werden konnte (schließlich war er ja sein Ziehbruder), und seine Beliebtheit reichte bis weit in die Römerzeit hinein, obwohl er bereits unter Tiberius, 14-37 u.Z., totgesagt worden war.

Die starke Verankerung der heiligen Tradition des Ziegen-Gottes war vielleicht der Grund dafür, daß das Christentum den Demiurg (den Anti-Christ, den Teufel) mit Ziegenhörnern und Bocksfüßen darstellte (manchmal hat er auch Stierhörner und fast immer einen Schlangen-Drachen-Schwanz). In seinem Kampf für die Vorherrschaft über alle anderen Religionen machte das Christentum alles, was es nicht integrieren konnte, zu Feinden - so wurde das Heidnische zum Teufel, zum Widersacher des neuen christlichen Gottes. Daher regiert, wie auf Bildern aus dem Mittelalter dargestellt, der Teufel in Gestalt des Ziegen-Gottes das umgekehrte Paradies, die Hölle; sein Königreich besteht fort, aber im Gegensatz zum christlichen Königreich ist es eines der Qual und Verdammnis und nicht der Glückseligkeit. Gleichzeitig mit dieser Umkehrung wurden die ursprünglichen tiefgründigen und heiligen Qualitäten des Ziegen-Königs, symbolisiert in der Beziehung zu seiner Göttin, nämlich königliche Würde, Hingabe und Fruchtbarkeit des Ackers, vom Christentum übernommen und auf die menschliche Gestalt von Jesus, Sohn der Maria, übertragen. Durch die Aneignung des Symbolgehaltes des Ziegenbocks (etwas, das Zeus nicht geschafft hat) und seine Übertragung in eine mehr menschliche spirituelle Form wurde im Christentum das Bild des Ziegenbocks aller symbolischen Werte entkleidet und dadurch zur reinen Negation.

Hier liegt der Grund dafür, daß unser heutiges Bild der Ziege so wenige Steinbock-Qualitäten repräsentiert. Die “dumme” Ziege, der sexuell unkontrollierte Ziegenbock unserer heutigen Interpretation stellt eine Umkehrung der ursprünglichen Bedeutung dar. Diese wurde von Ideologen verbreitet, die gegen die alte heilige Tradition des Ziegen-Sohnes und der Göttin antraten und darauf aus waren, die Göttlichkeit des Symbols (und die ältere darin enthaltene Ordnung) zu zerstören. Ganz ist ihnen das aber nicht gelungen, so daß sich in klassischen Schriften und Traditionen immer noch Hinweise auf die alte Ordnung finden. Zum Beispiel bedeutete das griechische Wort “Tragödie” - die Bezeichnung für die ergreifendsten und leidenschaftlichsten Theaterstücke der Griechen -

eigentlich "Bocksgesang", und es wird angenommen, daß die Tragödien ursprünglich für die jährlichen Ziegen-König-Riten geschrieben und dabei aufgeführt wurden. Die Ägis, das schützende Zauber-Ziegenfell, gegen das selbst die Waffen des Zeus versagen und das von Athene, der neuen weiblichen Bewahrerin der athenischen Gesetze, getragen wird, ist auch ein Hinweis darauf, daß uns allein der Ziegen-Sohn vor Krieg und Blutvergießen schützen kann.

Die Tiefgründigkeit des ursprünglichen Steinbock Symbols, die Verbindung zu königlicher Würde wie zum Opfer, wird denjenigen eher verständlich sein, die einmal einer großen, weißen, wunderschönen und würdevollen Ziege begegnet sind. Mit ihren feuchten, ruhigen, goldenen Augen, die so weise und intelligent schauen können (wenn auch wissenschaftlich gesehen klar ist, daß das nicht sein kann!), mit ihrem feinen, weißen Bart, der ihrem Kopf einen fast menschlichen Ausdruck verleiht, wirkt sie archaisch, mit archetypischer Aura, schwer zu beschreiben, aber voller Kraft: Sie weckt in uns alte Erinnerungen an ihre frühere Bedeutung. Sie erinnert uns an Überfluß und Wohlergehen, Reichtum und das überquellende Füllhorn, königliche Würde und Regentschaft, bewußtes Annehmen des Schicksals und das Wissen um die Zeit, die in sich zeitlos ist. In diesen Qualitäten können wir auch, astrologisch betrachtet, die beiden Steinbock-Regenten erkennen: Maat, die Göttin des Schicksals, und den Vegetationskönig Mars als Vervollkommnung für den Steinbock. So wie im Ritual akzeptierte Pflichterfüllung und Einschränkung der Erde Reichtum und Überfluß schenken, so bringt im Bereich der Gesellschaft das Annehmen des "Königtums", der Pflichten und Beschränkungen, die es auferlegt, Unterstützung und Hilfe für das Volk. Indem sie willentlich Opfer waren, überwanden sie das Schicksal; sie nahmen sozusagen aktiv Teil an der Ordnung der Lebenszyklen. Wenn der Ziegen-König innerhalb der Ordnung der Göttin bleibt, wirkt sich das auf die Welt und die kosmischen Kreisläufe aus, in denen wir uns alle bewegen. Dieses Bild des Ziegenbocks führt uns auch

weg von der üblichen Interpretation des Zeichens als materiell ausgerichtet und selbstsüchtig. Steinbock-Geborene können sowohl im persönlichen als auch im gesellschaftlichen Bereich Materialisten sein - der Ursprung ihrer materiellen, praktischen Erdigkeit liegt jedoch nicht in der Gier nach Gütern oder Status, sondern in ihrem starken Wunsch nach Ordnung.

Steinbock ist ein kardinales Zeichen, das die Himmelsmitte wie das 10. Haus unserer Ziele und Wünsche, unserer sozialen Stellung regiert (daher die Verbindung zu Reichtum und Berufung, für die gearbeitet werden muß, die nicht in den Schoß fallen). In ihrem kardinalen Antrieb sind Steinbock-Geborene auf die Gesellschaft ausgerichtet, auf die Ordnung, die im sozialen Bereich geschaffen werden soll, und so tragen sie dazu bei, daß Institutionen eingerichtet und verwaltet werden, die die eigene Lebenszeit überdauern. Deshalb kann Steinbock das Zeichen mit der stärksten reformerischen Ausrichtung sein (Octavia Hill, Eleanor Marx, Simone de Beauvoir und Anne Oakley gehören hierher), aber auch das hoheitlichste (die beiden "modernen" britischen Königinnen mit dem Namen Elisabeth haben in ihrem Horoskop Steinbock als Aszendenten) oder das mit der konventionellsten Ausrichtung (Helena Rubinstein und Elizabeth Arden als Beispiele). Steinbock regiert das zweite der drei aufs Soziale ausgerichteten Häuser (Schütze, Steinbock und Wassermann), das die Kräfte und Prinzipien, die in unserer Gesellschaft wirken, symbolisiert. Im Ordnungsprinzip des Steinbocks erhält die Unruhe des Schützen Form und Struktur, sein Ausweitungsdrang wird durch ihre "Begrenzung" ausgeglichen und seine Inspiration durch ihr Wissen um praktische Möglichkeiten auf den Boden der Realität gestellt. Steinbock-Geborene sind charmant, würdevoll, auf ruhige Art geistreich; durch ihre Selbstdisziplin und ihr inneres Engagement sind sie mehr als in anderen Zeichen Geborene geeignet, die Organisation der Gesellschaft zu lenken und für gerechte Ordnung zu sorgen. Das alte Ägypten, wo der Ziegen-König, Sohn der Göttin, mehr als 3000 Jahre an der Macht war (ein Zeitraum, der nahezu unser Vorstellungsvermögen übersteigt), ist ein unwiderlegbarer Beweis für die beständige Tradition, die Langlebigkeit und den Reichtum steinbockbestimmter Organisationen und Institutionen.

Verglichen mit dem Stier-Sohn in seiner bewundernswerten Stärke und Vitalität, ist der Ziegenbock humaner, er drückt die wissende, bewußte Selbstbeschränkung aus, ein tiefes mystisches Wissen um Schmerz und Leid im Leben, aber auch um Freude und Erfüllung. Die Göttin Maat und ihr Gesetz von Ordnung, Gerechtigkeit und Zeit ist nach wie vor der Grundstein für alle Steinbock-Geborenen, so wie sie es für den Ziegenbock-Pharao in Ägypten war. Die unversehrten Steinbockkräfte können uns immer noch zur Verfügung stehen, wenn wir sie erkennen. Sie sind ein Angebot an uns ähnlich wie die Statuetten der Maat, die die Pharaonen dem Atum/Amun darbrachten. Waage und Steinbock weisen uns darauf hin, daß wir nichts geschenkt bekommen. In der Einheit des Ziegen-Sohnes mit der Göttin Maat und im freudigen, stillen Annehmen ihrer Ordnung wird das Steinbockzeichen besonders inspirierend.

Steinbock-Geborene sind bei weitem nicht die starren Materialisten, als die sie so oft beschrieben werden: Steinbock ist ein tief mystisches Zeichen, das die materielle mit der kosmischen, die soziale mit der menschlich-karmischen Ordnung in Einklang bringt. In der spätklassischen Darstellung der Ziege mit dem Fischschwanz stellt sich die Verbindung zwischen Erde und Wasser her - in Ägypten verbanden sich die Kräfte des Erde-Steinbocks mit denen des Wasser-Skorpions und schufen dadurch die eindrucksvolle und langdauernde Kultur, deren Reichtum und deren religiös-mystische Vorrangstellung von allen anderen Kulturen anerkannt wurde. - Der Steinbock-Regentin Maat und ihrer Personifikation in der ägyptischen Königin Nofretete möchte ich mich als nächstes zuwenden.

Regentin: Die Göttin Maat (und Nofretete)

Regentin des Steinbocks ist der Planet der Vorsehung, einer der mächtigsten Planeten im Geburtshoroskop: Maat, deren bildhafter Darstellung eine tiefreichende philosophische Bedeutung zugrundeliegt. Traditionell symbolisiert sie die Kräfte von Introvertiertheit im Vergleich zu Extrovertiertheit, von Begrenzung im Vergleich zu Expansion, von Vertiefung im Vergleich zu Erweiterung und Verlängerung. Im Universum wie im menschlichen Leben schafft sie Ordnung aus Entropie; sie stellt das Gesetz dar, das die beiden ungeheuren Kräfte, die sich in ihrem Bild vereinen, miteinander verbindet. Sie ist Maat, die geflügelte Göttin mit dem Symbol des Geiers - auf ihr Gesetz gründete sich das Ägypten der Pharaonen. Sie verkörpert Zurvan-Saturn, den patriarchalen Zeit-Gott, dessen Vogel der Rabe ist und der die Schlüssel zu Leben und Tod in Händen hält.

Seit der Zeit der Römer wurde Saturn in der Astrologie jedoch als der römische Saturn dargestellt, als strenger Patriarch, Vater des Mithras-Kults, als rüder autoritärer Gott, der seinen Kindern Disziplin aufzwang (oder auch als der griechische Kronos, der gleicherweise rüde war und seine Kinder sogar fraß!). So wurde Saturn in vielen astrologischen Beschreibungen zum Bösewicht, zur Vaterfigur, deren Disziplin wir alle zu entkommen suchen, zum Lehrer, dessen Lektionen schwer zu akzeptieren und zu verstehen sind; er ist der Schlechtgelaunte, der etwas aufzwingt, der Knauserige, boshaft und gemein. Oft wird er als alter Mann dargestellt, der die Sense der Zeit bzw. des Todes schwingt. Obwohl seine Attribute heute nicht mehr als ganz so bedrohlich beschrieben werden wie früher (siehe die Bücher von Arroyo und Liz Greene), interpretieren die Texte Saturns Qualitäten des Einschränkens und der Disziplin immer noch vorwiegend negativ. Die meisten Menschen betrachten daher ihren Saturn mit Angst und Zittern, speziell wenn er rückläufig ist!

Dabei beruht doch jegliche Schöpfung, alle Kunst und das soziale Zusammenleben auf Beschränkung (und Disziplin). Wir müssen Grenzen setzen und sagen, was wir nicht wollen, damit das, was wir wollen, entstehen kann. So wie die Kunst Gesetzen unterliegt, wenn sie sich in Malerei oder Skulptur ausdrücken will, so ist soziales Zusammenleben nur in einer Gesellschaft mit Gesetzen und Disziplin möglich. Um Saturn (und sein Tierkreiszeichen Steinbock) richtig verstehen zu können, müssen wir uns klarmachen, daß wir alle, wenn wir etwas schaffen wollen, das der Mühe wert ist, Disziplin brauchen: Schöpfung durch Beschränkung.

In der Göttin Maat kommen wir der wahren Bedeutung des Schicksalsplaneten entschieden näher, weg von der patriarchalen Einseitigkeit, die sich in Saturn-Zurvan ausdrückt. Maat stammt wie Zurvan noch aus vor-dualistischer Zeit und ist daher Herrin der Zeit und des Schicksals. "Als die Himmel schliefen, lebte ich mit meiner Tochter Maat, ein (Flügel?) war in mir, der andere um mich geschlagen", spricht der Demiurg (der ägyptische Weltenschöpfer) in den Sarkophagtexten. Sie symbolisiert die notwendige Ordnung, die dem kosmischen wie dem individuellen Bewußtsein innewohnt. Lao-tse beschreibt sie so:

Ein Wesen gibt es chaotischer Art,
Das noch vor Himmel und Erde ward,

So tonlos, so raumlos.
Unverändert, auf sich nur gestellt,
Ungefährdet wandelt es im Kreise.
Du kannst es ansehn als die Mutter der Welt.

Als Göttin der Zeit und des Schicksals hat Maat innige Beziehung zur himmlischen Ordnung und Disziplin, die sich in irdischen Institutionen spiegeln. Isis, die Skorpion-Göttin der Transformation, trägt ihr Symbol in ihrer Krone; der Thron von Osiris, dem Richter der Toten, steht auf ihrer Hieroglyphe. Sie ist nicht nur Gerechtigkeit, die Waage, sie ist die Rechtmäßigkeit von Ordnung, Gesetz und Ausgewogenheit. Ihr Votivbild wurde Atum/Amun von den Pharaonen dargebracht (Abb. S.189), die damit die Legitimität, Integrität und Rechtmäßigkeit ihrer Regierung bewiesen. Der Thron des Pharao, ihres Ziegensohn-Königs, ruht auf ihrem Grundprinzip der Ordnung; von diesem Thron aus verkündet er ihre Gesetze und regiert ihr Königreich.

Maat wird immer mit einem Lächeln dargestellt, schön und voll Charme. Sie ist nicht nur das Symbol legitimer Ordnung, sondern auch das der Harmonie, des perfekten Einklangs. Im Neuen Reich waren Harfen des öfteren mit dem Bild der Maat versehen. Sie war Herrin der Handwerker und Künstler. Mit ihrer Gabe zu Beschränkung und Disziplin entstehen bleibende Kunstwerke und Organisationen. Bei Maat sind Zeit und Schicksal weder bedrohlich noch unterdrückerisch, wie sie es später unter den patriarchalen Zeit-Göttern werden. Unter ihrer Selbstdisziplin gedeihen Aufrichtigkeit und Fairness,Treue und Redlichkeit (alles sehr steinbockgemäße Tugenden).

Als Planet der Beschränkung (und damit auch sozialer Ordnung und Regelung) schenkt Maat den Steinbock-Geborenen ihre großen administrativen Talente, die sich im Verlauf der Geschichte immer wieder gezeigt haben. Löwe-Geborene mögen große individualistische Führungspersönlichkeiten sein, Steinbock-Geborene jedoch sind diejenigen, die ganze Gesellschaften leiten und verwalten. Hierbei zeigt sich konkret und praktisch ihre angeborene Selbstdisziplin, die sich als soziale Kraft auswirkt (und damit die Steinbock-Position im 10. Haus ausfüllt). Unter den vielen großen Herrscherinnen der Vergangenheit (Königin Nitokria von Babylon, Königin Hatschepsut von Ägypten, um zwei Beispiele zu nennen) habe ich Königin Nofretete vom ägyptischen Neuen Reich ausgewählt, in der sich die Göttin Maat in menschlicher Form besonders deutlich verkörpert. In der Schönheit und huldvollen Erscheinung der Nofretete, in ihren unbestechlichen Zielen und ihrer ruhigen, diplomatischen Haltung zeigt sich Saturn im Steinbock, wie es nicht besser und ausbalancierter sein könnte.

Nofretete

Keine andere Kultur hat so lange gewährt und bei ihren Nachbarn in so großem Ansehen gestanden wie die ägyptische. Das alte Ägypten ist Steinbock schlechthin - in seiner Stabilität, Ordnung und Disziplin, in seinem Reichtum und hohen Ansehen. Es bestand 3000 Jahre (das Römische Reich gab es - im Vergleich dazu - nur einige hundert Jahre) und wurde die meiste Zeit von den umliegenden Ländern bewundert und nachgeahmt. Die wenigen Eindringlinge, die es überhaupt gab, gingen voll Ehrfurcht durch seine Straßen und fühlten sich winzig angesichts der Tempel, der Statuen und Obelisken. Diejenigen, die im Lande blieben, wurden nach und nach zu "Ägyptern" und übernahmen die Sitten und Gebräuche.

Das alte Ägypten war der Triumph steinböckischer Pflichterfüllung und Administration, eine Gesellschaft, in der die Frauen nach dem Gesetz den Männern gleich waren, Besitz haben und rechtens Reichtümer erwerben konnten. Um seinen Herrschaftsanspruch rechtskräftig zu machen, mußte der Pharao die Erbin heiraten (es galt die matrilineare Erbfolge), daher die häufigen rituellen Geschwister-Ehen. Die Gesellschaft war reich, komplex und differenziert (wie der Steinbock), es herrschte, verglichen mit anderen Ländern, nahezu Geschlechtergleichheit, und Religion und Philosophie wurden mit Ernst betrieben (wieder steinbock-

gemäß). Nofretete und ihr Gemahl Echnaton repräsentieren beide die Liebe des Steinbocks zur Ordnung und die nachdenkliche Einstellung zum Leben.
Nofretete und Echnaton sind besonders dadurch bekannt geworden, daß sie Ordnung und Disziplin in die ägyptische Religion brachten, indem sie alle vorhandenen Kulte einer größeren Gottheit, nämlich der Sonne Atum (im Gegensatz zum früheren Amun), unterordneten und sie als Manifestationen derselben darstellten. Viele Autoren haben diesen Schritt als die revolutionäre Veränderung in der ägyptischen Religion bezeichnet. In Wirklichkeit war er das aber nicht, denn die Sonne war schon vorher Symbol einer Großen Gottheit. Wie alle guten Steinböcke gründeten Nofretete und ihr Mann ihre Religion auf eine solide, traditionsreiche Basis. Die Arbeit bestand eher darin, die Dinge zu ordnen, sie anders zu systematisieren und den ungeheuer breiten Polytheismus ägyptischer Glaubensrichtungen und Rituale zusammenzufassen, als radikale Veränderungen vorzunehmen. Ägyptologen ist es heute noch ein Rätsel, wieso es seitens der Priester des Amun (die vor dem Wechsel 1000 Jahre lang die höchsten Stellungen innehatten und diese nach dem Tod der Nofretete wiedererlangten) keine Auflehnung gegeben hatte. Vielleicht ist die Steinbock-Diplomatie, gepaart mit einem stahlharten Willen, eine Erklärung dafür.

Bei Nofretete hatten Künstler hohes Ansehen - die Fresken in Amarna, dem königlichen Palast und Regierungssitz, zeigen daher auch einen wunderschönen, neuen fließenden Stil. Die im Zeichen Steinbock Geborenen haben sich immer schon für Malerei und Dichtkunst interessiert (Künste, die bei aller Kreativität ein hohes Maß an Selbstdisziplin erfordern). Die Renaissance der Kunst unter der Regentschaft von Nofretete und Echnaton ist ein Beweis für die Wertschätzung und Förderung, die den Künsten von Steinbockseite entgegengebracht werden. Die Eleganz der alten Ägypter zeigte sich nicht nur in ihrem weiteren Umfeld, sondern ebenso in ihrer persönlichen “Ausstattung”. Sie waren wählerisch in ihrer Kleidung und makellos gepflegt (Steinbock!), die Kosmetika, die Nofretete verwendete, die Parfums und Duftöle, waren alle in wunderschönen, verzierten Fläschchen untergebracht, außerdem gab es Lockenwickler, Pinzetten, Rasiermesser und Röhrchen mit Antimonpulver, das als Eyeliner verwendet wurde. Der Gebrauch von Kosmetika hat in Ägypten eine lange Tradition, so konnten z.B. aus dem geplünderten Grab der Königin Hetephers (Altes Reich) noch ihre goldenen Rasiermesser gerettet werden. Nofretete brachte auch die Mode jener Zeit wieder zum Tragen: hauteng und figurbetont.

Das in den Fresken dargestellte harmonische Familienleben von Nofretete und Echnaton erinnert uns daran, daß Steinbock-Geborene nicht die eisgekühlten, gefühlsarmen Menschen sind, als die sie in vielen Texten dargestellt werden, sondern daß ihre Zuneigung tief und loyal sein kann. In Amarna sehen wir Königin und König immer gemeinsam: beim Essen, Trinken, Plaudern, in Prozessionen, Geschenke überreichend, im Gebet und bei Ausfahrten, wobei der König immer seiner Gattin zugewandt ist. Bei dem großen Fest der Tributannahme sind die beiden auf ihrem Thron zu sehen, Nofretete hat ihren rechten Arm um die Taille ihres Mannes gelegt und hält mit der linken Hand die seine. Das Fresko, auf dem sie den Tod ihrer Tochter Mechet-Aton betrauern, ist gewiß eines der berührendsten, die sich in Ägypten gefunden haben.

Nofretete und ihr Gatte waren allerdings "bodenständig" (nach Steinbock-Art!), d.h. sie reisten nicht umher, wie das die Pharaonen sonst taten, sondern blieben zu Haus in Amarna. Sie ließen ihre Beamten die "Anwesenheitspflicht" bei Regierungsgeschäften anderswo erfüllen. In diesem Verhalten zeigt sich vielleicht auch die steinbockgemäße Introvertiertheit. Wärme und Liebe geben Steinbock-Geborene nur jenen, denen sie vertrauen, ihrem kleinen Kreis geliebter Freunde - nach außen sind sie höflich, jedoch eher vorsichtig und distanziert (im Gegensatz zur "Schön-dich-zu-sehen"-Mentalität von Feuerzeichen-Geborenen).

Ihrem Aussehen nach waren Nofretete und ihr Gatte stark steinbockgemäß, wobei sie unterschiedliche Aspekte verkörpern. Nofretete wird die schönste aller Königinnen genannt. Sie hatte einen kleinen Kopf mit eleganter gerader Nase, ein zartes ebenmäßiges Gesicht und einen langen, schlanken Hals. Alle, die ihr lebensgroßes Porträt sehen (es ist im Ägyptischen Museum in Berlin zu finden), stehen davor wie verzaubert durch den Charme und die Anziehungskraft, die es ausstrahlt. Selbst Gelehrte können sich dem nicht entziehen - wie sagte doch einer von ihnen: "... ihr unendlicher Liebreiz, den der Künstler eingefangen hat, ist zeitlos ... sie lächelt gnädig, ist jedoch voll Autorität und Würde."

Nofretetes Schönheit ist äußerst steinbockgemäß, von der Form ihres Kopfes angefangen über ihre perfekte Nase bis zu ihrer Ausstrahlung von Würde. Ihr Gatte Echnaton verkörpert in seinem Äußeren eine andere Steinbock-Qualität: er wirkt tiefgründig und mystisch, hat ein ungewöhnlich langes Gesicht mit einer ebensolchen Nase und sanften, mandelförmigen Augen. Als junger Mann war Echnaton oft krank, und Abbildungen zeigen ihn mit schmaler Brust und rundem Bauch. Dies legt es nahe, ihm die typischen Steinbock-Erkrankungen, die die Knochen befallen (wie Rheumatismus, Arthritis usw.) und die speziell in der Jugend stark auftreten, zuzuschreiben. Wenn in Steinbock-Beschreibungen immer wieder darauf hingewiesen wird, daß die zweite Lebenshälfte meist besser sei als die erste - so traf das bei Echnaton ganz sicher zu.

Nofretete ist die einzige bekannte Regentin in der ägyptischen Geschichte, die gemeinsam mit ihrem Gatten regiert hat. Andere Königinnen regierten als Pharao alleine oder hatten den Status der Gattin des Regenten. Kein Fresko und keine Inschrift spricht jedoch von einer Königin als Mitregentin ihres Partner-Pharaos. Es gab auch keine anderen Herrscherinnen oder Herrscher, die eine derartige Vielzahl von Veränderungen in das Ägyptische Leben einbrachten, Veränderungen, die die Archäologen immer wieder aufgrund ihrer Qualität und Quantität erstaunen ließen. Nicht so erstaunt mögen die zeitgenössischen Ägypter darüber gewesen sein. Steinbockeigene Würde und steinbockgemäßes Taktgefühl haben diese Veränderungen, soviel wir wissen, ohne größeren Aufruhr oder massive Rebellionsversuche möglich gemacht. Ihr ausgeprägter Sinn für Stabilität, ihr "Geerdet-Sein" muß Nofretete und ihren Partner befähigt haben, genau zu wissen, wie weit sie gehen konnten, und dann innerhalb der vorhandenen Struktur systematisch weiterzuarbeiten, sie zu erneuern, jedoch nie ganz zu verwerfen.

In Nofretete erkennen wir die steinböckische Liebe zur Ordnung, administrative Fähigkeiten, gekoppelt mit innerem Reichtum und Majestät, Ernsthaftigkeit und Sensibilität in reinster Form. In Nofretetes Charme erkennen wir die Schönheit und die Liebenswürdigkeit der Göttin Maat, die "vollkommene ewige" Ordnung.

"Hinter der Sicherheit und Gefaßtheit dieses Gesichtes scheint eine spirituelle Kraft zu stehen, die scharfe Intelligenz ist gemildert durch Nofretetes Lächeln, auf das wir - selbst heute noch - ebenso wie auf den unwiderstehlichen Charme ihres offenen Blickes reagieren", so der Kommentar eines weiteren hingerissenen Gelehrten.

Steinbock im Patriarchat

Das Tierkreiszeichen Steinbock ist im Patriarchat auf vielerlei Art mit Vorurteilen konfrontiert gewesen. Oberflächlich betrachtet, scheint das seltsam, da Steinbock im 10. Haus des Lebensziels und öffentlicher Anerkennung eine machtvolle Position im Geburtshoroskop inne hat und dazu als Regenten die beiden "starken" Planeten Saturn und Mars. Traditionsgemäß ist Steinbock auch das Zeichen der Himmelsmitte, jenes Punktes im Horoskop, der unsere Ziele und unsere Bestimmung angibt und auf den sich das ganze Horoskop zubewegt. (In der Aufteilung der Häuser nach Placidus - und auch bei vielen anderen - steht die Himmelsmitte, der MC, an der Spitze des 10. Hauses.)

Man sollte meinen, daß Steinbock in einer Art und Weise beschrieben werden müßte, die diesen Faktoren Rechnung trägt. Es müßte darin klar werden, in welcher Beziehung die Tiefe und Ernsthaftigkeit des Saturn im Steinbock zur Initiativkraft des Mars steht. Außerdem müßte die Steinbock-Verbindung zum MC sowie zu den sozialen Kräften, wie sie sich im 10. Haus ausdrücken, deutlich gemacht werden.

Stattdessen wird viel häufiger in astrologischen Texten das negative Steinbock-Potential hervorgehoben. Eine Steinbock-Geborene ist danach entweder düster und mißvergnügt mit langem, traurigem Gesicht und - in der ersten Lebenshälfte - voller Schmerz und Leiden; kalt und distanziert, was andere angeht. Oder sie erstürmt die Karriereleiter, ist total materialistisch, auf Geld und sozialen Status versessen und wild entschlossen, an die Spitze zu kommen. Bei der ersten Beschreibung verbinden sich Erde und Saturn, für die zweite kommt Mars hinzu. Keine Rede vom Charme, von der Schönheit (besonders bei Frauen), kein Ton über ihre ernsthafte Beschäftigung mit Religion und Philosophie oder ihr Talent für die Dichtung und überhaupt alle Künste! Die positiven Steinbock-Qualitäten werden nur mit einem Knurren zur Kenntnis genommen und manchmal sogar zur Parodie verzerrt. Kein Wunder also, daß Steinbock-Frauen gar nicht so wild darauf sind, die Beschreibung ihres Geburtszeichens zu lesen.

Warum ist das so? Gut, Steinbock bzw. Steinziege ist ein "weibliches" Erdzeichen, was ihr im Patriarchat auf der Stelle jede Inspiration oder Phantasie abspricht und sie auf "praktisch, starr, ohne Einbildungskraft" reduziert. Daß Steinbock eng verbunden ist mit Meditationspraktiken, mit den höheren Stufen des Yoga und des Buddhismus, wird höchst erfolgreich übergangen. Wie beim Element Erde scheinen auch hier Disziplin und Antrieb sie nur zu größerem materiellen und gesellschaftlichen Vorwärtskommen zu führen. Dieses Klischeebild vom aufs Materialistische und Praktische festgelegten Element Erde paßt (neben dem "gefühlsbetonten" Element Wasser) vollkommen in eine männliche Ideologie, nach der Männer voll Energie (Feuer) und Intelligenz (Luft) hingehen und die Welt regieren, um dann zu ihren Frauen zurückzukehren, die sie damit glücklich und zufrieden machen, daß sie ihren Gefühlen (Wasser) und ihrer Liebe zu materiellen Gütern (Erde) entgegenkommen. Im 19. Jahrhundert wurde dieser Vorstellung vom Leben der beiden Geschlechter sogar ein pseudo-biologischer Hintergrund verpaßt!

Das schlechte Image des Steinbocks bzw. der Steinziege hat jedoch nicht nur damit zu tun, daß sie ein "weibliches" Erdzeichen ist (und damit in der patriarchalen Astrologie von Haus aus als "negativ" und "unglückselig" angesehen wird). Sie ist auch Opfer des speziellen Vorurteils gegen Saturn und Mars, das aus der mittelalterlichen und viktorianischen (wie überhaupt aller nach-römischen europäischen) Astrologie stammt. Auf diese beiden Planeten-Gottheiten sind, so scheint es, alle patriarchalen Ängste und Schuldgefühle sowie tiefer Widerwille und Pessimismus sich selbst gegenüber projiziert worden (die normalerweise nicht zur Kenntnis genommen und unterdrückt wurden). Die meisten Beschreibungen von Saturn, dem Schicksalsplaneten, "fühlen" sich neurotisch an, was damit zusammenhängt, daß unsere Gesellschaft mit ihrer Geschlechterungleichheit neurotisch ist. Daß Saturn als unterdrückerisch erscheint, ergibt sich aus dem Gefühl des Mannes, unterdrückt zu sein, geknechtet zu werden von seinem eigenen übermächtigen "anderen" Selbst. In Saturn und Mars erkennen die Männer, was sie unserer Welt angetan haben - und das, was sie sehen, gefällt ihnen gar nicht.

Feministische Psychologinnen werden vielleicht sagen, daß dieses Gefühl männlicher Hilflosigkeit und Ablehnung dem Schicksal (als strengem "Lehrer") gegenüber von dem Moment an für Männer unvermeidlich war, als sie sich von den Frauen als Gleichgestellten abwendeten (wie das im Patriarchat der Fall ist) und sich von der Oberhoheit der Mutter, der Göttin, trennten. Dabei ging nicht nur ihre Erdung und ihr sexuell-spiritueller Weg verloren. Wie viele Autoren festgestellt haben, liegt in der patriarchalen Ideologie ein Frauenhaß verborgen (die Hexenverfolgungen sind in diesem Zusammenhang nur die sichtbare Spitze des Eisbergs), der noch dadurch verstärkt wird, daß man in einer geschlechtsungleichen Gesellschaft den Frauen keine Schuld für Kriege, ökologische Katastrophen, Mord und Elend, Armut und Krankheiten zuweisen kann - sich selbst, als Mann, jedoch die Schuld auch nicht zuschreiben will! Saturn ist hier das perfekte Alter Ego (die "männliche" Hand des Schicksals), gegen das niemand ankommt. Da es durch diese Projektion möglich wird, die Realität weiter zu verdrängen, ist das Symbol stark neurotisch eingefärbt. - Die Negativbesetzung von Wörtern wie "Disziplin" und "Beschränkung", seien sie nun auf uns selbst oder auf andere angewendet, spiegelt ebenfalls die gewalttätige Struktur unserer Gesellschaften wider, die zwar nicht öffentlich zugegeben wird, jedoch unterschwellig bei allen unseren Handlungen spürbar ist. Wir haben mehr Gesetze als je zuvor, die uns vorschreiben, was wir nicht tun dürfen - jedes Jahr werden es mehr, und doch prahlen wir damit, wie "frei" wir sind. Wir werden nicht nur von anderen Menschen diszipliniert, wie zum Beispiel von unseren Vorgesetzten, unseren Eltern und Lehrern usw., sondern auch von leblosen Dingen, wie dem 8-Stunden-Tag, der Stechuhr zum Arbeitsbeginn, dem Fließband in der Fabrik, der Verkehrsampel und dem Zebrastreifen. Es stimmt schon, daß wir einige dieser Dinge durchaus gerne akzeptieren (wie die Verkehrsampel zum Beispiel), trotzdem ist es so, daß wir in unserem Leben einschließlich unserem Körper ständig von Hunderten von gesellschaftlich bedingten Formen von Disziplin eingeengt werden, die wir bewußt nicht einmal merken, die unser Unterbewußtsein jedoch speichert. In unseren städtischen, überbevölkerten Patriarchaten könnte es ohne solche Disziplin kein soziales Leben geben, es wird jedoch dadurch der unterschwellige Widerstand und die Nervosität immer größer. Unsere Gesellschaft ist in ihrer Ausprägung nicht Ausdruck der Steinbock-Ordnung (die selbsterneuernd, harmonisch und menschlich ist), sondern eher eine Umkehrung dieser Ordnung.

Daß Saturn, der männliche Regent des Steinbocks und Planet des Schicksals, bei Männern so viel Angst hervorruft, liegt vielleicht nicht nur darin begründet, daß das Patriarchat das Weibliche, die Mutter, ablehnt, sondern auch in den ausbeuterischen und gewalttätigen Systemen und Disziplinierungsformen, deren es sich bedient und die weit entfernt sind von der Übereinstimmung innerhalb einer toleranten, gerechten Moral, wie Steinbock-Geborene sie zu verwirklichen suchen. Wir fühlen uns im allgemeinen recht machtlos gegenüber unseren militärischen, politischen und wirtschaftlichen Institutionen. Die Strukturen, die unsere Gesellschaft hervorgebracht hat, scheinen ein Eigenleben zu entwickeln, das sich unbarmherzig in Richtung auf die Zerstörung, auf den Tod unserer Welt zubewegt statt auf das Leben - eine Entwicklung, die für den Steinbock absolut unmoralisch ist. Unter der Regentschaft der Göttin Maat weiß er nämlich, daß der einzige Sinn von Disziplin und strenger Beschränkung darin liegt, für das Leben anderer dauerhafte harmonische Strukturen zu schaffen. Nur so führt die Selbstdisziplin und Ordnung des Steinbocks zu Freude und Befriedigung.

Wenn wir Kinder austragen, haben wir als Frauen das Privileg, diese Befriedigung tief in unserem Körper zu spüren, auf eine Art, wie kein Mann es kann. Deshalb ist Steinbock die Ergänzung zum Krebs, der am gegenüberliegenden Ende des Tierkreises steht, und deshalb waren auch die ursprünglichen Regenten aller Formen sozialer Zusammenschlüsse (der Krebs-Sippe, der Steinbock-Gesellschaft) weiblich. Als das Patriarchat die weiblichen Symbole (und auch Frauen), die seine Macht bedrohten, zerstörte, hat es sich selbst verstümmelt. Wir brauchen unsere Steinziegen mehr als je zuvor, um das Gleichgewicht wieder herzustellen – bevor es zu spät ist.

5

Die Luftzeichen:

Zwilling, Waage und Wassermann

Die Luftzeichen sind, wie die Feuerzeichen, Lieblinge der herkömmlichen Astrologie, und die Texte betonen gewöhnlich ihre positiven Qualitäten. In der patriarchalen Ideologie ist Luft ein "männliches" Element, im Gegensatz zu den "weiblichen" Elementen Wasser und Erde, und wird infolgedessen als "günstig" und "positiv" eingestuft. Als der einflußreiche Plato sein Werk *Der Staat* schrieb, stellte er die Philosophen-Könige (Luft) allen voran. Luft wurde immer schon mit Gedankenkraft, unseren Gehirnwellen, Sprache und dem "Geist des Menschen" in Zusammenhang gebracht. Bei Plato war Luft "männlich", nicht neutral oder dual wie in früheren Vorstellungen, und die Psyche (die griechische "Seele") wurde vom Wasser in die Luft verpflanzt. Das verursachte später die Verwirrung in der bildhaften Darstellung von Geist und Seele im Christentum, wo die Seele mal dem Herzen (Feuer) und mal dem Kopf (Luft) zugeordnet wurde. Wenn wir die beiden Vorstellungen miteinander vergleichen, so gehört die Seele in alter Tradition zum Wasser, zu unserer karmisch-emotionalen Spiritualität, der Geist jedoch zur Luft, zur geschlechtsneutralen Schwingung, die uns "zu den Sternen trägt".

Wie das Himmelsblau über uns, wie die Atmosphäre, die uns atmen läßt, ist Luft voller Ruhe und Bewegung. Luft und Wasser gehören zusammen und repräsentieren die unsichtbaren und sensiblen Kräfte in uns und um uns herum. Und die Worte, die das eine beschreiben, sind die Metapher für das andere. In den Gemälden von Botticelli berührt Luft im

Zustand größter Harmonie der fließenden Wellenbewegungen unseren Geist, so wie die Wellen des Wassers unsere Seele in Schwingung versetzen. Das Element Wasser stellt den Beginn der Schöpfung dar, Luft ihre Vollendung. Luft ist der Geist Gottes, der auf den Wassern schwebte (Genesis); sie bringt das göttliche Wort hervor, Logos, mit dem bewußtes Leben beginnt. Sie ist der Atem Brahmas (in dem unser Universum lebt und vergeht), der auf dem kosmischen Meer ruht, auf der entfalteten Lotus-Blüte; im tantrischen Buddhismus ist Luft für das Hals-Chakra zuständig, für die Sprache und den lebensspendenden Atem (prana), Medium für das heilige Wort, Quelle feinster Schwingungen. Im Element Luft werden die Gezeiten des Kosmos von den Winden in Bewegung gesetzt, wird beginnendes Leben mit Bewußtsein erfüllt. Die Rolle der Luft als Erweckerin menschlichen Geistes wird in den Religionsphilosophien der ganzen Welt gewürdigt.

In der Astrologie regiert Luft das letzte Haus des kosmischen und irdischen Schöpfungsprozesses (der mit den Fische-Meeren beginnt). In der Wissenschaft wird es ähnlich gesehen. So wie die Erde unsere Atmosphäre schafft, die Luft, in der wir leben und die wir atmen, so erschafft der Erde-Stier die Luft-Zwillinge. Aus den Zwillingen geht der Krebs hervor, die ersten menschlichen Ansiedlungen, die Morgenröte menschlicher Gesellschaft. Das Element Luft ist der Ausgang für das erste Aufflackern unseres Bewußtseins, für das aus der Form entstandene Wort. Luft regiert nicht nur unsere Sprache und unser Bewußtsein, unseren Redefluß und unsere Gehirnströme, sondern auch das Netz elektrischer Energieströme, das unsere Erde umgibt, sowie die energetischen Schwingungen des Nervensystems und ihre Einstimmung auf die unsichtbaren Kraftfelder innerhalb und außerhalb unserer Körper. Jedes der drei Luftzeichen beschreibt einen anderen Prozeß innerhalb des Elements, und Luft ist damit ein Abbild der drei Schichten der Atmosphäre, die unsere Erde umgeben und erst vor kurzem durch die Wissenschaft wiederentdeckt wurden - wobei die Troposphäre den Zwillingen, die Stratosphäre der Waage und die Ionosphäre dem Wassermann entspricht.

In der Astrologie haben in einem Luftzeichen Geborene (ebenso wie natürlich auch die in den anderen Elementen - Wasser, Feuer und Erde - Geborenen) eine einzigartige Qualität, die sie von denen, die in einem anderen Element ihr Sonnenzeichen haben, unterscheidet. Bei den Luft-Geborenen ist dies die Quecksilbrigkeit, eine Form nervöser Intensität, die bei den Zwillingen als Rastlosigkeit, bei der Waage als Überladung durch ein Zuviel an Pläneschmieden auftritt und die sich beim Wassermann besonders konzentriert.

Alle Wasserzeichen haben in unserer Kultur unter dem Diktat der Gegensätze (warm - kalt, subjektiv - objektiv) gelitten, und die Neutralität der Luft ist oft als "kalt" und "emotionslos" beschrieben worden, Eigenschaften, die im Patriarchat durch die Einordnung der Luft als intellektueller "Kopf" der Elemente und damit als "objektiv" noch verstärkt wurden. Diese klischeehafte Vorstellung ignoriert total die Tatsache, daß die Waage das Haus der Langzeit-Partnerschaften regiert und ihrerseits als Regentin die Venus hat (wozu ein "kaltes" Element kaum passend erscheint), daß der Wassermann dem "sozialsten" Haus des Tierkreises vorsteht und daß die größtmögliche Erfüllung der Zwillinge im "Drachenkopf" liegt, was sie sexuell anziehend macht. Die Schwierigkeit, Luft einem bi-polaren sexuellen Muster unterzuordnen, wird hier offenbar und ist vielleicht ein weiterer Hinweis darauf, daß die Symbolsprache der Elemente im Zusammenhang mit dem Tierkreis schon lange vor dem Patriarchat existiert hat.

Alle Symbole für die Luftzeichen sind dual, sind "alternierende Phasen auf einer zweidimensionalen Spirale, einem Strudel, sind das Eine in subjektiver und objektiver Form, das sich kreisend zu Materie verdichtet, das sich kreisend wieder löst und Geist wird" (aus: Jill Purce, *Die Spirale. Symbol der Seelenreise*). Hier lassen uns die astrologischen Symbole wieder einmal an ein früheres Gesamtwissen denken, eine Art des Verständnisses, die uns verlorengegangen ist. Vielleicht hat es einst eine universelle Kultur gegeben, die auf Glaubensgrundsätzen beruhte, deren Bilder am Himmel, in den Elementen und im Tierkreis zu finden waren. (Es gibt weltweit eine viel zu große Zahl identischer Symbole, als daß sie alle durch “Kultur-Parallelen” entstanden sein könnten.) Eines der interessantesten Symbole dieser Art ist der Drache (s. Abb. S. 206), und ich möchte gern dieses Kapitel über die Luft mit einem kurzen Blick auf dieses beliebte, wundersame Luft-Tier beenden.

Drachen sind immer mächtige Tiere, die sich durch die Luft winden, ihre Feinde mit ihrem Feueratem bedrohen und zur Erde gehören, obwohl sie sich, wie die Vögel, von ihr lösen können. Ein Drache trug den Kaiser Hwang Ti des Goldenen Zeitalters der Chinesen (ca. 2697-2597 v.u.Z.) in den Himmel empor, wo er einer der Unsterblichen wurde. Für die Taoisten ist der Drache der Weg, “der sich nur kurz zeigt, um wieder geheimnisvoll zu verschwinden". Drachen erscheinen in den Farben Gold/Rot/Blau/Grün, sie sind die Hüter des Geheimnisses, des Schatzes, der “flammenden Perle” der Weisheit, die im Herzen des Universums ruht, Beschützer des mystischen Lebens. Sie winden sich - als Schlange - um den Baum des Lebens (Heras Baum aus dem Garten der Hesperiden), und bewahren die goldenen Äpfel vor der Gier unwissender Eindringlinge. Wie die indischen Nagas (Schlangen) hüten sie gewaltige Schätze am Meeresgrund. In unseren “modernen” Sagen bewachen sie die Prinzessin, die göttliche Frau, und sind fast immer am Eingang einer Höhle dargestellt. Die Geschichte vom ritterlichen Helden und seinem Kampf mit dem Drachen gibt es nicht nur in unserem Land.

Das Bild des Drachens, der sich durch die Luft windet, der den Krebs-Baum bzw. die Mond-Perle des menschlichen Lebens und der Weisheit schützt, muß in der Vergangenheit sehr machtvoll gewesen sein. Die Drachen-Schlange ist der Geist der Veränderung und der Manifestation im Da-Sein, die uns am Beginn unserer Bewußtwerdung (Drachenkopf des Zwillings), auf unserem Weg entlang ihrer Windungen der Entwicklung und bis zum Ende im Skorpion behütet. Nur indem wir diesem Weg folgen, können wir den Schatz entdecken, den sie versteckt hält, den unzerstörbaren Diamanten reinen Strebens (Schwanz des Drachen im Schützen). Im *Geheimnis der goldenen Blüte* sind es zwei gegensätzliche

Drachen-Ströme (für die Doppel-Symbole der Luftzeichen), in deren Mitte, zwischen Sonne und Mond, das "Feld liegt ... Wohnstatt des Lichtes, die goldene Blüte."

In China gibt es jede Menge angewandte wissenschaftliche Praktiken, die mit dem Luftelement verbunden sind, vom Kompaß des Geomanten über die verwandte Kunst des Feng-Shui (Wind-Wasser) bis zur zitternden Akupunkturnadel. Dabei ist es interessant festzustellen, daß es in China kein Luft-Element gibt, nur die anderen drei Elemente. Vielleicht

wurde der Ausdruck Luft bewußt verdeckt gehalten und durch die später verwendeten Begriffe "Holz und Metall" (die natürlich auch sehr symbolhaltig sind) ersetzt, um die göttlichen Einsichten als Geheimnis zu bewahren (etwas, das in den mystischen Disziplinen nicht selten vorkommt). So spricht Laotse im Tao-te-king: *Das Tao, das erklärt werden kann, ist nicht das wahre Tao.*

Dadurch, daß China der tieferen Bedeutung des Luft-Elementes treu geblieben ist und seine Trivialisierung durch die Sprache verhindert hat, sind ihm vielleicht die uralten Praktiken und Künste erhalten geblieben, die dem Westen schon lange verlorengegangen sind.

ZWILLING ♊

Element: Luft
Qualität: veränderlich
Symbolbild: Zwillinge
Regent: Merkur
Regentin: Eurynome, die Taubengöttin

Zwilling in Stichworten: schnell von Begriff, beweglich, wortgewandt, kommunikationsfreudig, schwer zu fassen

Zwilling-Geborene genießen jede Art von Kommunikation, speziell jedoch die verbale. Ausdrucksstark, geistreich und wortgewandt, erfreuen sie als Rednerinnen und Redner alle, die ihnen zuhören. Sie lieben den Tratsch, die Weitergabe von Informationen und Neuigkeiten und sind auch gut im Schreiben. Sie sind vielseitig, müssen unbedingt immer zwei Dinge zu gleicher Zeit tun, sind schnell in der Auffassungsgabe und langweilen sich leicht; sie sind unruhig und voller Bewegungsdrang, reagieren geistig-seelisch auf die Umwelt und lassen sich von ihren Schwingungen mittragen. Sie stecken voller Spannungen und können stimmungsmäßig ohne Vorwarnung von freundlicher Ruhe auf ungebärdige Lautstärke oder dumpfes Donnergrollen umschwenken. In ihnen verbindet sich Bewegung mit luftig-geistiger Aufnahmefähigkeit und Auffassungsgabe. Sie sind ihrer Natur nach dual angelegt, was sich in ihren Gewohnheiten und Tätigkeiten äußert; sie sind sexy, elegant und anpassungsfähig. Sie haben das Bedürfnis, sich mitzuteilen und bei anderen Bewußtsein zu wecken und etwas in Fluß zu bringen. Von Theater und Journalismus sind sie fasziniert und sind überall zu finden, wo es um Kommunikation geht.

Die Zwilling-Eigenschaften sind dann am stärksten, wenn die Sonne, der Mond oder der Aszendent im Zwilling steht.

Symbolbild: Zwilling

Das Zwillingssymbol ist sehr alt, es reicht bis weit in die Zeit vor den Griechen und Römern zurück. Archäologen haben es das erste Mal in der Stadt Çatal Hüyük (6500 v.u.Z.) gefunden: dort bewachen Zwillingsgöttinnen die Tür des Heiligtums. Das Symbol erscheint wieder bei den doppelköpfigen Göttinnen-Figurinen in Hacilar (4800 v.u.Z.). Die Zwilling-Zwillinge scheinen zu jener Zeit weiblich gewesen zu sein (nicht männlich, wie später z.B. bei den patriarchalen Indogermanen).

Am berühmtesten ist vielleicht das griechische Zwillingspaar Artemis und Apollo, Kinder der Leto und des Zeus. In Artemis und Apollo verbinden sich Feuer und Luft, Mars und Merkur, eine Kombination, die sehr gut die Qualitäten der Stadt Athen zur Zeit ihres Höhepunktes ausdrückt. Das antike Griechenland kannte auch das Symbol der männlichen Zwillinge, der Dioskuren, Vorfahren der Römer Castor und Pollux. Sie gingen auf die indischen Asvin-Zwillinge Nakula und Sahedva zurück. Das römische Bild des rein männlichen Zwillingspaars hat bis in unsere Zeit Gültigkeit behalten; daß es letzthin wieder anders gesehen wird, ist eine recht neue Entwicklung.

Die Zwillinge als Bruder und Schwester gab es bereits in den mythologischen Geschichten der Gesellschaften, die am Anfang der bekannten Menschheitsgeschichte stehen. Das Prinzip der Dualität, das sich überall in den Weltschöpfungsgeschichten findet (wie schon bei den Ägyptern, Sumerern und Akkadiern), stellt einen Prozeß der Veränderung dar: Dualität, die aus der Einheit entsteht, aus der im Einen enthaltenen Vielfalt. Ganze Gesellschaften verfolgen ihre Abstammung bis auf ein uranfängliches Elternpaar (wie Adam und Eva) oder auf Gottheiten zurück (wie Rhea und Kronos in der griechischen Mythologie). Den Zwilling-Geborenen wird dadurch schicksalhaft die Verantwortung aufgebürdet, den Grund zu legen dafür, daß sich menschliche Kultur und Gesellschaft entwickeln kann - unter Vernachlässigung ihres reinen zwillingsmäßigen

Luft-Charakters. So wie die Luft aus der Erde entsteht, kommt Zwilling aus der Form des Stiers und regiert das letzte Haus der Schöpfung (s. Seite 279). Das wunderbare Talent des Zwillings, die Sprache, hat menschlichen Krebs-Gemeinschaften dazu geholfen, sich zusammenzufinden, und ermöglicht damit das Entstehen unserer Zivilisation: zwei Menschen, die abwechselnd miteinander sprechen und einander zuhören, schaffen mit Hilfe der Sprache die Abstraktionen, auf denen menschliche Kulturen aufbauen. Die in diesem Zusammenhang von Sapir-Whorf aufgestellte Hypothese besagt, daß die Sprache das Denken beeinflußt und nicht umgekehrt.

Im Zusammenhang mit dem verbindenden Wort, das Sinn ausdrückt, gewinnt das Symbol des Zwillings und seine Rolle am Beginn der menschlichen Geschichte stärkere philosophische Bedeutung. Aus der Einheit kommend, der einen Form, dem einen Ei (dem kosmischen Kern), trennt die Sprache des Zwillings die Zwillinge ebenso wie sie sie verbindet; sie gibt jedem von ihnen eine eigene Identität, eine Einzigartigkeit (die sie rein aus ihrer Körperlichkeit und ihrem Gefühl nicht gewinnen könnten), und kann gleichzeitig dem, was ihnen gemeinsam ist, Ausdruck geben. Aus dem Schmerz der Trennung der Zwillinge entwickelt sich Bewußtwerdung und begriffliches

Denken. Aber auch die Suche nach der "anderen Hälfte", der "Zwillingsseele" unserer Träume (von deren Existenz Plato im übrigen überzeugt war), ist darauf zurückzuführen. Zwillinge brauchen sich nicht mit Worten zu verständigen (es gibt genügend Berichte über ihre telepathischen und empathischen Kommunikationsfähigkeiten); daß der Zwilling sich für die Sprache entschieden hat, definiert uns auf ewige Zeit als Einzelwesen, verbindet uns aber gleichzeitig auf einer neuen Kommunikationsebene untereinander. Im Symbol des Zwillings, in der uns gemeinsamen Fähigkeit zur Kommunikation, ist "das Wort" noch nicht verkommen.

Viele Anthropologen meinen, daß unsere Sprachfähigkeit mit dem Wachstum des Neo-Cortex, der starken vorderen Gehirnlappen, zu tun hat, die ein Charakteristikum des Menschen sind. Im Zusammenhang mit diesem besonderen Merkmal unserer Spezies, dem Großhirn, gibt es eine höchst interessante Querverbindung zu den Zwillingen. Wir haben als Menschen ein "Doppel-Gehirn", dessen Hälften, so wird angenommen, früher durch eine Drüse miteinander verbunden waren (die Zirbeldrüse, über deren heutige Funktion nichts Genaues bekannt ist). Unsere beiden Gehirnhälften haben verschiedene Funktionen, die rechte regiert unsere linke Hand, unsere intuitive, eidetische und ganzheitliche Vorstellungskraft. Die linke dagegen regiert unsere rechte Hand und gehört zu unserem rational-logischen, linearen und analytischen Denken. In Notfällen jedoch kann jede Seite die Funktion der anderen mit übernehmen (wie bei gehirnverletzten Kriegsveteranen festgestellt wurde), und es wird angenommen, daß früher zwischen den beiden Hälften eine ständige Kommunikation stattgefunden hat, nicht nur in Krisenzeiten. So ist das Symbol der Zwillinge, mit wissenschaftlichen Augen betrachtet, ein Abbild der Struktur unseres Gehirns, und es ist sehr wahrscheinlich, daß in frühester Vergangenheit, zur Zeit, als die Symbolbilder für den Tierkreis geschaffen wurden, das eine als Metapher zur Beschreibung des anderen verwendet wurde.

Was bringt es uns an Erkenntnis, wenn wir die beschriebenen Zusammenhänge in bezug auf das Symbol Zwilling im einzelnen betrachten?

Am hervorstechendsten ist wohl die komplementäre, nicht gegensätzliche Art der Zwillings-Dualität. Unsere beiden Gehirnhälften ergänzen einander wie die Zwillinge in der Mythologie; die Dualität verhilft zu Vielseitigkeit, nicht zum Gegeneinander, wobei im Idealfall ein harmonisches Zusammenspiel zwischen unseren unterschiedlichen Fähigkeiten, Aktivitäten und Bewegungen entsteht. Asvin Sahedva (dem römi-

schen Pollux entsprechend), "Hüter der Herden und des Heims, friedvoll, intelligent und gerecht", ergänzte sich mit Asvin Nakula (dem römischen Castor entsprechend), "dem Roßbändiger mit feurigem Blick und Schultern wie ein Löwe" und stand nicht in Konkurrenz zu ihm. Ähnlich ergänzen Artemis (Mond) und Apoll (Sonne) einander und teilen ihre Liebe zur Jagd, zu Pfeil und Bogen. Pfeile, die in die Luft geschossen werden, sind auch heute noch ein Symbol für den Geist, für den Vogel, der im Fluge keine Erdenschwere kennt, jedoch immer wieder zur Erde zurückkehrt. In vergleichbarer Weise muß das Entzücken des Zwillings am Flug des Wortes, an der Kommunikation um ihrer selbst willen, durch die vom Stier stammende Intuition und Empathie geerdet werden. Dabei kommt die ganzheitliche Sensibilität der rechten Gehirnhälfte ebenso wie die lineare Bewegung der linken zum Tragen. Die kommunikative Sprache des Zwillings findet sich im Turm zu Babel, aber auch im Logos der Heiligen Schrift, der Bibel; in ihr können Lügen und schönfärberische Propaganda ebenso ausgedrückt werden wie der heilige erste Atemzug, das OM, das Wort Brahmas. Beim Zwilling besteht, mehr als bei jedem anderen Zeichen, die Gefahr, daß sich seine Worte "verselbständigen".

Bei heutigen Beschreibungen des Zwillings liegt die Betonung sehr viel stärker auf den "maskulinen" Qualitäten des Zeichens (manchmal bis zur völligen Ausschließung der üblicherweise "weiblich" genannten Attribute). Dem sich ergänzenden Zusammenspiel der beiden Zwilling-Seiten wird bislang viel zu wenig Bedeutung beigemessen.

Wie Jungfrau, Fische und Schütze ist auch Zwilling ein veränderliches Zeichen und wird daher durch Qualitäten wie Flexibilität, Ruhelosigkeit und Reagieren auf ihre Umgebung charakterisiert. Flexibilität und das Reagieren werden - wie die Intuition - gemäß unserer gängigen patriarchalen Klischees als "weiblich" eingestuft und sind selten in der Beschreibung des Zeichens zu finden, welches ja als zur "männlichen" Luft gehörig betrachtet wird. Und doch ist das Erspüren und das Reagieren auf die mentalen Schwingungen in ihrer Umwelt bei Zwilling-Geborenen sehr auffällig; diese Fähigkeit macht sie ebenso wie ihr Sprachtalent zu begabten Lehrerinnen und zu vifen Lernenden. Die Beweglichkeit zeigt sich auch in der Geschwindigkeit, in der Zwilling-Geborene ihre Gedanken in Worte umsetzen können, und im schnellen, mühelosen "Umschalten" von einer Gehirnhälfte auf die andere, vom Begreifen zur Reaktion, von der Intuition zur Artikulation. Für Zwilling-Geborene ist der geistige und stimmliche Austausch ein reines Vergnügen, sei es in der schlagfertigen Antwort, im Hin und Her von Tratsch und Neuigkeiten, der Weitergabe von Informationen oder dem Schreiben eines Artikels, eines Buches oder Gedichtes.

Davon, daß Zwilling meist sehr sexy ist, steht in den konventionellen Texten auch kaum etwas zu lesen. In der patriarchalen Astrologie wird Sexualität mit den Elementen Feuer, Erde und Wasser verbunden, niemals jedoch mit dem Element Luft (die Erde-Jungfrau, deren höchste Verwirklichung und Regent der "luftige" Planet Merkur ist, wird auch als "kühl" und "distanziert" bezeichnet). Diese ideologische Festlegung wurde durch die Jahrhunderte unserer asketisch-christlichen Denkweise noch verstärkt. Nach dieser Tradition behindert der Sex die spirituelle Entwicklung und das rationale Denken. Im Gegensatz dazu standen die Zwillinge im Altertum jedoch ausdrücklich mit dem Sexualprinzip in Zusammenhang. In der alten Mythologie sind die Zwillinge des Schöpfungsaktes und der Nach-Schöpfungszeit einander sexuell verbunden und schaffen durch diese Vereinigung die neue Generation, und sie ergänzen einander auch als Gegensätze. Für die ägyptischen Pharaonen war die Geschwisterehe heilig und bei ihrer Thronbesteigung ein notwendiges Ritual zur Erneuerung des Landes. Dieser Brauch hielt sich bis weit in das klassische Altertum. Astrologisch betrachtet, ist das im Zwilling angedeutete Sexualprinzip die Tür, durch die der Schritt zur Schaffung der Krebs-Familie führt. Auf der persönlichen Ebene ist die Suche nach unserer "anderen Hälfte" immer die Suche sowohl nach dem vollkommenen Liebespartner bzw. der vollkommenen Liebespartnerin wie auch nach der eigenen Vervollkommnung.

Ein astrologisches Symbol ist der Drachenkopf im Zwilling, der die Bedeutung dieses Zeichens erhöht. Im Symbol des Drachens können wir vielleicht die Darstellung der Entwicklung unseres persönlichen Lebensweges sehen, wobei das Schwanzende des Drachens im Schützen darüber hinaus bis zum Steinbock reicht und somit bis zum umfassenden gesellschaftlichen Leben führt. Astrologisch gesehen stehen diese beiden Zeichen sich gegenüber, am jeweiligen Ende der großen Drachen-Schlange. Sie erstreckt sich vom Krebs (Heim, Familie) bis zum Skorpion (Tod und Wiedergeburt) und umschließt unseren persönlichen Übergang zwischen diesen beiden karmischen Zeichen. Daß allem bewußten Leben auf dieser Erde eine Sexualstruktur zugrundeliegt, findet in Drachenkopf und Drachenschwanz lebendigen Ausdruck. Daher ist das Sexualprinzip mit seinem Kreislauf zwischen Dualität-Einheit-Dualität nicht nur Hintergrund unseres physischen Lebens, sondern auch unseres Denkens (des dialektischen Prozesses nach Hegel); es ist der Hintergrund unseres Zwilling-Hirns und unseres Schütze-Strebens, unserer Auffassung und unseres Verständnisses von der Welt. Am Himmel erscheinen Drachenkopf und -schwanz als Milchstraße, die "große Schlange" aus Sternhaufen, die ausschließlich durch die Sternbilder Zwilling und Schütze-Skorpion verläuft.

Was die beiden Symbole betrifft, die unter den Namen aufsteigender nördlicher Mondknoten und absteigender südlicher Mondknoten bekannt sind, herrscht in der Astrologie vorwiegend Stille, was auf unser verlorenes Wissen über diese Punkte zurückzuführen ist. Wir müssen schon dankbar dafür sein, daß die Kraft der Tradition zumindest ihre Kennzeichen und die Orientierungspunkte für uns erhalten hat. Neben vielem anderen ist auch das Geheimnisvolle ein Wegweiser, der zurück in unsere Vergangenheit weist, in eine Zeit vor den Dunklen Zeitaltern, die uns so vieler Dinge beraubt haben. Zwilling kann uns einiges über vergangene Weisheit erzählen oder uns klarmachen, daß vieles, was wir als grandiose neue Entdeckung feiern, schon früher bekannt war. Zwilling ist das freieste aller Zeichen; in Gedanken und in Sprache fließt das Zwillinghafte, unbeeinflußt und unbehindert durch welche "Zeiten" auch immer - ruhelos, beweglich und veränderlich, geleitet vom Boten der Götter, dem römischen Merkur. Dem vor-patriarchalen Ausdruck des Merkur in der Symbolsprache wollen wir uns jetzt zuwenden.

Regentin: Eurynome, Göttin der Tauben

Auf einem kretischen Siegel ist die Göttin zu sehen, wie sie mit wehendem Haar auf den Wellen tanzt. Ihr heiliger Name Iahu, Erhabene Taube, wurde auch für Inanna, die sumerische Himmelskönigin verwendet und ging schließlich (nach Robert von Ranke-Graves) an Yahweh, den Schöpfer, den biblischen Jehova, über. Bei Ranke-Graves wird die vorhellenische, pelasgische Schöpfungsgeschichte so erzählt:

"Am Anfang war Eurynome, die Göttin aller Dinge. Nackt erhob sie sich aus dem Chaos. Aber sie fand nichts Festes, darauf sie ihre Füße setzen konnte. Sie trennte daher das Meer vom Himmel und tanzte einsam auf seinen Wellen. Sie tanzte gen Süden; und der Wind, der sich hinter ihr erhob, schien etwas Neues und Eigenes zu sein, mit dem das Werk der Schöpfung beginnen konnte. Sie wandte sich um und erfaßte diesen Nordwind und rieb ihn zwischen ihren Händen. Und, sieh da, es war Ophion, die große Schlange. Eurynome tanzte, um sich zu erwärmen, wild und immer wilder, bis Ophion, lüstern geworden, sich um ihre göttlichen Glieder schlang und sich mit ihr paarte. So ward Eurynome vom

Nordwind, der auch Boreas genannt wird, schwanger. ... Dann nahm Eurynome die Gestalt einer Taube an, ließ sich auf den Wellen nieder und legte zu ihrer Zeit das Weltei. Auf ihr Geheiß wand sich Ophion siebenmal um dieses Ei, bis es ausgebrütet war und aufsprang. Aus ihm fielen all die Dinge, die da sind: Sonne, Mond, Planeten, Sterne, die Erde mit ihren Bergen und Flüssen, ihren Bäumen, Kräutern und lebenden Wesen."

Eurynome als Taube ist der selbe Geist Gottes, der in der Genesis der Bibel über dem Wasser schwebt (und später bei den Gnostikern verehrt wird). Sie ist die Schöpferin des Windes, des Atems des Universums, dieser unsichtbaren und doch allmächtigen Kraft, die so voll Bewegung ist, Symbol des Geistes und des befreienden Flugs unserer Herzen. In unseren Sprachen verbinden wir die beiden (arabisch und hebräisch "ruh" für Atem und Wind, lateinisch "anima" für Atem und Seele, griechisch "pneuma" für Hauch, Atem und Geist), und der Vogel ist auch heute noch für uns das Symbol für Streben nach Höherem und Freiheit - in seinem Flug zwischen Erde und Himmel gehört er zwar zur Erde, ist jedoch auch frei davon. Die späteren Götter Hermes (in Griechenland) und Merkur (in Rom) trugen Flügel an ihren Helmen und ihren Sandalen, um ihre vogelgleiche Flugfähigkeit anzudeuten.

Mit Eurynome kommen Dichtkunst und Freude an Bewegung wieder in den Zwillings-Regenten Merkur zurück. Es ist dann nicht mehr ausschließlich der langweilige Botschaften-Überbringer, der in Ausübung seiner Pflicht hierhin und dorthin flattert und der das Zeichen in der gängigen Symbolauslegung regiert; durch Eurynome kommt die Harmonie des Fluges, des Tanzes, des Einsseins mit den himmlischen Sphären, voll zum Ausdruck. Ihr Symbol ist eine geflügelte Venus (mit den Mondhörnern des Stiers) sowie ein vereinfachter Caduceus (der Heroldstab von Hermes und Merkur mit den ineinander verschlungenen Schlangen der Heilkunst, der Weisheit und des Sexualprinzips). Im Geburtshoroskop sind die beiden Planeten nie sehr weit voneinander entfernt und umkreisen unseren Lebenspunkt, die Sonne. Im Altertum waren beide Planeten (Venus und Merkur) Regenten des Zwillings. Als Erhabene Taube vereinte Eurynomes mythologische Ahnin, die Große Göttin Inanna, Venus- und Merkur-Aspekte in sich; sie war die Königin der Liebe und der Schönheit und regierte die Sprache, die Worte und die Musik (Zwilling und Stier-Waage), das Schicksal und die Gesetze - also die “mes” der Menschheit. Ursprünglich stand Geist nicht im Gegensatz zu Materie (wie später in der patriarchalen Ideologie), und vifer Intellekt war durchaus mit Schönheit vereinbar. Der außerordentliche, bewegliche Charme der Zwilling-Geborenen, ihre harmonischen, fließenden Bewegungen drücken sich in Eurynome, der Tänzerin und fliegenden Taube, aus (Schönheit im Fluge als zusätzliche Dimension), ein Aspekt, der in der späteren männlichen Form der Darstellung, der des römischen Merkur, völlig verloren geht.

Von Eurynome stammt das lateinische Wort “nomen”, das englische “name” (der deutsche “Name” - Anm. d. Übers.) wie auch der Ausdruck “numinos” (göttlich); als Iahu symbolisiert sie den ersten Laut unserer Sprache, den Laut, der beim Einatmen die Vokale bildet, das schöpferische Wort. Sie ist derselbe Logos, der in der Heiligen Schrift am Beginn der Schöpfung steht; wie Merkur wurde sie in vielen Religionen als erste Schöpferkraft verehrt. Da sie ihrer Regentschaft unterstehen, finden sich auch heute bei vielen Zwilling-Geborenen Sprachtalent und dichterische Fähigkeiten; die Konjunktion von Merkur und Venus im Geburtshoroskop wird normalerweise als deutlicher Hinweis auf schöpferisches Talent betrachtet und erinnert uns daran, daß dort die höchste Form von Kunst entstehen kann, wo der veränderliche, einfühlsame Höhenflug des Merkur sich mit Form und Struktur der Venus verbindet. In der Antike wurde der Sprachfluß der Dichtkunst von Musik begleitet, und Inannas *mes*, die Künste der Zivilisation, beinhalteten die Gesetze musikalischer Prinzipien, so wie das auch die philosophischen Gesetze des Pythagoras taten. Aus Inannas *mes* wurden die Musen der klassischen griechischen Mythologie, die Töchter von Himmel und Erde, die, wie Hesiod berichtet, in Thrakien zu Hause waren. Dort ist "Merkur" noch weiblich und Herrscherin der Redegewandtheit, des Lernens, der Sprache (Zwilling), der Kalender-Wissenschaften und der Astronomie (Jungfrau). Viel näher als Merkur oder der griechische Hermes kommt der berühmte Dichter Orpheus der ursprünglichen Eurynome. Er ist der matrilineare Sohn der Muse Kalliope, deren Worte (im Gesang) Bäume und Felsen verzauberten. In ihrer vollkommenen Form sind Zwilling-Geborene alles andere als prosaisch - das Zeichen wie seine Regentin ist immer schon als besonders kreativ angesehen worden.

Wird Merkur durch Eurynome ersetzt, so erfährt das Zeichen - das bis dato als rein geistiges Symbol aufgefaßt wurde - in einer Hinsicht eine besonders deutliche Erweiterung, nämlich durch das Hinzukommen der

Sexualität. Mehr noch als die Materie steht in unserer Ideologie die Sexualität dem "Geist" entgegen - eine Ansicht, die durch Jahrhunderte asketischen Christentums und der darin postulierten Sündhaftigkeit sexueller Betätigung noch verstärkt wurde.

Als Astrologen entdeckten, daß der griechische Hermes (der "Vorgänger" des römischen Merkur) auch ein phallischer Gott mit unzähligen Schreinen in Griechenland und Indien war, verleugneten sie meist schamhaft dieses peinliche Attribut des Gottes. Wie wir jedoch bei der vorhergehenden Besprechung des Zwilling-Symbols gesehen haben, ist das Dualprinzip grundsätzlich in unserem Geist (unserem Doppel-Gehirn) und in unserer Biologie (den beiden Geschlechtern) verankert. Töchter und Söhne sind die Kinder unseres Körpers, die Gedanken die "Kinder" unseres Geistes, wobei die ersteren eine Metapher für die letzteren sind und das Ganze eine metaphorische Darstellung des Schöpfungsaktes ergibt. Ob es uns jemals gelingen wird, unsere Gedanken und unseren Körper so miteinander zu verbinden, daß der wahre Geist, wie Eurynome ihn verkörpert, entsteht, sei dahingestellt. Zumindest aber sollten wir uns in Erinnerung bringen, daß dies möglich ist. Zwilling-Frauen, die unter Eurynome geboren sind, sind sich dessen stärker bewußt als viele andere, wenn sie nach dem perfekten geistigen und sexuellen Partner suchen - sie sind weit entfernt davon, die kühlen, emotionslosen, asexuellen Wesen zu sein, als die sie in der herkömmlichen Astrologie meist beschrieben werden.

Der römische Gott Merkur, unser Symbol der vergangenen 2000 Jahre, ist nur ein sehr blasses und schwaches Abbild des Planeten Merkur. Er ist das Produkt einer hierarchischen, kriegerischen patriarchalen Kultur, in der bereits viel von dem Wissen und der Weisheit zurückliegender Jahrhunderte verloren gegangen war. Die damals noch bestehende große Bibliothek in Alexandria wurde während der letzten Jahre römischer Regierung im Zuge eines Bürgerkrieges niedergebrannt, das darin enthaltene Wissen ging unwiederbringlich verloren. Viele kleinere Sammlungen wurden von Fanatikern unter den frühen Christen dem

Feuer übergeben: sie waren entschlossen, auch die kleinsten Spuren anderer Glaubensrichtungen und Philosophien auszumerzen, die nicht im Christentum assimiliert werden konnten. Am Ende dieser Zeit, des klassischen Altertums, finden wir auch die letzte Vertreterin von Eurynomes Merkur: Hypatia. Wir hören jetzt ihre Geschichte, so wie sie Edward Gibbon in seinem Buch *Geschichte vom Niedergang und Fall des römischen Weltreiches* wiedergibt:

Hypatia

Hypatia lebte im Jahre 415 in Alexandria, das damals das Zentrum der Wissenschaften war. Sie war der Kopf einer Gruppe von Gelehrten der neuplatonischen Schule. Sie war Lehrerin für Logik, Mathematik und Philosophie und Mitglied der pythagoräischen Schule. (In Alexandria konnten Frauen und Männer zu diesem Zeitpunkt noch ohne Einschränkungen gleichberechtigt nebeneinander studieren. Hypatias Jungfrau-Schwester früherer Jahre - Agnodike - war ja auch nach Alexandria geflüchtet, um dort Ärztin zu werden.)

Ganz offensichtlich war Hypatia eine gewandte und gute Rednerin. Sie lehrte öffentlich, und es kamen viele Studenten aus allen Teilen der damaligen Welt, um sie zu hören.

Gibbon berichtet, daß sie eines Tages auf ihrem Weg zur Vorlesung von einer Gruppe fanatischer Christen aufgehalten wurde. Sie zerrten sie von ihrem Wagen in eine nahegelegene Kirche, wo sie sie bestialisch ermordeten - sie schnitten ihr mit Muschelschalen die Haut vom Leibe. Hypatia ist die letzte der Frauen, in denen sich Freiheit und Gleichheit mit griechischem intellektuellem Denken und (von Gibbon erwähnter) Schönheit verband. Ihr einziger "Fehler" war, daß sie eine redegewandte, einflußreiche *Frau* war - nach ihrem Tod begann in bezug auf Wissen und Verstand ein Dunkles Zeitalter.

Zwilling im Patriarchat

Obwohl Zwilling, als beliebtes "männliches" Zeichen, in herkömmlichen astrologischen Beschreibungen meist gut wegkommt, haben wir doch gesehen, daß viele tiefere Bedeutungsaspekte des Zeichens verzerrt dargestellt oder zur Gänze ausgelassen werden. In den Texten wird oft der helle Verstand des Zwillings erwähnt; seine geistige und sprachliche Wendigkeit, die Aspekte von Veränderlichkeit und Anpassungsfähigkeit jedoch werden meist nicht zur Sprache gebracht. Qualitäten, die unsere Gesellschaft als "männlich" betrachtet, die der linken Gehirnhälfte (und der rechten Hand) zugeordnet sind und daher mit Logik, Rationalität und der Handhabung von Dingen verbunden werden, bekommen besonderes Gewicht, während die Zwillings-Funktionen der rechten Gehirnhälfte (und der linken Hand) ignoriert werden. Die linke Hand ist im Bereich unserer Kultur immer mit der Mondin, mit Frauen, Intuition und Vorstellungskraft, Magie und Heidentum (aus christlicher Sicht) verbunden worden; klarer Verstand und klares Denken kann angeblich nur dann erreicht werden, wenn man sich von dieser "weiblichen" Seite trennt (auf diese Weise kommt es zur sogenannten Neutralität/Objektivität des Wissenschaftlers und rationalen Mannes). Um bei der Ausdrucksweise unserer Geschlechter-Ideologie zu bleiben: der "männliche" Intellekt kann unmöglich funktionieren, wenn ihm die "weiblichen" Emotionen in die Quere kommen (Gott ist männlich, daher ist dies auch Sein Wort und Sein Gesetz)! Mit dieser Art von Klischees haben wir die vergangenen 2000 Jahre gelebt, wobei der kulturell bestimmte Gegensatz zwischen unseren beiden Gehirnhälften (die eine männlich, die andere weiblich) durch die asketische Körperfeindlichkeit (Körper = weiblich) des Christentums noch verstärkt wurde. Der Intellekt des Mannes (Luft) verbindet sich mit seiner Leidenschaft (Feuer), um ihn bis in den Himmel zu tragen; der Körper (Erde) und seine Gefühle (Wasser) - weiblich! - können ihn nur von diesem Höhenflug herunterzerren.

Weibliche Zwilling-Geborene konnten bis vor kurzem die "männlichen" Eigenschaften, die in ihrem Zeichen zu finden sind, nicht ausleben (es sei denn, sie waren in der glücklichen Lage, einen wohlgesonnenen Bruder, Vater oder Ehemann zu haben). Eine vife, intelligente Frau war den meisten Männern ein Greuel - und ist es möglicherweise für viele auch heute noch. Zwilling-Frauen lernten, ihre Intelligenz zu verschleiern und ihre Zunge zu zügeln - ein typisches Beispiel für die Zwillings-Anpassungsfähigkeit. Der Tratsch, als Überlebensstrategie von frustrierten Zwilling-Frauen erfunden, verhinderte wahrscheinlich viele Selbstmorde und Depressionen, da er zumindest *einen* Kanal für die Redegewandtheit und geistreiche sprachliche Ausdrucksfähigkeit offenließ, wenn schon alle anderen ihnen verschlossen waren. Das besondere Talent für fremde Sprachen kommt bei Frauen noch immer zum Tragen, wenn sich ihnen die Möglichkeit zum Lernen bietet; auf akademischem Gebiet sind Sprachen nach wie vor ein "Frauen"-Fach (mit dem Ergebnis, daß mancher Engländer sich heute noch damit brüstet, keine Fremdsprache zu sprechen!).

Erst seit relativ kurzer Zeit ist es Frauen möglich, sich mit den intelligenten, intellektuellen Aspekten des Zwillings zu identifizieren. Daß Frauen mit akademischen Graden genauso angesehen sind wie Männer, begann erst nach dem Zweiten Weltkrieg. Immer noch leben wir in einer Welt, in der sich vorwiegend Männer mitteilen. Professoren, Anwälte, Politiker, Referenten, Journalisten, Kommentatoren ... diese alle sind überwiegend Männer, seltener Frauen. Obwohl wir recht gute Fortschritte in der Eroberung einiger Bereiche (z.B. Journalismus) gemacht haben, gibt es noch viel zu tun. Das Lehren, das Schreiben und die Schauspielerei, Berufsfelder, in denen Zwilling-Frauen häufig arbeiten, sind, wenn es um eine höhere Stellung, um Autorität und das große Geld geht, von Männern besetzt. So sind in den Grundschulen vorwiegend weibliche, an höheren Schulen und Universitäten jedoch in der Mehrzahl männliche Lehrer zu finden. Und das Klischee von "weiblichem" intuitiven und von "männlichem" rationalen Denken ist einfach nicht totzukriegen. Wenn eine Frau sich besser ausdrücken und womöglich in der Diskussion besser argumentieren kann, dann ist das “unweiblich” und zugleich eine arge Bedrohung des männlichen Egos, das, um sich sicher zu fühlen, die Bestätigung seiner angeblichen intellektuellen Überlegenheit benötigt. In der Hoch-Zeit des Patriarchats wurde behauptet, daß das Gehirn der Frauen sich von dem der Männer unterscheide und eines konsequenten Gedankenganges unfähig sei - es ist erst fünfzig Jahre her, daß öffentlich eingestanden wurde, daß wir das gleiche Gehirn wie Männer haben!

Seit es die Massenmedien gibt, hat die Redegewandtheit und das instinktive Wissen der Zwilling-Geborenen um die Macht des Wortes größere Bedeutung erlangt. Dies macht es umso notwendiger, der “weiblichen” rechten Gehirnhälfte (und der linken Hand) den gleichen Stellenwert zuzuerkennen wie ihrer anderen Hälfte. Das gesprochene und geschriebene Wort ist allgegenwärtig geworden, und die dazugehörigen Netzwerke sind derart global, daß sie sowohl unsere Weltsicht als auch unsere persönlichen Wahrnehmungen ganz wesentlich beeinflussen. Diese Entwicklung hat zwei Seiten. Auf der positiven Seite hat das zwillingsmäßige Talent z.B. dazu geführt, daß Medienstars große Hilfskonzerte auf die Beine stellen, um Geldmittel für Bedürftige zu sammeln, wobei sie Menschen unter einer Idee vereinen, die nationale Grenzen vergessen läßt. Auf der negativen Seite steht, daß die Medien dazu mißbraucht werden, Krieg und Vorurteile zu schüren, Menschen zu verblenden und voneinander zu trennen. “Doppel-Denk” und “Neusprech” aus Orwells prophetischem Roman “1984” sowie unsere gegenwärtige Form politischer Rhetorik und die Praktiken der “Fehlinformation” sind ebenfalls Fähigkeiten des Zwillings-Merkur, die heute die Menschen in einem Ausmaß manipulieren und gängeln, wie das früher unvorstellbar gewesen wäre. Wenn logisches Denken und manipulative Sprache losgelöst von gegenseitiger mitmenschlicher Verantwortung verwendet werden, wird in hierarchischen Systemen daraus ein weiteres Mittel zu Macht- und Aggressionsausübung. Lösen sich Sprache und Denken von einer ganzheitlichen Sichtweise und wird die zweite Seite nicht gesehen, dann haben wir die engstirnige Spezialisierung auf reines Informationswissen, die gedankenlose Neugier nur um der Neugier willen, wie sie in den letzten hundert Jahren bei Wissenschaftlern und Forschern (und, wie wir wissen, auch bei "wissenschaftlichen" Folterern) zu finden war. Diese "klinische" Neugier hat mangels einer größeren Verantwortung für die Konsequenzen der gemachten "Entdeckungen" unseren Planeten an den Rand der Zerstörung gebracht. Die Institutionalisierung der Zwilling Seite, die von der rechten Hand und linken Gehirnhälfte bestimmt ist, ohne Berücksichtigung ihres ergänzenden, kompensierenden anderen Teils, die Vermännlichung des Symbols, das damit in unseren patriarchalen Strukturen sein Echo findet, ist ein höchst besorgniserregender Aspekt unserer jüngsten (industriellen) Vergangenheit. Die Woge der Unzufriedenheit, die von frühen Warnern wie C.S. Lawrence mit seinem Buch *That Hideous Strength* bis zu den heutigen "Grünen" (die versuchen, ein weltweites Forum anzusprechen), von Dichtern bis zu Reformpolitikern getragen wird, ist vielleicht nicht nur deswegen entstanden, weil inzwischen den Frauen zunehmend gleiche Rechte und Anerkennung zugestanden werden, sondern auch, weil alle jene Eigenschaften, die früher als "weiblich" und damit minderwertig eingeordnet wurden - jene der linken Hand und rechten Gehirnhälfte des Zwillings - allgemein mehr Geltung bekommen haben.

Die Lektion, die uns Zwilling erteilt, ist, daß wir alle zwei Hälften in uns vereinen: Nur dann, wenn wir jeder der beiden den gleichen Stellenwert zuerkennen (und die patriarchale Geschlechter-Ideologie beiseite lassen), kann unser Gehirn (Sprache und Denken) in der sich ergänzenden Art und Weise funktionieren, die ihm gemäß ist. Innanas Taube manipuliert den Wind nicht, sie ist ein Teil davon - sie fliegt zwischen Himmel und Erde und entspricht doch dem Muster des Lebens. In der Dichtung ist es das Schweigen zwischen den Worten, das Magie schafft, und die Wahrheit ertönt aus der Stille des arabischen *sifr* und des japanischen *ma*. Wir müssen der Redegewandtheit der Politiker und Werbeagenturen, dem Ansturm manipulativen und ausbeuterischen Denkens unsere Fähigkeit entgegensetzen, ganzheitlich zu empfinden: die Intuition und Vorstellungskraft der "weiblichen" Zwillingshälfte. Ihr intuitives Wissen um das Muster, das allen Dingen zugrundeliegt, gibt ihr die Möglichkeit, sich in Harmonie mit den Strömungen der Luft, mit dem Wind zu bewegen. In den Schriften der Rabbiner heißt es, daß König David nächtens die Harfe über sein Bett hängte, damit der Wind ihren Klang wecken und dem König damit Ruhe bringen möchte (die ersten Äolsharfen waren Windspiele).

Die Taube des Zwillings war viel zu lange in die Zwangsjacke linearer Prosa eingeschlossen, ihr Geist vom unpersönlichen (männlichen) Merkur zweigeteilt. Vögel sterben, wenn sie in einen Käfig gesperrt werden - so auch der Zwilling, und es ist unbedingt notwendig, ihn zu befreien.

Die minoische Schlangengöttin
mit je 1 Schlange in jeder Hand
Museum Heraklion/Kreta

WAAGE ♎

Element:	Luft
Qualität:	kardinal
Symbolbild:	Die Waage
Regent/in:	Venus (und Saturn)
Regentin:	Helena

Waage in Stichworten: nobel, elegant, sehr kritisch, künstlerisch, neugierig

Waage-Menschen sind von Natur aus anspruchsvoll und künstlerisch begabt, und in ihrer Umgebung wie ihrem Beruf legen sie Wert auf gewisse Eleganz. Sie sind sensibel und charmant, ihre Gefühle sind stark und eigenwillig. Sie sind niemals wirklich aggressiv (wenngleich sie scharf treffen können) - sie ziehen allemal die Diplomatie der offenen Auseinandersetzung vor. Sie suchen nach Veränderungen, um die rechte Balance herzustellen, und ihre besondere Kritikfähigkeit und Beobachtungsgabe - ähnlich wie bei der Jungfrau - befähigen sie dazu. Waage verkörpert im Tierkreis sozusagen die besten Voraussetzungen für sozialwissenschaftliches Arbeiten. So ist es Waage-Geborenen zuwider, Partei zu ergreifen; sie bleiben lieber distanziert (es sei denn, ihre eigenen Interessen stehen auf dem Spiel). In Beziehungen erwarten sie vom Gegenüber die Gegenseitigkeit des Gebens und Nehmens und können recht bitter werden, wenn ihre Erwartung sich nicht erfüllt. Sie lieben Partnerschaften jeglicher Art. Grobheit und Derbheit lehnen sie ab; ihre hohen Ansprüche (die in direktem Zusammenhang mit ihrer starken Kritikfähigkeit stehen), machen sie zusammen mit ihrer künstlerischen Sensibilität neben allem zu einer "Vorzeige-Frau".

Die Waage-Eigenschaften sind dann am stärksten, wenn die Sonne, der Mond oder der Aszendent in der Waage steht.

Symbolbild: Die Waage

Im Altertum wie in der modernen Welt ist die Gerechtigkeit immer eine Frau. In alten Mythen ist sie diejenige, die die Taten der Menschen auf die Waage legt und abwägt, Schuld zuweist, wo es nötig ist, und das Böse vom Guten trennt. Manchmal verhilft sie einem männlichen Gott dazu, Recht zu sprechen (wie in späteren griechischen Mythen), oder sie verkündet selbst das Urteil. Auch heute noch wird die Gerechtigkeit als weiblich dargestellt. Unsere Auffassung von Gerechtigkeit ist weiblich - in der Kunst werden Demokratie, Freiheit und Gleichheit meistens als weiblich, nicht männlich, gesehen.

Vereinzelt gibt es auch männliche Symbole für Gerechtigkeit, zum Beispiel wird der Heilige Petrus der Katholiken als "Waagemeister" angesehen; in der katholischen und der protestantischen Kirche ist Gott der oberste Richter. Das ist jedoch eher die Ausnahme, was eigentlich erstaunlich ist. Wie kommt es, daß es in einer männlich-dominierten Gesellschaft so wenige männliche Symbole für Gerechtigkeit gibt, und wieso wird sie oft als blind dargestellt?

Oft sehen wir die Gerechtigkeit als Jungfrau abgebildet, was auf eine direkte Verbindung zwischen der Waage und ihrer Schwester Jungfrau hinweist. Bei Hesiod ist sie die "Jungfrau Dike", die, "wenn sie fälschlich beschuldigt wird ..., zu ihrem Vater Zeus, Sohn des Kronos, geht und ihm von der Ungerechtigkeit der Menschen berichtet". Hier ist es Dike, die die Ungerechtigkeit in menschlichen Gedanken und Worten erkennt, nicht Zeus.

Nemesis, die griechische Göttin und Wahrerin des rechten Maßes, war in ihrer ursprünglichen Bedeutung die Empörung über einen Menschen, der dem Gesetz zuwiderhandelte; sie verkörperte das sichere Gefühl dafür, was zu tun ist, um die ins Ungleichgewicht geratene Waage zu korrigieren (sei es durch eine Geldbuße, eine Aufgabe oder durch das Versprechen, sich "bessern" zu wollen), und den berechtigten Zorn, wenn dies nicht geschah. Hesiod beklagt, daß Nemesis in seiner Zeit, dem fünften und schlimmsten Zeitalter, der Eisenzeit, die Erde verläßt: "...Nemesis und Aidos, ihr strahlendes Selbst in weiße Gewänder gehüllt, verlassen die Erde, verlassen die Menschheit und kehren heim zu den unsterblichen Göttern."

Erst in späteren Mythen kündigt Nemesis göttliche Vergeltung an. Sie wurde in gewisser Weise zum Inbegriff des klaren Bewußtseins der Griechen, die sehenden Auges mordeten, töteten und versklavten, obwohl sie wußten, wie sehr sie damit dem Gesetz zuwiderhandelten und das Gleichgewicht störten. Damit war Nemesis vorwiegend zur Rachegöttin geworden, die Tod und Vernichtung mit sich brachte. Es ist die Hybris, die frevelhafte Mißachtung des Gesetzes, die Nemesis zu Adrasteia, der "Unentrinnbaren", werden läßt. Waage als Adrasteia führt uns vor Augen, daß alle unsere Handlungen unausweichliche Konsequenzen haben, daß uns "nichts geschenkt wird". Sie zeigt die Waagschalen im Ungleichgewicht - sowohl in der Atmosphäre wie im ökologischen System, in unseren gesellschaftlichen wie unseren privaten Beziehungen. Dadurch wird uns bewußt gemacht, daß wir ein neues Gleichgewicht herstellen müssen. Eine tote Erde kann die Folge sein, wenn wir auf die Mahnung nicht reagieren. Aus diesem Grunde muß die Waage-Kritik äußerst streng sein.

In der Welt der Griechen gab es Ungerechtigkeit, Sklaverei und Ausbeutung zu Hauf, Machtausübung auf Kosten der Friedliebenden - es war eine Welt, die sehr weit entfernt war vom Waage-Ideal der Wechselbeziehungen, vom ausgeglichenen Geben und Nehmen, vom Fair Play in Partnerschaften (ob geschäftlicher oder privater Natur). Das ist vielleicht der Grund dafür, daß in späteren griechischen Schriften die Vorstellung von Gerechtigkeit mit Verhängnis und Schicksal verbunden wird, mit Vorsehung, die Vergeltung und nicht Vergebung bringt. Die Erinnyen verfolgen ihr Opfer bis zu den Toren der Unterwelt; alle Taten, die auf dieser Welt verübt wurden, werden vor dem Übertritt in die nächste Welt in die Waagschalen gelegt. Und wieder sind die Symbole dafür weiblich.

Assoziationen wie Gerechtigkeit und Tod scheinen auf den ersten Blick für Waage-Geborene nicht passend, viel zu fremd angesichts ihrer charmanten Eleganz. Astrologen, die sich eher an das Venus-Klischee passiver Hingabe an die schönen Künste halten, neigen dazu, die härteren Qualitäten der Waage zu ignorieren und die Praxis der Rechtsprechung dem männlichen Saturn zuzuschreiben (der, wie die Göttin Maat, ja seine Vervollkommnung in der Waage findet). Es ist jedoch so, daß die Prinzipien, auf denen Balance und Harmonie in der Kunst beruhen, ebenso streng und unausweichlich sind wie jene, die für Harmonie in zwischenmenschlichen Beziehungen und in der gesamten Umgebung, in der wir leben, sorgen. Wenn für die elegante Waage Ungleichgewicht erkennbar wird, kann sie zu einem der strengsten und "kältesten" Zeichen überhaupt werden, unbeugsam entschlossen, die Dinge zu verändern. Waage ist ein kardinales Zeichen, voller Antriebskraft, und ihr kritischer Verstand kann sowohl ihren Antrieb als auch ihre künstlerische Sensibilität und ihr tieferes Interesse an menschlichen Beziehungen verstärken. Waage-Geborene fühlen sich oft zu den Rechtswissenschaften hingezogen - hätte man Frauen schon früher zu diesen Studien zugelassen, dann gäbe es jetzt viel mehr moderne, beeindruckende Richterinnen in den Gerichtssälen. Die oben erwähnten Eigenschaften schließen sich nicht gegenseitig aus; dieses Vorurteil ist erst in den letzten 2000 Jahren männlicher Vorherrschaft entstanden. Wäre es Waage-geborenen Frauen stets möglich gewesen, ihre Fähigkeit zu abwägender Urteilsfindung öffentlich einzubringen, dann hätte es wahrscheinlich weniger von Recht und Gesetz verfügte Repressalien gegeben, die uns im Verlauf unserer Geschichte das Leben zur Hölle gemacht haben.

Um die ideale Waage-Mischung aus Eleganz und Gerechtigkeit, das Gleichgewicht zwischen sozialer Bezogenheit und künstlerischer Sensibilität zu finden, müssen wir von Griechenland weiter zurück in die Geschichte gehen, bis zur minoischen Kultur von Kreta. Diese Kultur war nicht indogermanisch und sehr wahrscheinlich matrilinear (wenn nicht sogar zeitweise matriarchal). Ich möchte auch meinen, daß sie nach anderen Prinzipien organisiert war als die unsere - nicht hierarchisch, sondern auf Gegenseitigkeit beruhend. Wo die Gemeinschaften noch nicht zu groß sind und noch nicht an Überbevölkerung leiden, ist eine auf Gegenseitigkeit beruhende Organisationsform eine ebenso wirkungsvolle Strukturmöglichkeit wie die Hierarchie. (Diese Form hat es in vereinzelten matrilinear organisierten Gesellschaften bis in die Gegenwart hinein gegeben; sie wurden aber durch die europäischen Eroberer und Kolonialisten zerstört.) Der dringende Wunsch der Waage-Geborenen nach Balance, nach gegenseitiger Verständigung war im minoischen Kreta in einem Ausmaß zu finden, wie nie mehr danach. Der ursprüngliche Name der Waage kann durchaus der Name der minoischen Schlangengöttin gewesen sein, wobei die Schuppenglieder der Schlange und die Waagschalen der Gerechtigkeit gedanklich und sprachlich miteinander verwoben wurden (engl. scales = Schuppen; Waage - Anm. d. Übers.). Libra, die römische Bezeichnung für Waage, hat den ursprünglichen, nicht mehr bekannten Namen ersetzt, und ist der einzige Name, der sich geschichtlich nachweisen läßt. Es ist sehr wahrscheinlich, daß der frühere Name der der minoischen Schlangengöttin war. Nach minoischem Glauben steht sie, schön und elegant, mit je einer Schlange in den Händen, vor dem Tor zur Unterwelt (Skorpion). Auf ihrer Waage wägt sie die Taten der Menschen, bevor sie das Tor durchschreiten (bzw. sie stellt - nach karmischer Philosophie - die Balance durch Zuteilen des nächsten Lebens im Kreislauf des Seins her). Die

neue Namensgebung durch die Römer ist vielleicht ein früher Versuch gewesen, die Geschichte umzuschreiben, um aus dem Symbolgedächtnis alles auszulöschen, was sie in Verlegenheit bringen könnte (so etwa die Tatsache einer zurückliegenden erfolgreichen matrilinearen Kultur).

Die minoische Kultur

Von allen Kulturen des Altertums ist die minoische die bezauberndste und zivilisierteste Stadtkultur. Sie dauerte von ca. 3000 bis 1100 v.u.Z. und herrschte in dieser Zeit unangefochten im ganzen Mittelmeerraum (vergleiche dazu die ca. 800 Jahre des Römischen Reiches!). Als Archäologen jedoch in Knossos die wunderschönen Fresken entdeckten, waren sie erstaunt: da gab es keine "historischen Gemälde" von Kriegen, unterworfenen Völkern, Gefangenen oder Triumphzügen, keine Inschriften, die die Macht und die Taten einzelner Könige priesen. Da gab es einzig und allein liebliche oder auch repräsentative Naturszenen (z.B. das Delphin-Fresko), Darstellungen von Festen (die Stiertänze) oder auch von Szenen aus dem Alltagsleben (Kelchträger). Und überall fanden sich Bilder und Statuetten kultivierter, eleganter und schöner Frauen. Wenn sich aus diesen künstlerischen Darstellungen Rückschlüsse ziehen lassen, so muß die minoische Kultur Seltenheitswert besessen haben: sie war weder aggressiv noch ausbeuterisch.

Das einzige Schriftzeugnis im minoischen Kreta (Linear A im Gegensatz zum mykenischen Linear B) ist bis heute nicht entziffert - und wir müssen die Ausgrabungsfunde und Legenden des hellenistischen Griechenland zu Hilfe nehmen, um diese Kultur zu verstehen. Auf den Fresken bewegen sich wunderbar elegant gemalte schlanke Mädchen, Knaben und Frauen. Die Figuren von Tieren, Mädchen, Knaben und die Statuetten der Göttin sind von hoher Gestaltungskunst. In der Architektur, der Innengestaltung, der Möblierung, den Sanitäranlagen kann es Knossos mit der modernen Baukunst aufnehmen. Seine Gebäude sind vielleicht noch schöner, weiträumiger und farbiger gestaltet. Ein aus Keramik gefertigtes Bad in einem der Räume könnte ein Bad von heute sein; die Möbel waren kunstvoll verziert (so fand man z.B. in einem der Räume einen "Spieltisch" mit einer in Gold gefaßten Einlegearbeit aus Kristall und Elfenbein). Die waagegemäße Liebe zu Schönheit und Eleganz ist überall in Kreta zu finden.

Es ist anzunehmen, daß es in einer derart komplexen und zivilisierten Kultur wie der minoischen ähnliche Berufe und Spezialisierungen gegeben hat wie bei uns, wenn auch mit kleinen Unterschieden. Die Minoer beteten nicht einen Gott an, sondern die Göttin in verschiedenerlei Gestalt. Anders als bei uns hatten ihre Frauen Macht und Ansehen; Recht, Philosophie, Medizin und Verwaltung können durchaus Frauensache gewesen sein, wie dies ganz ohne Frage die religiösen Berufe waren. So könnte z.B. das Fresko mit den sogenannten "Hofdamen" im Megaron der Königin in Knossos ebensogut eine Gruppe von Anwältinnen oder Richterinnen darstellen, die sich zwischen den Verhandlungen unter freiem Himmel eine Ruhepause gönnen. Evans betitelte die Damen auf dem Fresko als "die Pariserinnen" (Les Parisiennes), wobei er, wie das frühere Archäologen gerne taten, der fremden Kultur die Werte und Geschlechter-Ideologien seiner eigenen überstülpte. Ganz unabhängig davon, wie wir ihre Malerei interpretieren - der Tenor ihrer Zivilisation (leicht, voll Grazie, diplomatisch und künstlerisch, intellektuell und mit exquisitem Geschmack) ist in allem stark spürbar und läßt unsere eigene Kultur im Vergleich dazu als grob, schrill, unzivilisiert und barbarisch erscheinen.

Genau so müssen den Minoern die Gesellschaften des griechischen Festlands vorgekommen sein. Die Kreter verbanden wahrscheinlich in ihrer eigenen Gesellschaft das Bedürfnis nach Ausgleich (in bezug auf das Geschlechterverhältnis, in der Kunst wie in der Rechtsprechung) mit einer äußerst kritischen Haltung "Außenseitern" gegenüber, die mit diesen Werten nicht konform gingen (sehr, sehr waagegemäß!).

So zivilisiert das Leben der Minoer nach außen hin war, so gab es doch auch eine andere Realität, an die sie immer wieder erinnert wurden (eine Realität, die der ihrer Stier-Venus-Schwesterstadt Çatal Hüyük ähnlich war): Kreta liegt in einem der Erdbebengürtel der Erde und war daher, wie Çatal Hüyük, vulkanischer Aktivität und seismischen Erschütterungen ausgesetzt. Von der frühesten bis zur jüngsten Ausgrabungsschicht gibt es Hinweise auf die Zerstörung von Gebäuden, von eingestürzten Mauern und Felsbrocken, die über weite Strecken geschleudert worden sein müssen. Auf den Ruinen sind verkohltes Holz und Asche abgelagert. Es wird angenommen, daß es um 1700 v.u.Z. herum drei besonders große Verheerungen gegeben hat und eine weitere um 1400 v.u.Z. (also um die Zeit, in der auch Thera verwüstet und aufgegeben wurde). Nach dem letzten schweren Beben kamen die Mykener ins Land, die es danach regierten.

Den Minoern muß die dunkle Erdhöhle und der Stier, der tief unten im

Labyrinth brüllte, immer vor Augen gestanden haben - eine konstante Erinnerung an die gewaltigen Kräfte von Leben und Tod, die Skorpion-Erfahrung von der Vergänglichkeit des Lebens. Daher war hier nicht nur die Taube, sondern auch der Rabe-Saturn ein Zeichen für die Göttin. In der kretischen Schlangen-Göttin, einem ihrer stärksten Aspekte, zeigt sich ein Bezug zwischen Waage und Skorpion; sie steht neben der Großen Schlange am Tor zur Unterwelt. In dieser Funktion betrachtet sie das zurückliegende Leben und schaut auf das kommende; sie wägt die Taten der Lebenden, bevor sie das Tor durchschreiten. Aus minoischer Sicht war Schönheit allein nicht genug, es mußte immer auch Gerechtigkeit herrschen: genau das ist die Einsicht der Waage.

Regentin: Helena

Nach Hesiod ist Helena "die argivische Jungfrau von der Schönheit der goldenen Aphrodite (Venus) und mit den sprühenden Augen der Grazien". Sie ist "eine Tochter der Unsterblichen, von göttlicher Gestalt und Schönheit". Die Regenten aller griechischen Mini-Königreiche wetteifern um ihre Gunst, um sie als Gattin heimzuführen; ihre Brüder sind die Dioskuren (die griechischen Zwillings-Brüder). In Helena zeigt sich die Schönheit der Venus in einem Luftzeichen besonders strahlend und hinreißend: Männern, die sie sehen, bleibt die Luft weg. Sie ist "hochwohlgeboren" und "in lange, fließende Gewänder gekleidet - eine Schönheit unter den Frauen".

Wie wir alle wissen, verewigte Homer sie als jene Frau, die durch ihre Schönheit und Eleganz wie auch durch ihre Partner-Wahl den trojanischen Krieg auslöste, in dem die mykenischen Griechen Troja dem Erdboden gleichmachten. Man ist sich nicht schlüssig, ob sie eine Göttin oder eine berühmte Königin war, ob sie aus Kreta oder Sparta stammte - es ist auch nicht klar, ob die über sie erzählte Geschichte den Tatsachen entspricht oder ins Reich der Legenden gehört. Unberührt von solchen Kontroversen bleibt sie der Inbegriff von Charme, Eleganz und Schönheit, und die Dichter preisen sie:

"War dies das Antlitz, das 1000 Schiffe in Bewegung setzte?"

Helena hat wie Venus viele Verbindungen zur Waage. Aischylos nennt sie "die Gattin vieler Männer" (was ein deutlicher Ausdruck für das 7. Haus der Waage mit der Vorliebe für Partnerschaften ist), und es wird gesagt, sie sei eine Zeitlang mit Theseus liiert gewesen und auch mit Deiphobos, dem Sohn des Priamos. Nach Euripides ist Helenas Mutter die weiße Schwanin Leda (die auch die Mutter von Artemis, der Regentin der Jungfrau ist). Später wird ihre Luft-Venus-Schönheit zum Symbol für das Schicksal und sein unumstößliches Gesetz: ihre wahre Mutter ist Nemesis. Wie wir gesehen haben, war Nemesis auch ein altes Symbol für die Waage-Gerechtigkeit.

Homer schrieb für eine Gesellschaft, die in ihrer Art schon recht patriarchal war. Obwohl seine Sympathien ziemlich offensichtlich bei Troja, und nicht bei den Griechen liegen, konzentriert er sich viel stärker auf das männliche Kriegshandwerk und seine Schrecken als auf Beziehungen zwischen Männern und Frauen. Bei Homer ist Helena ein "schwaches Weib", das unter männlichem Einfluß steht; ihre Schönheit ist eigentlich nur eine zufällige Beigabe, die sie zum unwissenden Werkzeug des Schicksals macht, das Tod und Zerstörung für viele bringt. Abgesehen von der Tatsache, daß es sich bei seiner Darstellung um eine typisch männliche Verschleierungsmethode handelt, um den Versuch, Helena die Schuld zuzuschreiben (niemand hat die Männer gebeten, für sie in den

Krieg zu ziehen!), ist es auch höchst unwahrscheinlich, daß sie so passiv war, wie sie von Homer beschrieben wird (speziell dann, wenn sie aus Kreta stammte). Wenn wir Helena als Waage-Venus betrachten, ist es viel wahrscheinlicher, daß sie sich den Menelaos aus allen anderen Freiern erwählte und ihn, als das Leben an seiner Seite unerträglich langweilig wurde, mit Paris als neuem Gefährten verließ, um nach Troja zu gehen. Nach dem recht harten und eher männlich-dominierten Leben in Mykenä muß das weltkluge Troja mit seiner eleganten Kultur sie schon sehr gelockt haben. Bei Sappho lesen wir, daß es Helenas Entscheidung war, Menelaos und Mykenä zugunsten von Paris und Troja zu verlassen:

Einer meint: die Reiter, ein andrer: Fußvolk,
mancher: Schiffe seien auf dunkler Erde
hier das Schönste, ich aber das, wonach man
trachtet in Liebe.

Mühelos zu fassen ist dies für jeden,
denn auch sie, die Sterbliche weit an Schönheit
überstrahlte, Helena, ließ den besten
Gatten im Stiche,

daß die ganze troische Pracht zerschellte.
Nicht des Kindes dachte sie, nicht der teuren
Eltern, nein, sie wurde verführt von Kypris
(der Göttin der Liebe),
nicht widerstrebend.

Sapphos Helena ist bei weitem nicht passiv, sie unternimmt den Schritt zu einer neuer Partnerschaft, sie wartet nicht darauf, bis einer kommt und sie zu seiner Frau macht. Sie begehrt und handelt nach dieser Begierde, sie verzichtet dabei auf alle anderen Rollen - die der Mutter, die der Tochter -, sie sagt sich von ihrem früheren Leben und ihren

Freunden los. Ihre Schönheit ist unabhängig, ebenso weit entfernt von einem passiven Hübschsein, wie ihr Charakter eigenständig ist. Um einen Partner zu finden, der ihr "ebenbürtig" ist (Paris war, so wird gesagt, der ansehnlichste Mann weit und breit), überwindet sie Konventionen und ignoriert alle, die um sie sind. Wenn Astrologen von der Venus in der Waage sprechen, vergessen sie oft diese kardinale Schubkraft; Waage-Geborene sind ganz sicher einer Meinung mit Sappho, daß der schönste Anblick auf Erden das ist, was wir begehren - sei es nun die Person, ein Gegenstand, eine Position ... ganz gleich, was. In der Waage deckt sich das Objektive mit dem Subjektiven, wie bei Helena.

Die Schönheit der Helena steht auch als Metapher für ihre Integrität, ihre Selbstgenügsamkeit und Unabhängigkeit. So wie die Schönheit in sich vollkommen ist, so ist auch die Integrität absolut und kann niemandes anderen Besitz werden. Von ihrer Schönheit singen die Dichter (wie von der der Mondin), sei es wie bei Keats die "Erbarmungslose Schöne", bei Robert v. Ranke-Graves die dreifache Weiße Göttin oder bei Yeats die Rose, die kein Sterblicher je erringen kann. Unter ihrem Einfluß erhalten alle Waage-Geborenen (ob "schön" oder nicht) eine innere Unabhängigkeit des Willens, die auffällt. Wahre Schönheit ist etwas ganz anderes als das, was wir in unserem Alltag unter Schönheit verstehen; die "Feen-Frauen" der britischen und irischen Mythologie sind alle bei ihren Begegnungen mit den diversen "Helden" von großer Schönheit wie von kühler Unerbittlichkeit.

Die Märchenprinzessin (fairy princess) unserer Kindermärchen ist nur eine verstümmelte Kopie der ursprünglichen keltischen "Faery", sie befindet sich unter der "Fuchtel" eines patriarchalen Vaters oder Gatten in "sicherem Gewahrsam" und ist keinerlei Bedrohung für die Autorität von Männern, da sie sich nur mehr artig mit dem Haushalt und ihren Aufgaben als Ehefrau oder Tochter beschäftigt. Ihre göttliche Ausstrahlung, ihr schicksalhafter Aspekt, der auch die Konsequenzen für jegliches Tun in sich trägt, sind jeden tieferen Sinnes beraubt - nur mehr schwach wiederzufinden in den Aufgaben, die der Held bewältigen muß. Helenas Geschichte hat sich bis heute erhalten, die Verfälschung ist hier noch nicht so stark: wir können daher noch ein Körnchen der ursprünglichen Kraft darin erkennen. Ihre göttliche Schönheit war nicht passiv, sondern setzte Dinge in Bewegung. Sie konnte niemandes Besitz sein. Das wahre Thema von Homers *Ilias* ist, nach Ansicht von Simone Weil, die Macht - jene Macht, die von Männern ausgeübt wird, um andere Männer, Frauen und Kinder zu versklaven und zu unterdrücken. Weil die Männer Helenas Entscheidung nicht akzeptierten und weil sie versuchten, sie zu besitzen, kam es zum Trojanischen Krieg. In diesem Krieg waren die Griechen die Aggressoren, nicht die Trojaner (bei denen Helena sich aufhielt). Und manche Archäologen sind der Meinung, daß dadurch in Griechenland das nachfolgende Dunkle Zeitalter ausgelöst wurde. Helena alles in die Schuhe zu schieben, wäre höchst unfair - die Griechen wandten sich von ihrem Sinn für Recht und ihren ausgleichenden Waagschalen ab, und die Gerechtigkeit wurde blind.

Dann nahm Vater Zeus die goldene Waage,
legte Todeslose in die beiden Schalen:
Eins für die Männer von Troja, die Rossebändiger,
eins für die Griechen in bronzener Rüstung.
Er nahm die Waage auf und hielt sie vor sich -
es war der Tag des Todes für die Griechen, deren Los sich senkte.

Die Gerechtigkeit, die Waage, ist nicht mehr in den Händen der Frau, in Helenas Händen, sondern in denen des patriarchalen Vaters Zeus. Haben die Dichter der älteren Homerischen Hymnen gewußt, was sie beklagten? Oder war es eine gedankliche Inspiration, der sie ans Licht verhalfen - daß nämlich wahre Gerechtigkeit und Ausgewogenheit mit dem Anblick reiner Schönheit zusammengehören - mit Helena, nicht mit Männern?

Wenn wir die römische Venus durch Helena ersetzen oder, besser, wenn wir Venus deutlicher in Helena als in der römischen Liebesgöttin erkennen, erhalten wir auch ein Bild ihrer Handlungsweise, ihrer kardinalen Luft-Qualität, die zu dem Zeichen paßt, das sie regiert. Die Waage-Venus hat sehr viel Durchsetzungsvermögen, das zu schaffen, was sie für sich als wichtig erkennt, wie Sappho es darstellt. Dabei geht es zum Beispiel um einen liebenswürdig-eleganten Lebensstil, um interessante und anregende Beziehungen, um eine Karriere, die es ihr gestattet, ganz sie selbst zu sein, sich auszudrücken, ohne von anderen kommandiert zu werden. Wenn sie in einer Kultur leben muß, die sich nicht auf Gegenseitigkeit gründet, die weder ihre Fähigkeiten würdigt noch selbst diplomatisch, feinsinnig oder ästhetisch ausgerichtet ist, dann zieht sie sich nicht, wie ihre Schwester Jungfrau, ruhig in den Hintergrund zurück, sondern sie verläßt den ihr ungemäßen Lebensraum (wie Helena) oder versucht, die Gesellschaft zu verändern, um sie ins Gleichgewicht zu bringen. Wie Helena können Waage-Geborene auf andere mit scharfer Kritik oder Ärger reagieren, wenn sie meinen, daß es nötig ist, für gerechten Ausgleich zu sorgen. Wie die antike Mythologie und Dichtung beweist, ist Schönheit bei weitem nicht immer gleichbedeutend mit passiv oder empfindsam. Waage-Geborene wie Helena erwarten, daß die Dinge in ihrem Sinne geregelt werden: Da sie ihre Ansicht für die beste und persönlich gerechteste halten, werden sie häufig versuchen, sie mit Gewalt durchzusetzen - mit manchmal verheerenden Ergebnissen! Waage und Stier haben beide das Venussymbol, und hinter dem Antrieb der Waage steht oft der gleiche eiserne Wille, besonders in Ansichtsfragen.

Helena entspricht natürlich auch der traditionellen Venus und damit der Neigung der Waage-Geborenen zu “High Life” und zu den Künsten, besonders denjenigen, die das Auge erfreuen. Art Deco, Modedesign, Ästhetik in jeder Art von Dekoration - das gefällt. Es wird angenommen, daß Helena aus Kreta stammte, das ja, wie wir wissen, eine besonders verfeinerte Stadtkultur besaß. Unter den minoischen Damen auf den Fresken in Knossos können sich sehr wohl Verwandte von ihr befunden haben. Der Archäologe Evans beschreibt die Gemälde, die ihn sichtlich begeisterten, mit viel Liebe. Ich finde, diese Beschreibung von Helenas

Ahninnen ist ein guter Abschluß für dieses Kapitel. In ihrer Schönheit und Kultiviertheit sind die "Pariserinnen" ganz in ihrer Gesellschaft zu Hause, so, wic Helena es nie gewesen ist.

Die "Pariserin"

Ihr Haar lockt sich weich um Kopf und Nacken. Es wird von einem Stirnband gehalten und fällt in zwei Zöpfen, in die Perlen und Juwelen eingeflochten sind, über die Schultern. Die Ärmel des Gewandes sind gerafft,

ein schmales Tuch spannt sich über der Brust. Das Gewand scheint transparent zu sein, der tiefe Ausschnitt zeigt ein reizendes Dekolleté. Die Gewänder sind mit blauen, roten und gelben Bändern geschmückt und haben manchmal schwarze und weiße Streifen.

In den Fresken von Knossos bewegen sich schlanke, elegante minoische Frauen, vollkommen im Einklang mit ihrer Umgebung. Diese Harmonie mag es gewesen sein, die Helena in Troja zu finden suchte, diese Ausgewogenheit, nach der alle Waage-Frauen streben. Die Verbindung zwischen Venus, der Waage-Regentin, und dem ägyptischen Lebenssymbol des Ankh steht nicht nur für die Schöpferkraft und Lebenslust des Stiers, sondern auch für die kultivierte Lebenskunst, das Savoir-vivre, das einer Schönheit angehört, die sich nicht in Besitz nehmen läßt.

Waage im Patriarchat

Im Patriarchat ist Waage, wie ihre Schwester Jungfrau, eine Mischung aus "maskulinen" und "femininen" Prinzipien. Sie gehört dem männlichen Element Luft an, das mit dem Geistigen verbunden wird; sie ist das Zeichen geistigen und spirituellen Gleichgewichts und wird vom weiblichen Planeten Venus, der Herrscherin über Kunst, Schönheit und Form ebenso wie über Beziehungen und Liebe, regiert. Diese Mischung aus Luft (oft verbunden mit einem "männlichen" Merkur) und Venus (die mit der Erd-Form verbunden ist) hat in vielen Texten zu eingängigen Beschreibungen der Waage geführt, in denen die Betonung auf der Venus-Schönheit, der Liebe zur Kunst, ihrer Eleganz und ätherischen Natur liegt, wobei Venus durch die spirituellere Luft aus ihrer Erdgebundenheit "emporgehoben" und ihre Sinnlichkeit von allen angeblich "groben" Stier-Eigenschaften gereinigt wird. Auch regiert sie eines der beliebtesten Häuser des Horoskops, das 7. Haus der Partnerschaft, oft auch als das der Ehe bezeichnet. Damit übernimmt sie auch den Glanz und das Romantische, das dieses Haus - ebenso wie das fünfte - ausstrahlt. Hier ist Venus die Vermittlerin, die die richtigen Lebenspartner bzw. -partnerinnen zusammenführt und Langzeit-Partnerschaften ermöglicht, von denen der sinnliche Stier nicht ablenken kann. Das Luft-Element, so heißt es, verfeinert die Sensibilität der Venus, macht sie, was Partnerschaften angeht, ebenso anspruchsvoll wie in bezug auf Kunst. Das "maskuline" Element, die männliche Qualität der Luft, hebt die Venus höher empor, als sie dies normalerweise erreichen könnte - so steht es in vielen Texten, zumindest zwischen den Zeilen! Die meisten Waage-Geborenen lesen die Beschreibung ihres Zeichens nicht ungern, obwohl nicht alle von ihnen tatsächlich künstlerisch ausgerichtet sind oder in einem kultivierten, eleganten Umfeld leben können. Für Frauen besteht auch noch der Nachteil, daß viele Berufe, die als typisch waagegemäß betrachtet werden, ihnen erst seit kurzer Zeit zugänglich sind. Bühnengestaltung, Modedesign, Innenarchitektur waren bis vor etwa fünfzig Jahren rein männlich besetzt; Rechtsanwälte, Staatsanwälte, Richter sind immer noch in erster Linie Männer. Waage-Frauen mußten sich in der Vergangenheit damit bescheiden, ihr künstlerisches Talent rein amateurhaft auszuleben (in der Dekoration der häuslichen Umgebung zum Beispiel), ihr Geschick für Diplomatie und ihre Kritikfähigkeit blieben auf das Privatleben beschränkt. Das muß für dieses kardinale Zeichen mit all seiner Energie und Schubkraft sehr frustrierend gewesen sein (daher die ständig "nörgelnde Ehefrau" in Lustspielen!).

Vielleicht hat Venus als Regentin verhindert, daß die herkömmlichen Beschreibungen die politische Natur von Waage-Beziehungen zur Sprache bringen (Macht wird schließlich als "männliche" Eigenschaft angesehen). Und doch ist die Waage, als Zeichen für die Waagschalen der Gerechtigkeit, immer in Macht und in durch Macht geprägte Beziehungen eingebunden, wie das auch selbstverständlich die Frauen von Kreta und anderen matriarchalen oder matrilinearen Gesellschaften waren. Der Wunsch der Waage nach Gleichheit innerhalb von Beziehungen (das Gleichgewicht, das durch Ausbalancieren der Waagschalen entsteht), konnte für Frauen im Patriarchat leider nie erfüllt werden. Die patriarchale Gesellschaft beruht auf dem Prinzip der Ungleichheit - bis vor kurzem waren in der westlichen Welt Frauen von allen Berufen ausgeschlossen, mit denen öffentliche Machtausübung und Autorität verbunden ist, und ausschließlich auf die Autoritätsausübung in der Kindererziehung geworfen (wie das in vielen Ländern der Welt immer noch der Fall ist).

Die Waage-Ideale von Gleichberechtigung und Gegenseitigkeit in der Machtausübung haben bis jetzt in unserer Gesellschaft kaum gegriffen, nicht in reinen Männerdomänen und schon gar nicht zwischen Männern und Frauen. Die große Trennung zwischen den Geschlechtern beeinflußt unausweichlich alle anderen Beziehungen und färbt sie entsprechend ein. Das selbe Ungleichgewicht, das Fehlen eines wirklichen Ausgleichs, ist auch bei matri*archalen* Gesellschaften feststellbar, von denen wir relativ wenige kennen. Es scheint, daß es nach unserem bisherigen geschichtlichen Wissen, soweit es zurückreicht, nur matri*linearen* Gesellschaften gelungen ist, wirkliche Geschlechtergleichheit zu leben; patrilineare Gesellschaften neigen eher zum Patriarchat hin. Nur wenn das Erbe durch Frauen weitergegeben wird, kann das Prinzip der Gegenseitigkeit verwirklicht werden, kann politische Gleichberechtigung, kann Gleichberechtigung der Geschlechter stattfinden. - Angesichts der offensichtlichen Ungerechtigkeit und des Fehlens jeglichen Gleichgewichtes in unserer Welt heute müssen Waage-Frauen an dem Glauben festhalten, daß es eine ausgleichende Gerechtigkeit gibt, sei es die Unsichtbare Hand des Philosophen Adam Smith, der Richterspruch Jehovas oder seien es die Prinzipien von Gleichheit und Geschwisterlichkeit, von Gaia und Wassermann. Jetzt, wo die Waage-Frauen ihre Positionen in bis dato von Männern beherrschten gesellschaftlichen Bereichen wiedererlangen können, haben wir endlich wieder eine Chance, unsere persönlichen und gesellschaftlichen Beziehungen in Richtung auf Gegenseitigkeit, auf gerechte Pflichtenverteilung, verbunden mit Rechten für die einzelnen, umzupolen. Um der Waage ihren früheren Ruhm zurückzugeben, müssen wir die Gesellschaft in ihrem Sinne verändern - nicht mehr und nicht weniger!

WASSERMANN ♒

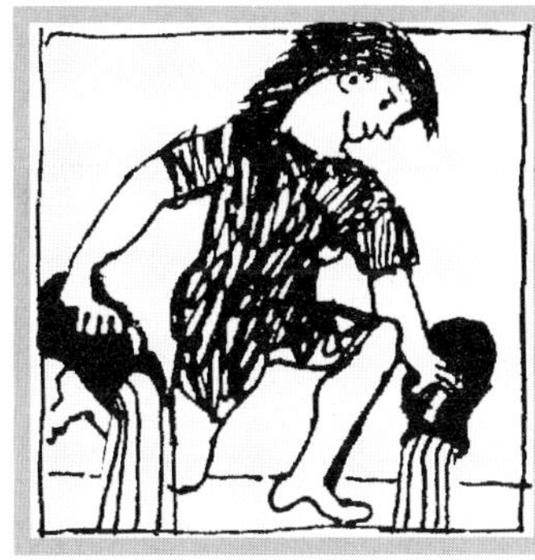

Element:	Luft
Qualität:	fix
Symbolbild:	Wasserträgerin
Regent:	Uranus (früher: Saturn)
Regentin:	Athene

Wassermann in Stichworten: um Menschenwürde bemüht, erfindungsreich, zurückhaltend, intellektuell, intensiv

Die Wassermann-Geborenen sind nachdenklich, zurückhaltend, jedoch sehr intensiv. Sie haben einen starken Willen und eine elektrisierende Anziehungskraft. Sie sind intellektuell, sozialreformerisch, schriftstellerisch begabt. Durch ihre Vernunft bringen sie mehr in Bewegung als auf der emotionalen Ebene. In Freundschaften sind sie treu - und reagieren empfindlich auf Störungen. Hilfe von anderen nehmen sie nur ungern an, es sei denn, sie haben darum ersucht (was selten vorkommt); sie sind sehr unabhängig. Ihre Nerven stehen leicht unter Spannung, deshalb müssen sie unbedingt von Zeit zu Zeit alleine sein. Sie können von exzentrisch bis pervers alles mögliche sein und finden Beziehungen innerhalb einer Gruppe von Gleichgesinnten viel anregender als ausschließlich persönliche. Sie sind um Humanität auf einer eher allgemeinen Ebene bemüht, unabhängig von persönlichen Interessen. Sie suchen nach objektiven Erkenntnissen, so fixiert und stur sie manchmal auch sein können. In der Jugend sind sie rebellisch, haben große Sympathien für Außenseiter (zu denen sie meist auch selbst zu rechnen sind), können fanatisch sein oder der Mystik zuneigen, fahren auf neue Technologien ab und genießen Gesellschaft jeglicher Art.

Die Wassermann-Eigenschaften sind dann am stärksten, wenn die Sonne, der Mond oder der Aszendent im Wassermann steht.

Symbolbild: Der Wasserträger, die Wasserträgerin

Das Symbol des Wassermanns ist fließendes Wasser: eine Person (männlich) hält einen Krug, aus dem Wasser auf die Erde fließt. Als Luftzeichen steht der Wassermann in Verbindung zur Atmosphäre, zum lebensspendenden Regen (und damit zu den Sturm- und Donner-Gottheiten). Meist wird er wohlwollend lächelnd auf einer Wolke sitzend dargestellt. In Wolken gehüllte Berggipfel haben Anteil an seinem "himmlischen" Charakter. Bei den Griechen ist es der Olymp, bei den Juden der Berg Sinai und bei den Hindus der Himalaya, die als heilige Berge angesehen werden.

Fließendes Wasser wird seit langem in religiösen Ritualen verwendet, und das Symbol des Wassermanns kann ohne weiteres aus altägyptischer Zeit stammen, wo die Priesterinnen (und später die Priester) der Göttin Isis bei den heiligen Zeremonien Krüge mit Wasser trugen. Wasser wurde als Spender von Leben und Bewußtsein speziell bei Taufritualen verwendet - auch unsere christliche Taufe hat ihren Ursprung in diesen älteren Religionen. Ursprünglich trugen Frauen den Wasserkrug, der den Fluß des Bewußtseins darstellte (die ägyptische Nut, die sumerische Gula). Fließendes Wasser als Symbol für Leben und Bewußtsein ist von uralter Herkunft.

Was aber hat das Bild fließenden Wassers mit der Ionosphäre zu tun, mit der elektrisch geladenen Schicht unserer Atmosphäre, die der Sonne am nächsten ist und für die der Wassermann als Symbol steht? Es ist interessant zu beobachten, daß jetzt, wo wir dem Wassermann-Zeitalter so nahe sind, endlich das Schweigen der letzten 4000 (wenn nicht mehr) Jahre zu Ende geht.

Jedes Wasser in Bewegung, seien es die Flüsse, Wasserfälle, der Regen oder die Gischt der See, trägt, so wissen wir heute, elektrisch geladene Partikel mit sich. Es scheint, als ob insbesondere die negativ geladenen Teilchen - die Elektronen - unser körperliches und geistiges Wohlbefinden beeinflussen. Sie werden vom Wind in die Atmosphäre getragen und sollen sich auf unser Lebens-Kraftfeld auswirken. Das ist der Grund dafür, daß wir uns am Meer wohlfühlen, daß Thermalquellen (besonders an reinen, unverschmutzten Berghängen) so beliebt sind. Nach Reiter ist die Konzentration von Radon (einem radioaktiven Gas, das geistiges und körperliches Wohlbefinden hervorruft) in der Luft über Granitgestein, bei Thermalquellen und Wasserfällen am stärksten. Es wird angenommen, daß negative Ionen Erfahrungen "kosmischer" Natur, einer Verbundenheit mit dem Kosmos, fördern, da sie die Gehirnströme beruhigen. Dieser Zustand bringt im Anschluß oft neue Erkenntnisse mit sich - "alles wird ganz klar" -, was viele bekannte Wissenschaftler bestätigt haben. Das fließende Wasser im Wassermann-Symbol drückt also die Verbindung zur Ionosphäre aus, zu den elektromagnetischen Strömen, die unsere Erde in der Atmosphäre umfließen und die mit unserem Gehirn und unserem Körper in Wechselwirkung treten.

Wassermann ist indes nicht immer wohlwollend, und auch in diesem Zusammenhang ist unsere wissenschaftliche Forschung auf dem besten Wege zu erkennen, welche Bedeutung hinter den Sturm- und Donner-Gottheiten alter Zeiten steckt. Die Wissenschaft weiß vom Föhn, dem Fallwind, dessen aktivster Bestandteil ein elektromagnetisches Phänomen ist - bekannt als "spherics" (elektromagnetische Wellen atmosphärischen Ursprungs, die von elektrischen Entladungen ausgehen). Wenn ein Gewittersturm im Anzug ist, dann kommen sie mit einer Ladung von 650.000 Volt auf uns herab; sie sind in Lagen kalter, instabiler Luft eingebettet, die sich in polaren Fronten fortbewegen (oder z.B. über dem Hochgebirge der Alpen hängen). Bei Menschen, die für diese elektromagnetischen Wellen empfindlich sind, verursachen sie allerlei Störungen, Depressionen und Kopfschmerzen. Öffnen die Wolken dann endlich ihre Schleusen und der Regen strömt herab, fühlen wir uns wie erlöst. Die Verbindung zwischen strömendem Wasser, elektromagnetischen Wellen und der Gesundheit unseres Gehirns und unseres Körpers sowie der besonderen Sensibilität von Wassermann-Geborenen wird durch die heutige Wissenschaft wieder ans Licht gebracht - altes Wissen wird neu "erfunden".

Energetische Resonanz ist Sturm und Donner immanent. Rupert Sheldrakes Erkenntnisse über die Beziehung zwischen Resonanz und Form (wobei das eine Form annimmt und damit dem anderen im Konkreten Ausdruck gibt) stellen eine Verbindung her zwischen Wassermann und den Fischen in ihrer Resonanz, die im nachfolgenden Existenz-/Schöpfungs-Zyklus Ausdruck findet. Die Resonanz in den elektromagnetischen Feldern ist vielleicht früher schon zur Kommunikation verwendet worden. (Es gibt auch die Auffassung, daß die gewaltigen Blöcke der Steinkreise aus dem Neolithikum mit Hilfe von Resonanzkräften bzw. elektromagnetischen Feldern bewegt worden sein könnten.) Und natürlich ist die oberste Schicht unserer Atmosphäre, die Ionosphäre des Wassermanns, jener Bereich, in dem Radiowellen die Welt umschwirren; sie ist die Grundlage für unser elektronisches "Welt-Dorf". Ohne die Resonanzfelder im Bereich der elektromagnetischen Kräfte gäbe es kein Radio und kein Fernsehen.

Nach Lovelock ist in der Ionosphäre die Luft sehr dünn, so daß die starken, ungefilterten Sonnenstrahlen chemische Reaktionen beschleunigen. Auch werden dort die meisten Molekülarten (ausgenommen Stickstoff und Kohlenmonoxyd) statt nur in ihre Atome in Ionen und Elektronen aufgespalten. Dadurch bilden sich elektrisch leitfähige Schichten, die Radiowellen reflektieren und damit eine weltweite Kommunikation ermöglichen. Damit hängen, astrologisch gesprochen, die intensiven nervlichen Reaktionen, die Empfänglichkeit für elektrische Ströme, die unsere Erde umfließen, und die Fähigkeit, selbst eine sprühende, elektrisch geladene Atmosphäre zu schaffen, zusammen, die wassermann-typisch sind. Saturn, der "alte" Regent des Wassermanns, stand für die Fähigkeit, sich zurückzuhalten, das nervliche Aufgeladensein in sich zu speichern (und damit die spezielle magnetische Persönlichkeit zu entwickeln, von der so oft gesprochen wird). Als fixes Zeichen schließt Wassermann das Grundprinzip aller Luftzeichen in sich ein, so wie die Ionosphäre die

Stratosphäre (Waage) und die Troposphäre (Zwilling) einschließt. Wassermann-Geborene erinnern sich vielleicht im Unterbewußtsein noch an die Anfänge unserer Geschichte (C.G. Jung z.B. hatte Wassermann als Aszendenten). Sie tragen in sich die Erinnerung an Feuer und Eis, an wildes Wasser, das von Gletschern stürzt, an elektrisch aufgeladene Luft und unsichtbare Windstöße, an Donner und Blitz. So heißt es im nordischen Mythos: "Einst gab es nur Feuer und Licht und das nördliche Land des Schnees. Wo die Funken auf die treibenden Eisschollen trafen, schmolz das Eis, und darunter erschien der Riese Ymir."

Ymir ist ein Erwecker, und als Symbol betont er die Rolle der Wasserfrau als Sozialreformerin und Erfinderin, ihr weit größeres Engagement für große Gruppen und gesellschaftliche Strukturen als für Einzelpersonen oder Kleingruppen. Vergleichbar der Ionosphäre, die den Erdball umspannt, ist das wassermännische Interesse mehr auf die gesamte Menschheit als auf ihre einzelnen Mitglieder gerichtet; der Impuls geht dahin, einzelne Bestandteile so anzuordnen, daß sie eine breitere Wirkung haben (so wie mittels elektrisch leitfähiger Schichten chemische Reaktionen gefördert werden). Während die Steinziege Struktur in unsere Gruppierungen bringt und Institutionen schafft, wirkt die Wasserfrau durch diese Institutionen, sie nimmt sie auseinander und setzt sie neu zusammen, um unsere Gesellschaft zu verändern oder zu radikalisieren. Wir sollten daran denken, daß das Wassermännische nicht ausschließlich positive Erneuerung bedeutet, wie das Astrologen heutzutage des öfteren betonen! Veränderungen sind nicht immer gut - z.B. der zunehmende Gebrauch elektronischer Überwachungstechnologie durch die Großmächte, der Einsatz von Satelliten in der Ionosphäre, von denen Impulse gesendet werden, die auf unser Denken und Fühlen einwirken, schränkt menschliche Freiheit und Eigenverantwortung eher ein, als daß sie sie erweitert. Von einigen Mystikern wird angenommen, daß in unserer fernen Vergangenheit der Mißbrauch dieser durch Wassermann symbolisierten elektromagnetischen Kräfte um 4500 v.u.Z. zu Überschwemmungen und Erdbeben geführt haben könnte - eine Annahme, die in den Mythen um Atlantis und seine Zerstörung weiterlebt. In den Mythen enthaltene Hinweise darauf, daß diese Kräfte vom Menschen beherrscht wurden (vgl. das Bild der Göttin mit dem Strahlenkranz auf einem Megalithstein oder die in

Stele Great Goddess Peña Ta Roch
Portugal / nach der Zeichnung von Sheila
Wasserfrau elektromagnetisch

der *Ilias* zitierte Fähigkeit der Athene, Achill in ein Kraftfeld einzuschließen), sind heiß und kontrovers diskutiert worden.

In der Astrologie wird vom Wassermann gesagt, er sei das humanste aller Zeichen, habe mit Menschlichkeit im weitesten Sinne zu tun. Und vielleicht ist es Aufgabe des Wassermännischen, uns in dem Bemühen zu helfen, die elektromagnetischen Kräfte, mit denen wir immer mehr arbeiten und "herumspielen", positiv und dem Leben dienlich einzusetzen. Die Ansicht, daß unsere Luft-Gottheiten in persona immer liebenswürdig sind und im Himmel wohnen, stimmt vielleicht nicht ganz; wir haben jedoch, wie Gavin Lyall es ausdrückt, seit ältester Zeit "unsere Augen nach oben gerichtet und Berge erklommen, um Inspiration und Hilfe zu erbitten." Wassermann-Geborene reagieren ohne Zögern auf das dringliche Bitten anderer (was auch in bezug auf andere fixe Zeichen gilt). Sie sind dann in ihrem Element, wenn sie für andere agieren, wenn sie ihre Aufmerksamkeit und Vitalität für sie zum Einsatz bringen können.

In China und Indien wurde Wassermann oft als sich windender Drache dargestellt, der das Symbol für unsere Ionosphäre und die großen elektromagnetischen Felder ist, die unseren Globus umgeben. Dieser Drache kreiste am Himmel, in den Wolken und im Wasser, war kurz zu erblicken und schon wieder geheimnisvoll verschwunden. Hier steht das Wassermännische für das Tao, den Weg, die Auflösung des Selbst im Nicht-Sein, wo das Gedanken-Selbst eins ist mit den kosmischen Strömen, in denen materielle Form sich auflöst und transzendiert wird. Die tiefe philosophische Bedeutung hinter dem Pfad des *Jnana Yoga* des Buddhismus, der Suche von Sudama im Hinduismus, verleiht auch der wassermännischen Bewußtseinserweiterung Tiefgang, und Wissenschaftlichkeit wird zur Metapher für menschliches Streben und Suchen. Der Drache, als Geist der Veränderung, windet sich durch die Wolken und behütet den Schatz, die flammende Perle am Grunde des Meeres - Symbol für Ziel und spirituelle Vervollkommnung, für mystisches Zentrum und göttliche Weisheit. So verbinden sich in altem Gedankengut Erde und Luft, Feuer und Wasser und führen uns heim.

Ich denke, ein weiteres Zitat aus Indien könnte ein guter Abschluß für dieses Kapitel sein. Dort ist das Bild des fließenden Wassers nicht nur eine Lektion in Physik und Chemie, sondern verhilft auch zur Einsicht in die tiefere Bedeutung des Lebens - ganz im wassermännischen Sinne. Abgesehen von der Veränderung des Geschlechts in weiblich (da dieses Buch in erster Linie für Frauen gedacht ist) habe ich den übersetzten Text unverändert gelassen:

Chandogya Upanischad

Die Mutter hat ihrer Tochter gezeigt, welche Beziehungen Erde, Feuer und Wasser untereinander haben, und mit Hilfe von Analogien macht sie ihr die Beziehung zwischen diesen Elementen und der Luft verständlich. Nun spricht sie über die Natur der Realität, der feinstofflichen Essenz, des Wahren, des Selbst:
"Schütte dieses Salz in den Behälter mit Wasser und komme am Morgen wieder zu mir."
Die Tochter tat, wie ihr geheißen. Dann am nächsten Morgen:
"Bring mir das Salz, das Du gestern abend in den Behälter getan hast."
Die Tochter suchte danach und fand es nicht.
"Koste von der Wasseroberfläche. Wie schmeckt es?"
DieTochter antwortete: "Nach Salz."
"Greife in das Wasser und koste von der Mitte. Wie schmeckt es?"
"Nach Salz."
"Und jetzt koste vom Grunde des Behälters. Wie schmeckt das Wasser?"
"Nach Salz."
Die Mutter sprach: "Schütte das Ganze aus, und warte, was ich noch zu sagen habe."
Die Tochter tat so.
Salz jedoch ist unvergänglich.
"Auch hier in diesem Körper, fürwahr," sagte die Mutter, "gewahrst Du das Wahre nicht, und doch ist es da. Das, was die feinstoffliche Essenz ausmacht, hat sein Selbst in allem, was existiert. Es ist das Wahre. Es ist das Selbst. Und auch du bist es, o Swetaketu."

Regentin: Athene (und Atlantis)

Der “alte” Regent des Wassermannzeichens, der Wasserfrau, ist Saturn, ihr neuer ist Uranus. Sie regiert das dritte "soziale Haus", das 11. Haus in unserem Geburtshoroskop. Dieses Haus wirkt im Gegensatz zum inspirierenden, lustbetonten Schützen und dem oft leidvoll disziplinierenden Steinbock auf der gesellschaftlichen Ebene reformierend und vernetzend. Astrologen sehen die Regenten als gesellschaftlich aktiv an, und da wir dem Wassermann-Zeitalter bereits sehr nahe sind, entwickeln sie sich auch in Richtung auf das Wassermännische und Luftige. Sie äußern sich durch den Geist und das Nervensystem. Saturn im Wassermann ist zuständig für Denken, Schreiben, aber auch Rechtsprechung und diszipliniertes Arbeiten: Uranus im Wassermann weist auf die Erfindung neuer Technologien und gesellschaftlicher Denkrichtungen hin, verleiht aber auch elektrisierende Vitalität und Unabhängigkeit.

In unserer Gesellschaft sind wir daran gewöhnt, uns Erfinder, “Denker”, Richter und Technologen als Männer vorzustellen und nicht als Frauen - diese Vorstellung wird durch die Astrologie verstärkt, da sie die beiden Planeten und ihre Regenten als männlich darstellt (und das Zeichen, das sie regieren, natürlich auch “männlich” ist). In den vor-patriarchalen Gesellschaften der Vergangenheit finden wir jedoch viele Hinweise darauf, daß Frauen diese Rollen ausgefüllt haben. Dadurch, daß die dafür benötigten Talente unter der Ägide der Göttin standen, wurden sie auch als “weiblich” akzeptiert. Eine solche Göttin ist Athene, Schützgöttin der griechischen Stadt Athen. Ihre Bedeutung als Erfinderin, als Gesetzgeberin, Richterin und Schöpferin der Demokratie reichte bis weit in patriarchale Zeiten hinein. Athene ist die letzte der mächtigen Uranus-Göttinnen der Antike, und erst heute kommen wir dazu, ihre Fähigkeiten wieder ins Bewußtsein zu heben und öffentlich zu machen.

Wie wir gesehen haben, wird angenommen, daß Athene ursprünglich eine Blitz-und-Donner-Göttin war, die - als Bringerin des lebensspendenden Regens - enge Beziehung zur Erdatmosphäre hatte. Bei Homer wird sie so beschrieben:

Ich singe von Pallas Athene, der goldenen Göttin, strahlenden Auges, voll Phantasie und nicht zu beugen. Wahre Jungfrau, Retterin der Städte, heldenmütige Tritogenia.

Das klingt wie eine Litanei, in der alle Uranus-Qualitäten, wie sie im Luftelement des Wassermanns aufscheinen, aufgezählt werden. Athene wurde die Erfindung der meisten griechischen Handwerkskünste zugesprochen, auch der Blasinstrumente und der Töpferscheibe - im Grunde aller Künste der Zivilisation (der 'mes' ihrer Schwester Zwilling). Am bedeutendsten ist ihre Einführung von Gesetzen, die sie an Solon weitergab und womit sie die Demokratie in Athen schuf. Als Göttin der Arbeit überwachte sie die bürgerliche Ordnung und sorgte für Gerechtigkeit (Saturn-Vervollkommnung in der Waage, ihrer anderen Luft-Schwester).

Ohne Mutter oder einen Vater, der sie auf natürliche Weise gezeugt hätte, wurde Athene aus dem Kopf des Zeus geboren (Luft-Symbol!) und ist die erste Göttin, die voll und ganz das neue Herrschaftssystem des Patriarchats unterstützte (aufgrund der Art ihrer Geburt ließe sich sagen, sie habe diese Gesellschaftsform geschaffen). Wie immer wir diese Tatsache betrachten - sie war auf alle Fälle etwas Neues, ein reformerischer, sogar radikaler Vorgang. Aischylos jubelt in seiner "Orestie" darüber, daß Athene die gefürchteten Erynnien, Bewahrerinnen des Mutterrechts, in die Eumeniden verwandelte, die das Vaterrecht und die neuen bürgerlichen Tugenden unterstützten. Die Wassermann-Regenten stehen nicht immer auf der Seite "der Guten" (in diesem Fall zumindest nicht, was die Frauen betraf), und wir sollten nicht vergessen, daß die Erfindungsgabe ein zweischneidiges Schwert ist.

Athenes stärkster Uranus-Aspekt wird in der *Ilias* beschrieben, wo es heißt, daß sie "das Haupt des Achill mit goldenem Nebel umhüllte und seinen Körper in strahlendem Lichte erglänzen ließ". Hier zeigt die klassische Literatur wahrscheinlich eine der ältesten Fähigkeiten der Athene, wie sie auch auf dem schon erwähnten Megalith-Stein zu sehen ist, der ein Bildnis der Göttin im Strahlenkranz zeigt (auch der christliche Heiligenschein ist schon damit in Verbindung gebracht worden). Es gibt keine Klarheit darüber, um welche Art von Energie es sich dabei handelt - manche nennen es Elmsfeuer -, alle stimmen jedoch darin überein, daß sie auf elektromagnetischer Basis beruht. Vielleicht können die schönen Photos der elektromagnetischen Felder, die unsere Körper umgeben, bei denen ja auch Strahlenkränze um unseren Kopf herum erkennbar sind, Aufschluß über die Art der Fähigkeiten der Athene geben, so daß sich die Wiederentdeckung der Kräfte, die sie einst beherrschte, beschleunigt - da wir uns jetzt ihrem Zeitalter nähern.

Der starke Strom elektromagnetischer Energie, der durch unseren Körper wie durch unseren Erdball fließt, macht Athenes Augen strahlen, erfüllt sie mit elektrischem Magnetismus, den sie an alle unter ihrem Zeichen Geborenen weitergibt. In Athene verbindet sich eine durchnervte, starke Energie mit einem distanzierten, oft unpersönlichen Willen, was ihr und allen, die zu ihr gehören, einen ganz speziellen Reiz verleiht. Sie ist die "heldenmütige Tritogenia", die Retterin der Städte, und sie zeigt sich von ihrer besten Seite, wenn sie für das öffentliche Wohl arbeitet (während persönliche Beziehungen für sie oft Schwerstarbeit bedeuten). Athene ist jedoch auch sexuell anziehend und kann durchaus andere anziehend finden - sie verträgt es sehr schlecht, daß Paris Helena ihr vorzieht, weshalb ihr angelastet wird, sie hätte den Trojanischen Krieg ausgelöst. Vom Temperament her ist Athene typisch Wasserfrau: sie hat diese brodelnde innere Unruhe, die alle in diesem Zeichen Geborenen von Zeit zu Zeit überfällt, sie ist unabhängig, exzentrisch und auch mutig wie sie. Es ist ganz interessant zu beobachten, daß sich Wassermann-Geborene oft bei den anderen fixen Zeichen am wohlsten fühlen (wobei Wassermann – Skorpion eine ausgesprochen erfüllende Partnerschaft darstellt). Bei den anderen fixen Zeichen bekommt die luftige Wassermann-Intensität zumindest ein wenig Rückhalt und Erdung sowie Sicherheit im Ausdruck.

Athene ist in ihrer Art viel umfassender als die männlichen Planeten Saturn und Uranus, und sie repräsentiert auch viel stärker die Wärme und Menschlichkeit, derer alle Wassermann-Geborenen fähig sind. Als besonders humanes und gemeinschaftsbezogenes Zeichen hat die Wasserfrau unter dem männlichen Luft-Klischee gelitten, ausschließlich kalt und unpersönlich zu sein. (Da Wassermann das sozialste Haus des Tierkreises regiert, hat diese Form der Interpretation - astrologisch gesehen - zu großen Schwierigkeiten geführt.) Ungeachtet dessen, sind wir nach wie vor stolz auf die von Athene entwortene Staatsform, die Demokratie, die wir als menschlichste und "fairste" Regierungsform anerkennen. Als humane Denkerin muß Athene sehr lange und sehr gründlich darüber nachgesonnen haben, wie die ethischen Grundsätze ihrer Zeit wohl am

besten zu ordnen wären. Eine moderne Version der Athene finden wir in der Französin Simone Weil mit ihrer Menschlichkeit und ihren Wurzeln in der Mystik.

Die frühesten Darstellungen der Athene zeigen sie mit dem "Schutzstein". Diesen großen, heiligen, magisch wirkenden Stein finden wir im Mittelpunkt alter und neuer Mysterien (z.B. der Schwarze Stein in Mekka). In der griechischen Mythologie erscheinen nach der Geburt von Gaias hundertköpfigen Riesen die Kyklopen. Sie leben in unterirdischen Felshöhlen und können riesige Steinblöcke mit Magie, die die Schwerkraft überwindet, fortbewegen. In Europa gibt es Mythen ohne Zahl, in denen von riesigen Steinen gesprochen wird, die, einfach so, durch die Luft fliegen, getragen von den unsichtbaren elektromagnetischen Kräften der Atmosphäre. Die Wurzeln der symbolischen Regentschaft der Athene reichen wahrscheinlich bis in die Megalith-Kulturen (4000 bis 2000 v.u.Z.) und noch weiter zurück, bis in die sogenannten atlantischen Zivilisationen, die vor der Großen Flut existierten. Wenn wir die in Stein geschnittenen Darstellungen der Göttin mit dem Strahlenkranz genauer betrachten, dann hat sie, wie Archäologen sagen, ein Eulengesicht - und der Symbolvogel der Athene im klassischen Griechenland war die Eule. Diese Verbindung zwischen Erde und Luft können wir vielleicht auch als Ausdruck von Athenes Interesse an der Gestaltung menschlicher Gesellschaft im allgemeinen und der langfristigen Stabilität ihrer Fürsorge im besonderen betrachten.

Simone Weil

Als Philosophin und Schriftstellerin von außerordentlicher Klarheit und Ernsthaftigkeit ist Simone Weil eine der bedeutendsten Denkerinnen unseres Jahrhunderts. So wird sie jedenfalls von allen, die sie kennenlernten oder die ihre Werke gelesen haben, beurteilt. Sie wurde im Februar des Jahres 1909 in Paris geboren und starb am 24. August 1943 im Alter von 34 Jahren in einem Sanatorium in England. In ihrem Geburtshoroskop stehen Sonne und Merkur im Wassermann mit Mond- und Neptun-Konjunktion im Krebs.

Sie war nicht nur Philosophin, sondern auch Soziologin, Mystikerin, Lehrerin und politisch aktiv. Ihr ganzes Leben hindurch hat sie sich mit Macht, Autorität, Krieg und Ungleichheit innerhalb der Gesellschaft auseinandergesetzt. Ihre Analyse der Unterdrückung, ihr Essay über die Macht des Wortes trugen ihr die Bezeichnung 'intellektuelle Anarchistin' ein. In ihrer Sorge um die Gesellschaft, um ein Gleichgewicht im menschlichen Leben, ist sie ebenso zutiefst wasserfrau-typisch wie in ihrem Anspruch auf Stille, auf Neutralität und auf eine grundlegende Intensität, die ihre Grenzen kennt und als Agentin des Guten wirkt.

Als Philosophiedozentin wurde sie von ihren Studenten bewundert und geliebt - und wegen ihrer revolutionären Lehrmethoden (sie verweigerte z.B. die Notengebung) entlassen. Als revolutionäres Gewerkschaftsmitglied arbeitete sie in einer Fabrik, lebte vom Lohn einer Fabrikarbeiterin und teilte das Leben der Arbeiter. Die Arbeitsbedingungen, welche sie und ihre Kollegen vorfanden, boten nichts, aber auch gar nichts von dem, was sie als unabdingbar für menschenwürdige Arbeit betrachtete; dazu gehörte die Möglichkeit eigenen Denkens, eigener schöpferischer Tätigkeit und die Wahrnehmung von Rechten - ein durch und durch wasserfrau-typischer Forderungskatalog!

In ihrer Zeit als Fabrikarbeiterin erkrankte Simone und wurde zunehmend schwächer, geistig und körperlich zerrüttet. Nach ihrer Genesung lehrte sie noch einmal für eine kurze Zeit Philosophie, schloß sich den

Anarchisten im spanischen Bürgerkrieg an und kehrte nach einem Unfall, bei dem ihr Fuß von kochendem Öl verbrannt wurde, nach Frankreich zurück. Sie bereiste Italien, das sie liebte, und kam dann wieder nach Paris, um Philosophie und Griechisch zu lehren. Als die Deutschen am 13. Juni 1940 Paris besetzten, verließ sie mit ihren Eltern via Marseille das Land und reiste nach New York und von dort nach London.

Simone Weil war in den 30er und 40er Jahren schriftstellerisch tätig, ihre Werke wurden sowohl während ihrer Lebenszeit als auch pothum veröffentlicht.

"Wenn Sie Bilder, Symbole etc. verstehen wollen, versuchen Sie nicht, diese zu interpretieren, betrachten Sie sie vielmehr so lange, bis Ihnen plötzlich ein Licht aufgeht. Allgemein gesagt, ist dies eine Methode zur Übung der Intelligenz, die in Betrachtung besteht ... Das Lehren sollte kein anderes Ziel haben, als durch Übung die Aufmerksamkeit zu schärfen." (Aus: *Schwerkraft und Gnade*)

"Kopfschmerzen. In einem bestimmten Moment läßt der Kopfschmerz nach, wenn ich ihn in den Kosmos projiziere, was jedoch den Kosmos schädigt; kehrt der Schmerz zu mir zurück, ist er intensiver als zuvor, doch etwas in mir leidet nicht und bleibt in Verbindung mit einem Universum, das nicht geschädigt ist." (Aus: *Schwerkraft und Gnade*)

"Was heilig ist im Menschen, ist das Nicht-Persönliche, das, was von der Person absieht ...Gerechtigkeit, Wahrheit und Schönheit sind Schwestern, sind Gefährtinnen. Drei Worte, schön wie diese - was brauchen wir mehr." (Aus: *Ecrits de Londres*)

Wassermann im Patriarchat

Wassermann wird als "männliches" Zeichen gesehen - mit zwei starken männlichen Regenten. Daher erhält es in der konventionellen Astrologie recht positive Beschreibungen. Saturn im Wassermann gibt Gedankentiefe und Vitalität (im "weiblichen" Erdzeichen Steinbock dagegen wird sein Einfluß generell als negativ angesehen, als schwache Gesundheit, Einschränkung und Überarbeitung verursachend). Wassermann-Geborene können exzentrisch, grenzenlos unabhängig und rebellisch sein, im Grunde jedoch sind sie humanitär ausgerichtet und voller Reformgeist und verwenden ihre Uranus-Erfindungsgabe eher dazu, der Menschheit zu helfen als ihr zu schaden. (Wir sollten jedoch nicht vergessen, daß eine Verbesserung für die einen gleichzeitig eine Verschlechterung für die anderen bedeuten kann.) Die Beschreibungen sind generell in männlicher Form abgefaßt - es ist ja schließlich der Wasser*mann*, der beschrieben wird -, und die Wasserfrauen werden den ihnen eigenen Qualitäten entfremdet, weil sie ihnen als "männlich" und nicht "weiblich" erscheinen und sie sich deswegen nie ganz mit ihnen identifizieren können. Unsere geschichtliche Entwicklung hat ein übriges getan. In den vergangenen 2000 Jahren war es kaum einer Frau möglich, "grenzenlos unabhängig" zu sein, Erfindungsreichtum an den Tag zu legen oder die Gesellschaft zu reformieren. Die Emanzipationswelle der vergangenen Jahrzehnte war vielleicht die erste der unbedingt notwendigen Reformen vor dem Eintritt in das Wassermann-Zeitalter.

Die Schwierigkeit, die wir damit haben, uns wirklich unabhängig, ursprünglich, erfinderisch und intellektuell interessiert zu sehen, entsteht einerseits durch die Verwendung der männlichen grammatikalischen Form in den astrologischen Beschreibungen, werden andererseits aber auch durch die Berufe, für die Wassermann-Geborene als besonders geeignet gelten, unterstützt. In der Vergangenheit gab es fast ausschließlich männliche Wissenschaftler, Dozenten, Astronomen und Astrologen, Erfinder und Kommunikationsexperten - in manchen dieser Berufe können Frauen selbst heute noch schwer Fuß fassen. Wassermann-Frauen haben es nach wie vor schwer, ihre Talente öffentlich zur Geltung zu bringen - große Reformen der jüngsten Zeit (vom 19. Jahrhundert bis heute) sind von Frauen gegen den Widerstand von Männern und ohne finanzielles Entgelt durchgesetzt worden. Die hochgelobten Freiwilligen unseres Sozialsystems, die in der und für die Gesellschaft arbeiten, die vielen inoffiziellen Selbsthilfegruppen, die es in unserem Lande gibt, unsere (meist ehrenamtlichen) Beraterinnen und Berater - sie alle haben sehr viel den Steinbock- und Wassermann-Frauen zu verdanken. Da es ihnen nicht möglich war, ihren Intellekt und ihre Energie beruflich einzusetzen, wandten sie sich dieser "Amateur-Arbeit" zu, um unsere Gesellschaft verändern zu helfen.

Je näher wir dem Wassermann-Zeitalter kommen, desto mehr solcher Netzwerke entstehen, wie dies schon Marilyn Ferguson in ihrem Buch *Die sanfte Verschwörung* beschrieben hat. Es gibt ebenso viele Frauen wie Männer, die in dieser Richtung engagiert sind, und die Geschlechtergleichheit, jegliches Fehlen diesbezüglicher Klischees, ist in diesem Zusammenhang auffallend. Für uns Frauen klingt das sehr vielversprechend; viele meinen sogar, daß das Entstehen von immer mehr alternativen Gruppen und neuen Fähigkeiten nicht mehr aufzuhalten sei und daß dies der Beginn einer neuen Ära der Gleichberechtigung und verstärkten positiven zwischenmenschlichen Verhaltens darstelle. Es sei dies eine Abwendung von Hierarchien und überlebten Strukturen und eine Hinwendung zu beweglicheren Kleingruppen. Dazu gehört natürlich auch die Ablehnung von Krieg und Unterdrückung und die Weiterentwicklung friedlicher Koexistenz, das Umschwenken von hochspezialisiertem und elitärem "High-Tech" auf eine "Zwischen"-Technologie, die innerhalb eines ganzheitlichen Rahmens alle Bereiche abdeckt. Die neuen, "sauberen" Technologien der Physik (Thema: Elektro-Magnetismus), der Optik, der Keramik und der Computer vom NASA-Typ, ohne verschmutzende Rückstände, haben Hebammen-Funktion für das Entstehen einer neuen Form der Organisation menschlichen Zusammenlebens und eines besseren Verständnisses für unsere Schwestern und Brüder.

So sehen die positiven Erwartungen für das beginnende Wassermann-Zeitalter aus, in dem die elektromagnetischen Impulse der Wasserfrau unseren Geist wach und verständig machen für die Gefährdung unserer Kulturen, unserer Welt, und uns zu Reformen zwingen.

Pessimistischere Zukunftsbetrachtungen sprechen jedoch davon, daß die neuen Technologien bereits von den herrschenden Mächten dafür eingesetzt werden, ihre Führungsansprüche und ideologischen Festlegungen auch weiterhin zu sichern. Schon gibt es Regierungen, die mit Hilfe von in die Ionosphäre "eingesetzten" Satelliten schutzlose Länder mit elektrischen Impulsen "berieseln", die die Menschen einlullen oder innerlich unruhig machen. In Experimenten wurde nachgewiesen, daß elektrische Impulse Krämpfe hervorrufen oder sogar töten können, ohne daß z.B. das Wachstum von Pflanzen davon in Mitleidenschaft gezogen wird. Das ist ohne Zweifel in den Augen verschiedener Regierungen und Militärs eine wesentlich "vernünftigere" Art der Kriegsführung als die, welche große Landstriche radioaktiv verseucht und auf lange Zeit hinaus unbewohnbar macht. Schwache Strahlung (der z.B. Menschen ausgesetzt sind, die in unmittelbarer Nähe von Hochspannungsleitungen wohnen oder mit speziellen elektrischen Geräten arbeiten) führt zu Fehlgeburten und zu Veränderungen am Ungeborenen und steht vielleicht sogar mit der Alzheimer'schen Krankheit in unmittelbarem Zusammenhang. Die Gefahren, die auch im Wassermann-Zeitalter stecken, beginnen jetzt sichtbar zu werden, und wir sollten uns daran erinnern, daß der neue Wassermann-Regent, Uranus, ursprünglich zwar ein Himmels-Gott (bzw. eine Göttin, laut Ranke-Graves) und mit dem indogermanischen indischen Gott Veruna verbunden war, jedoch nach dem Mythos zu Beginn des Neuen Zeitalters, das zum Patriarchat führte, entmannt und damit verstümmelt wurde. Wir müssen sehr vorsichtig sein und aufpassen, daß die gegenwärtigen patriarchalen Machtstrukturen mit ihrer gewalttätigen, kriegerischen Vergangenheit nicht wieder alle Reformtendenzen zunichte machen, den aktiven Initiativgruppen durch Kontrolle der Medien ihre Kraft und Bewegungsfreiheit nehmen und vielleicht sogar unsere Stimmungen beeinflussen, indem sie durch totale Überwachung unser Handeln beherrschen. Orwells Roman "1984", der seine eigene Zeit kritisiert, war doch wohl prophetischer, als der Autor in seinen kühnsten Träumen befürchtete.

Zusammenfassung

Die Regentinnen des Tierkreises und die beispielhaften historischen Gestalten, die wir auf den vorangehenden Seiten wiederentdeckt haben, sind zahlreich und ganz unterschiedlich; sie sind Kriegerinnen und Philosophinnen, Richterinnen, Poetinnen, kreative Künstlerinnen; es sind Ärztinnen dabei, Herrscherinnen, Verwaltungsbeamtinnen, ebenso Zauberkundige und Intellektuelle; da sind die Mütter, die Kämpferinnen für Zivilisation und Stadtkultur und die Geschäftsfrauen und Handwerkerinnen. Ihre Bilder wirken erstaunlich modern, wenn wir bedenken, wie lange es her ist, daß sie gelebt haben (und symbolisch die verschiedenen Aspekte der Göttin darstellten). Da wir uns nun endlich aus der viktorianischen Zwangsjacke "weiblicher" Klischees sowohl in unserem Alltag wie auch in der Vorstellung, die wir von uns selbst haben, befreien, ist es doch sehr tröstlich zu wissen, daß die neue Rolle, in die wir hineinwachsen, eigentlich gar nicht so neu ist. Wir stolpern nicht blindlings in eine unsichere Zukunft ohne Anknüpfungsmöglichkeiten an die Vergangenheit (wie oft befürchtet). Wir nehmen nur Themen und Rollenvorstellungen wieder auf, mit denen wir vor langer Zeit bereits umgegangen sind - in Gesellschaften, in denen die Geschlechtertrennung nicht so bestimmend für deren Struktur war wie in all den vielen Jahren danach. Die Frauen des Tierkreises schließen den Kreis, der in unserer fernsten Vergangenheit beginnt und bis in unsere mögliche Zukunft reicht; sie bieten uns Gedankenbilder an, die uns Möglichkeiten für unser Verhalten und Fühlen zeigen, Gedanken- und Auffassungsmuster, die lange Zeit vergessen oder unterdrückt waren. Geschlechtergleichheit ist nicht bloß ein Traum, es hat sie tatsächlich gegeben: ein Zeitalter ohne Kriege und Überbevölkerung, in dem Frauen ihr Schicksal und ihre Fruchtbarkeit in den eigenen Händen hielten, war nicht nur ein Mythos, sondern Realität. Da wir jetzt die Kontrolle über unseren Körper und unser Geschick wiedererlangen, sprechen diese "Alten", über Zeit und Raum hinweg, in einer Sprache zu uns, die wir verstehen. Wenn wir uns die Größe und Dauer menschlicher Zivilisationen, ihr Aufsteigen und Verschwinden innerhalb eines Zeitraums von Jahrtausenden vor Augen führen, gibt uns das erstaunlicherweise eher ein Gefühl von Stärke als das der Schwäche. Wir sehen, daß wir den gesellschaftlichen Strukturen unserer Zeit nicht hilflos ausgeliefert sind, sondern fähig und imstande, sie zu verändern, wenn wir es wollen. Die Erkenntnis, daß "alles schon einmal dagewesen ist", daß es "nichts Neues unter der Sonne (oder der Mondin) gibt", ist für Frauen nicht enttäuschend, sondern eher aufbauend.

Zum Abschluß unserer Wiederentdeckungsreisen in diesem Buch möchte ich gerne zwei Traditionen näher betrachten, die den Hintergrund für meine Beschreibung der Frauen und der Gesellschaften bilden, in denen sie lebten. Eine dieser Traditionen habe ich bereits kurz im 1. Kapitel erwähnt: es ist das Muster, auf dessen Hintergrund wir unsere Vergangenheit betrachten - eine Betrachtungsweise, die unsere Sicht auf Gegenwart und Zukunft beeinflußt (und sich in den ewigen Fragen von Gauguins Gemälden wiederfindet: "Woher kommen wir? Was sind wir? Wohin gehen wir?"). Die zweite Tradition ist die der Astrologie, der frühen Geschichte des Tierkreises und seiner Bedeutung für die Astrologie sowie die Praxis der Astrologie heute. Ganz gleich, was einzelne von der Astrologie halten, besteht doch nicht der geringste Zweifel daran, daß die Symbole und Mythen des Tierkreises und die Religionen und Rituale, die damit verknüpft sind, jahrhundertelang die Menschheit beeinflußt haben und dies auch weiterhin tun werden.

Sehen wir uns zunächst einmal das erste der beiden Betrachtungsmuster genauer an, jenes, das normalerweise unseren Blick in die Vergangenheit bestimmt, und betrachten wir die Veränderungen, die seit einiger Zeit darin stattfinden.

Wo komme ich her? Wo gehe ich hin?

Für uns heute, an der Schwelle zum 21. Jahrhundert, ist die Betrachtungsweise der Vergangenheit durch Vorstellungsbilder bestimmt, die im 17. Jahrhundert aufkamen (vorwiegend als Reaktion auf das frühere statische religiöse Weltbild). Sie erreichten unter Darwin im 19. Jahrhundert ihre volle Ausprägung. Es sind dies Bilder, die einen dynamischen Prozeß von Veränderung zeigen, die Menschheit in ständiger Aufwärtsbewegung, nur ab und an kurz von Stolpersteinen und Fallstricken zurückgehalten, unaufhaltsam unterwegs zu den Wolken, immer höhere Gipfel erklimmend. Es heißt, daß unsere Zivilisation den Triumph der Ratio über den Instinkt, der Vernunft über das Gefühl, der Wissenschaft über die Magie, der Technologie über umweltbedingte Begrenzungen darstelle. Nach dieser Betrachtungsweise versucht die Menschheit, die "Ketten" der Vergangenheit abzuschütteln, um ein dynamisches, unbegrenztes technologisches Wirtschaftssystem im Vorwärtsgang zu schaffen. Eine Zivilisation, die, wie Erich Fromm sagt, auf *Dingen* beruht, auf konkreten, materiellen Gegenständen, und in der "Haben", nicht "Sein" gesellschaftliche Anerkennung und Status verleiht. Fortschritt wird an "Lebensstandard" (meßbar in Geldeswert) und "Wissensvermehrung" (meßbar in wissenschaftlicher Beweiskraft) festgemacht. Unsere Vergangenheit wird als "abstoßend, unzivilisiert und kurzlebig" betrachtet und hat dementsprechend nach diesem Verständnis einen wesentlich geringeren intellektuellen, spirituellen, materiellen und technologischen Standard. In Geschichtsbüchern für Kinder wie in der Literatur über unsere sogenannte "Vorgeschichte" wird die "Magie" der ägyptischen Medizin in Gegensatz zur heutigen Medizin-"Wissenschaft" gesetzt und die "Sklaverei" des antiken Griechenland mit der "Freiheit" der Menschen unserer Zeit verglichen. Der Steinzeit-Mensch, kurzlebig durch seinen ständigen Überlebenskampf, wird dem langlebigen, materiell abgesicherten "westlichen" Menschen von heute diametral gegenübergestellt. Wie die Stufen des Turmes zu Babel erscheinen die Kulturen der Vergangenheit als Stufen auf der Trittleiter zum Erreichen des höchsten Niveaus, von welchem aus die Menschheit in ihrem Drang nach Beherrschung der Welt (und, wer weiß, vielleicht auch der Meisterschaft über sich selbst) das Paradies auf Erden schaffen will. Alle Großen des viktorianischen Zeitalters waren auch Utopisten, die fest daran glaubten, daß durch das Befolgen ihrer speziellen Lehren der Himmel auf Erden tatsächlich verwirklicht werden könne. Diese messianische Tendenz ist immer noch Teil unseres Denkens (speziell bei den Amerikanern, deren Theoretiker größtenteils Utopisten waren; Menschen, die in ein neues Land ausgezogen waren, um ein ganz neues Leben zu beginnen). Wir glauben, daß es möglich ist, die Gesellschaft und die Welt nach eigenen Wünschen umzugestalten. Was ja verständlich ist: wenn wir es nicht bis zu einem gewissen Grade für möglich hielten, dann hätte es keinen Sinn, überhaupt etwas Eigenes gestalten zu wollen.

Seit einiger Zeit ist unser Glaube an einen immerwährenden Fortschritt allerdings ins Wanken geraten, da uns die selbstgemachten Probleme langsam einholen. Wie alle guten Forscher oder Hausfrauen, die sich einem überraschenden Problem gegenübersehen, das mit herkömmlichem Wissen nicht zu lösen ist, durchforsten wir die Ablage unserer Vergangenheit, öffnen wir lange nicht benutzte Schubladen. Alte Vorstellungen, die lange Zeit beiseite gelegt waren, erwachen zu neuem Leben und neuer Bedeutung. Tatsachen aus dem Keller unseres Gedächtnisses werden ans Licht geholt. In der Archäologie wie in verwandten Disziplinen kam zu dem Zeitpunkt, als es möglich war, präzisere Daten zu bekommen, eine Unzahl neuer Fakten zutage. So wie die Astronomie mit aufregenden Entdeckungen, die unser Wissen über unsere Stellung im Universum verändern, schier aus den Nähten platzt, so geschieht dies auch in der Archäologie durch neue Erkenntnisse in bezug auf unsere Vergangenheit auf diesem Planeten. Mit dem veränderten Wissen über unsere Vergangenheit verändern auch wir uns und damit gleichzeitig unsere Zukunft. So muß z.B. im Lichte von australischen Entdeckungen und von in Suffolk gefundenen ausgefeilten Steinwerkzeugen (deren Entstehung auf 450.000 v.u.Z. zurückgeht!!) selbst die Steinzeit neu überdacht werden. Das Bild der Steinzeit, so wie es uns die Schule vermittelt hat, nämlich das einer 500.000 Jahre dauernden Periode primitiven Jagens und Sammelns, eines frühen Todes, der Fellbekleidung und des Höhlenbewohner-Daseins, bis - heureka! - endlich um 4.000 v.u.Z. der Ackerbau erfunden wird, Dörfer, Spezialisierung und Handwerk entstehen, ist einfach falsch. Wenn es Frauen und Männern möglich war, bereits 450.000 v.u.Z. spezialisierte Steinwerkzeuge herzustellen, dann ist anzunehmen, daß sie auch in anderen Bereichen sehr erfahren waren: sie hatten schließlich das gleiche Gehirn, das uns heute ziert. Es hat möglicherweise ganze Kulturen gegeben, die durch die Eiszeit und die daraus entstehenden Wetter- und Landveränderungen zerstört wurden. Das gleiche wird auch mit unserer Kultur geschehen, so sie überhaupt die nächste Eiszeit erlebt; sie wird verschlungen werden und aus dem Blickfeld unserer Nachkommen verschwinden; der einzige Überrest wird unsere ewige Erde sein und vielleicht ein paar mythische Erinnerungsfetzen an eine frühere Weltordnung. Ich persönlich finde die Vorstellung, daß es frühere große Zivilisationen gab, die nur mehr in schwachen Erinnerungen überlebt haben (wie im Goldenen Zeitalter des Hesiod oder den Kalpas aus der Hindu-Kosmologie), jedenfalls viel ansprechender als die Annahme, daß Wesen aus dem Weltraum uns unser Wissen vermittelten.

Wir gehen heute mit mehr Bescheidenheit auf die Vergangenheit zu und erkennen, wie lückenhaft und arrogant unsere frühere Einstellung war (als u.a. die Vorstellung vertreten wurde, es habe in den frühen Städten vor dem klassischen Griechenland keine Schrift und keine Zahlenkunde gegeben - nur weil kein schriftlicher Nachweis dafür entdeckt worden war; daraus folgte der Schluß, daß es Kultur nur in Städten ähnlich unseren eigenen überbevölkerten urbanen Ameisenhaufen gab). Frauen weisen darauf hin, daß es andere Interpretationen unserer Vergangenheit gibt, als daß sie männerbeherrscht war (siehe die Erkenntnisse über die keltischen Torques und wie die Grabstätten hochrangiger Frauen einzuordnen sind!) Die meisten archäologischen Interpretationen sind "fundierte Ratespiele" und bei weitem nicht die abgesicherten Tatsachen, als die sie gerne präsentiert werden. Den Archäologen ist durchaus bewußt, wie leicht der eigene Hintergrund und das eigene Verständnis sozialer Ordnung die Interpretation beeinflußt - und wie oft dies in der Vergangenheit geschah. In bezug auf Jamdat Nasr gestehen Archäologen ein, daß wahrscheinlich Frauen an der Macht waren, daß es die matrilineare Erbfolge neben der patrilinearen gab und daß Frauen in öffentlicher Funktion neben Männern tätig waren. Da Frauen diejenigen sind, die Leben hervorbringen, ist es eigentlich folgerichtig, daß Gesetzgebung, Medizin, Philosophie und Administration auch zu den Aufgaben der Frauen gehörten.

Der Tierkreis

Das Wort Zodiac (Tierkreis) hat seinen Ursprung in einem griechischen Wort mit der Bedeutung "lebende Geschöpfe" (vgl. Zoo, Zoologie); "diakos" heißt "Rad" (daher der Ausdruck "Lebensrad" und seine Verbindung zum "Rad der Maya" bei den Hindus). Der Tierkreis beschreibt die Sternbilder, die den Hintergrund für den jährlichen Umlauf der Sonne darstellen, also Fische, Widder, Stier, Zwilling, Krebs, Löwe, Jungfrau, Waage, Skorpion, Schütze, Steinbock und Wassermann. Die Namen (mit Ausnahme der Waage) und die Symbole stammen von den Griechen, die sie ihrerseits wieder von den Babyloniern und Ägyptern hatten. Weiter zurück gibt es keine schriftliche Überlieferung; der Ursprung der Zeichen bleibt geheimnisvoll.

Die Sternbilder des Tierkreises sind jedoch nicht die einzigen, die aus unserer weit zurückliegenden Vergangenheit kommen und deren Ursprung unbekannt ist. Viele andere Sterne und Sternbilder hatten bereits Namen bekommen, z.B. Sirius, der Hundsstern, Draco, der Drache (der sich um 2800 u.Z. um den Pol wand), Orion und andere. Die Namen waren nicht in jeder Kultur die selben; die Ägypter z.B. nannten den Großen Bären (oder Wagen) den Schenkel (oder das Krummschwert). Was jedoch außer Zweifel steht, ist, daß die Menschen seit urdenklichen Zeiten den Himmel studiert haben, sich aus den Sternansammlungen Bilder schufen, sei es nun, um sie besser in Erinnerung zu behalten (wie die heutigen Astronomen, die ihren Neuentdeckungen den eigenen Namen geben), oder aus philosophischen Gründen (wie bei den ägyptischen Riten um den Aufgang des Hundssternes Sirius), um Himmel und Erdenleben, oben und unten, miteinander zu verbinden. Ob die Sternbilder aus einer einst weltumspannenden und einheitlichen Kultur stammen und dazu dienten, den Himmel und das menschliche wie tierische Leben zusammenzuführen, oder ob sie jüngeren Datums sind, ist eine Streitfrage, ebenso wie ihr Zusammenhang mit dem Totem-Glauben der sogenannten primitiven Völker (bei dem Teile der Gesellschaft eine besondere, heilige Verbindung zu einem speziellen Tier oder einem anderen Teil der Natur haben). Was aber ganz klar ist: Die Namen und Bilder, die wir mit den Sternkonstellationen am Himmel verbinden, sind sozusagen "menschengemacht", von verschiedenen Kulturen, also von uns, den Sternen zugeordnet. So wie die heutigen Astronomen den neuen Sternbildern Namen geben, so haben die Menschen in der Vergangenheit den Sternen des Tierkreises und anderen Sternen die Bilder zugeordnet, die sie in ihrer Vorstellung sahen. Und dabei sind ihre Kenntnisse der Astronomie, der Gestirne, möglicherweise nicht geringer gewesen als die unseren. Die in Stein gravierten Spiralen, die die Spiralform unserer Galaxien abbilden, die antike Doppel-Spirale, die in ihrer Schmetterlingsform das Verhältnis zwischen Ordnung und Chaos symbolisiert, gehen bis 4000 v.u.Z und weiter zurück.

Lange bevor die Chaldäer in Babylon ans Ruder kamen und Nebukadnezar II (604-562 v.u.Z.) regierte, der selbst Antiquar und Büchersammler war, zeichneten die Ägypter bereits die Sterne und ihre Konstellationen und verbanden die Symbole mit dem Leben ihres Pharao/der Sonne (und damit mit allem Leben auf Erden), mit seinem Tod und seiner Wiedergeburt. Auf der Innenseite der Sargdeckel, an den Decken der Grabkammern, wo immer es Ornamente gab, wurde auf den gestirnten Himmel Bezug genommen. Auf einem Sargdeckel aus der Zeit des Mittleren Reiches (2133-1786 v.u.Z.) ist die Göttin Nut neben dem Sternbild Schenkel (Großer Bär) abgebildet; sie erhebt ihre Arme, um dem Verstorbenen den Übergang zu erleichtern. Auf der anderen Seite sind Orion, der sich "am südlichen Himmel befindet" und nach rückwärts blickt, und Sirius (Isis), "die Lebensspenderin", zu sehen. In einem Grab des Neuen Reiches spannt sich Nut (Himmels-Mond) im Bogen über die Decke der Grabkammer; sie verschlingt die Sonne am Abend und schenkt ihr am Morgen neues Leben. Ihr Körper ist von Sternen und Planeten bedeckt, und alle Sternbilder des nördlichen und südlichen Himmels sind in ihrer vollen Länge aufgelistet. In den dunklen Grabgewölben aus der Zeit zwischen 1600 und 1360 v.u.Z. steht an den Wänden *Das Buch AM-TUAT*; und die Segmente des Tierkreises erscheinen im *Buch der Tore*. Seinem Namen liegt die Darstellung der zwölf Häuser zugrunde. Jedes Haus ist mit einem von feuerspeienden Schlangen bewachten Tor versehen, das die Sonnenbarke auf ihrer nächtlichen Route durchfahren muß. In ihrem wunderbaren Reisebericht "A Thousand Miles Up the Nile"(Tausend Meilen nilaufwärts) beschreibt die viktorianische Weltenbummlerin Amelia Edwards ihren Besuch bei den Gräbern in der Nähe von Bab-el-Moluk und speziell beim Grab von Seti I so:

"Wenn man diese riesigen Grabkammern betritt, ist es, als würde man in die Unterwelt hinabsteigen und die Pfade der Schatten entlanggehen ... Der Gang führt abwärts: das Tageslicht hinter uns wird schwächer. Am Ende des Ganges eine Treppe, vom Fuße der Treppe führt ein weiterer Gang hinunter in unergründliche Dunkelheit. Die Wände an den Seiten sind übersät mit Hieroglyphen, dazwischen immer wieder erschreckende Bilder, halb Gottheit, halb Dämon. Gewaltige Schlangenleiber winden sich neben uns an den Wänden entlang. Geister mit gezückten Flammenschwertern halten Wache. Darüber ein seltsamer Himmel, auf dem die Gestirne in Booten die Ozeane des Weltraums durchqueren; die Sonne steigt im Osten auf, begleitet von den Stunden, den Monaten und den Tierkreiszeichen; sie versinkt im Westen und zieht ihre Bahn durch die Hemisphärc ewiger Nacht."

In der Grabkammer der Kuh findet sich dort auch eine Beschreibung der Sintflut, ganz ähnlich wie in der Bibel und im sumerisch-akkadischen Mythos. Hier handelt es sich jedoch um eine rote Flut.

Die Ägypter faßten die Sterne, Planeten, das Leben der Menschen und der Natur als miteinander verwobene Symbole auf. Sie entwickelten daraus ein tiefes philosophisches Verständnis unseres Lebens und unserer Stellung innerhalb des Universums, das auch allgemein verständlich war. Die tiefgreifende mystische Vorstellung des "ka" ist das Herzstück dieser Philosophie. In den Pyramidentexten der 5. und 6. Dynastie, dem "Totenbuch" oder genauer: "Buch der Wiedergeburt", hat das "ka" seinen Platz innerhalb einer Weltentstehungslehre, die laut Lucy Lamy uralt ist. Sie ist auch der Meinung, daß die beiden Luftschächte, die in der berühmten und geheimnisvollen Cheops-Pyramide nach außen führen, Durchgänge für den Flug des "ka" des Königs, für seine unsterbliche, unzerstörbare Essenz waren. Der nördliche Schacht war auf den Himmels-Nordpol ausgerichtet (mit einer Genauigkeit von bis zu 1 Grad), der zu diesem Zeitpunkt von Draco, dem Drachen, bewohnt war. Der südliche Schacht zielte auf die drei Sterne im Gürtel des Orion. So standen dem verstorbenen König zwei Wege für seine Seele offen: der eine führte zu Befreiung und ewigem Leben, der andere zur erneuten Wiedergeburt in einem menschlichen Körper und weiteren Erfahrungen (Orion-Osiris und Sirius-Isis).

Es ist interessant, daß die Hieroglyphe für das "ka" genau den aufgerichteten Händen der Göttin in Çatal Hüyük (6500 v.u.Z.) entspricht (vgl. das Kapitel "Stier"). In der frühesten Darstellung aus der proto-dynastischen Zeit (Louvre Palette) wird der König als Bulle gezeigt, der seine Feinde besiegt; "stier-mächtig" war noch lange einer der ägyptischen Königstitel. (Möglicherweise war die "rote Flut" in der späteren Grabkammer der Kuh eine Erinnerung an strömende Lavamassen, an das Chaos der Vulkanausbrüche, wie die Wandmalerei in Çatal Hüyük sie zeigt.) Wir sollten von der Langlebigkeit einer Tradition wie dieser, die so reich an Symbolen und tiefgründig ist, gar nicht überrascht sein - die ägyptische Philosophie hat vielleicht noch wesentlich tiefere Wurzeln, als allgemein angenommen wird.

Reinkarnation mit den Gestirnen und dem Umlauf von Sonne und Mond innerhalb des Tierkreises in Verbindung zu sehen, ist eine Vorstellung, die nicht auf Ägypten beschränkt ist, sondern sich in vielen Kulturen findet. Sie war bis zur Zeit der Griechen im Mittelmeerraum stark verbreitet, z.B. in den Grundsätzen des Pythagoras. Auch in Indien hat die Vorstellung der Wiedergeburt eine lange Tradition. Es wird angenommen, daß sie dort bis in die Zeit vor den indogermanischen Invasionen von ca. 2000-1500 v.u.Z. zurückreicht. Sie gehört wahrscheinlich zusammen mit der Kosmologie, den vier Kalpas und dem "Rad des Lebens" zu einer der früheren Zivilisationen des Kontinents. (Die Genauigkeit der frühen kosmologischen Berechnungen ist verblüffend; so ist nach der Kosmologie und der Berechnung der Hindus die Welt 4,2 Milliarden Jahre alt - was von dem Ergebnis von rund 5 Milliarden Jahren, das heutige Wissenschaftler errechnet haben, nicht weit entfernt ist.) Meditationspraktiken der "Ehrfurcht vor dem Leben" sind, so wird angenommen, ebenfalls sehr alt. Die Philosophie der altindischen Upanischaden unterscheidet sich so stark von der der Rigveden der Indogermanen, daß viele Experten in ersteren ein Wiederaufleben früheren Denkens sehen, das möglich wurde, nachdem die Eroberer sozusagen in der Gesellschaft zur Ruhe gekommen waren. Im heutigen Indien ist das Erstellen eines Geburtshoroskops und das Horoskop-Lesen eine durchaus alltägliche Sache, und es bestehen enge Beziehungen zwischen der Astrologie und einer breiten Palette von Glaubensrichtungen, inklusive der Vorstellung von der Reinkarnation. Es heißt, daß selbst für den Buddha das Geburtshoroskop erstellt wurde, damit sein Vater ihm beim Erwachsenwerden angemessenen Rat geben konnte.

Die indische Astrologie ist siderisch (beruht also auf den Sternbildern) und nicht tropisch (auf der Sonne beruhend) wie die unsere. Mond und Mondhäuser (ebenso wie Drachenkopf und -schwanz) sind darin von viel größerer Bedeutung als in der westlichen Astrologie. Unsere eigene Astrologie, die wir von den Griechen und Römern übernommen haben, ist wahrscheinlich eine vereinfachte Version der ursprünglichen Wissenschaft, und für die Chaldäer, die einen Mondkalender besaßen, bedeutete die Mondin sehr viel mehr als für die späteren "Sonnen-Zivilisationen". In der Tradition des Nahen Ostens, die bis in die sumerisch-akkadische Kultur zurückreicht, übernahm Marduk, als Nibiru-Jupiter, einen Mondkalender (in den *Enuma Elisch* von Tiamat) und wies jedem Monat drei Konstellationen zu. Die Astronomie der Vergangenheit maß der Mondin gleich viel Bedeutung bei wie der Sonne; in den gewaltigen Megalith-Observatorien aus der Zeit von 4000 bis 2000 v.u.Z. ist die Ausrichtung auf die Mondin ebenso wichtig wie die auf die Sonne. (Die Versuchung ist groß, diese Bauten als Reaktion auf eine gewaltige Katastrophe anzusehen, als Antwort auf eine Bedrohung durch die beim Absturz eines riesigen Meteors radioaktiv aufgeladene Atmosphäre - wir müssen es bei dieser Spekulation belassen, da es keinerlei Beweise dafür gibt.).

Was dieses Buch beweisen will ist, daß die Sternbilder des Tierkreises, ihre Namen und Symbole, schon lange vor der Zeit der babylonischen Chaldäer existierten und daß die Geburtsastrologie, wie sie bei ihnen (wahrscheinlich) zuerst betrieben wurde, auf einer ausgearbeiteten philosophischen Sprache und auf Glaubensthesen beruhte, welche Erde und Gestirne, Menschen, Tiere und Natur miteinander verbanden, den Kreislauf von Geburt und Tod des einzelnen mit dem Kreislauf der Galaxien, der Sterne und Planeten, der Geschichte der Natur und der Menschheit. Nach allem, was wir wissen, muß es einmal eine weltumspannende Philosophie gegeben haben, nach der alle Gesellschaften bestimmte Tiere, Bäume oder Flüsse für sich als heilig ansahen und nach der die Beziehungen zwischen allem sich am gestirnten Himmel sichtbar ausdrückten. Vielleicht gab es ursprünglich einmal Gesellschaften, in denen die Frauen nur schwanger wurden, wenn dies für ihre Gruppe günstig und richtig war (wie in den Legenden der Nootka-Frauen, die Anne Cameron gesammelt und in dem Buch *Töchter der Kupferfrau* veröffentlicht hat), und die damit gezielt Geburtenkontrolle ausübten. Leider werden wir diese Dinge nie genau wissen, denn mehr als herausfordernde Fragmente unserer ganz frühen Geschichte werden wir nicht finden. Wenigstens stehen wir aber dem Gedanken, daß es früher bereits große Zivilisationen gegeben hat, nicht mehr so ablehnend gegenüber. Die neueren Entdeckungen in der Archäologie haben dazu etliches beigetragen.

Ich habe nicht die Absicht, hier die Geschichte der Astrologie im einzelnen aufzurollen - es gibt ausgezeichnete Bücher zu diesem Thema, wie z.B. die *Introduction to the History of Astrology* (Einführung in die Geschichte der Astrologie) von Nicholas Campion, die auch von der britischen Astrological Association sehr empfohlen wird. Die meisten von uns kommen erstmals durch die populären Sonnenzeichen-Horoskope in den Tageszeitungen mit der Astrologie in Berührung. Obwohl sie von ernsthaften Astrologen nur mit Verachtung gestraft werden, mögen sie doch wesentlich dazu beigetragen haben, daß die astrologische Tradition trotz aller wissenschaftlicher und periodisch auch kirchlicher Ablehnung lebendig blieb. Die "seriösere" Astrologie stellt Stunden- und Geburtshoroskope und betrachtet die Lebensumstände eines Menschen. Das größte Interesse gilt zur Zeit den Geburtshoroskopen. Moderne Astrologen sprechen von "Potentialen", "Wesenszügen" und "Themen" und lassen im Geburtshoroskop auch Raum für den freien Willen. Sie sehen sich eher in beratender als in "seherischer" Funktion. Es ist jedoch noch gar nicht so lange her, daß das Bedürfnis nach Sicherheit durch den ständigen Kampf gegen Krieg, Krankheit und gewaltsame Veränderungen bei den Menschen sehr stark ausgeprägt war und daher in der Astrologie, wie auch in der Religion und später in der Wissenschaft, dem Determinismus Tür und Tor öffnete. Unsere Fähigkeit, mit dem Unvorhersehbaren fertigzuwerden und die Grenzen jeder Vorhersage anzuerkennen, kurz, glücklich und zufrieden im "Chaos" zu leben, ist sehr neu. Wahrscheinlich brauchen wir die Sicherheit des "täglichen Brotes" und eines Daches über dem Kopf und müssen von der Angst vor Krieg befreit sein, um mit Unsicherheit im Großen wie im Kleinen fertigwerden zu können; die heutige Spitzentechnologie scheint uns (bzw. allen, die der sogenannten Ersten Welt angehören) diese Sicherheit zu gewährleisten. So wie Religion und Wissenschaft war auch die Astrologie früher deterministisch und auf Voraussagen aufgebaut: die Zukunft war ein direktes Ergebnis von Ursache und Wirkung gegenwärtiger Handlungen. Die Gegenwart wurde als Schlachtfeld gesehen (Hobbes), und in viktorianischen und früheren Texten (z.B. Sidley) gab es die Guten und die Bösen, das Leben war ein ständiger Kampf (Himmel gegen Hölle, objektiv/subjektiv, rational/instinktiv, Venus/Mars, Jupiter/Saturn). In ihrer Art, die Dinge zu betrachten, entsprach die Astrologie voll und ganz dem Zeitgeist, in keiner Weise unterschieden von den anderen Disziplinen.

Unsere Weltsicht hat sich ganz allgemein durch die neueren Entdeckungen auf den Gebieten Mathematik, Physik, Astronomie und Archäologie verändert und ist jetzt weniger deterministisch, weniger starr linear. So versuchen heutige Interpretationen in der Astrologie nicht mehr, die Beziehungen zwischen den Aspekten in ein Ursache-Wirkung-Korsett zu zwängen. Quadrate sind nicht mehr nur negativ, sondern bringen Herausforderungen, fördern die Entwicklung und stärken das Bewußt-Sein. Saturn ist nicht mehr der "Schwarze Peter" des Horoskops, er ist vielmehr der Lehrer, dessen Lektionen wir lernen müssen, um unser volles Potential zu entwickeln. Die alten Gegensätze, die eine einzige kausale Linie vorgeben (z.B. in bezug auf die Frage, ob wir durch Vererbung oder Erziehung bestimmt werden), sind nicht mehr ausreichend; wir bemühen uns heute, subtilere, komplexere Erklärungen für menschliches Verhalten zu finden. Dabei spielt das astrologische Geburtshoroskop eine große Rolle.

Die Astrologie arbeitet in ihren Gesetzen, im strukturellen Aufbau des Horoskops, immer mit Beziehungen zwischen den einzelnen Bausteinen des Horoskops, mit Wechselwirkungen und zeitlichen Verknüpfungen und nur relativ wenig mit kausalen Erklärungen. Die Quadrate, Trigone, Oppositionen, Sextile etc. sind Bezeichnungen, die Beziehungen zwischen symbolisch dargestellten Punkten herstellen, und nicht Ursache-Wirkung-Einbahnstraßen. In ihrer Symbolstruktur war die Astrologie auch immer geschlechtsneutral. Es macht keinen Unterschied, ob das Kind, dessen Horoskop aufgestellt wird, ein Mädchen oder ein Junge ist: wir haben alle die gleichen Planeten, und es ist nicht unser Geschlecht, es sind Zeit und Ort, die für jede und jeden von uns die einzigartige Zusammenstellung von Planeten, Tierkreiszeichen und Elementen in den Häusern des Horoskops bewirken.

Im Geburtshoroskop wägen wir Ordnung und Chaos, Werden und Vergehen, Ursache-Wirkung und Parallelität, Potential und Gewißheit sowie Vernetzungen zwischen verschiedenen Variablen und lineare Beziehungen gegeneinander ab. Kein Wunder, daß die Analyse des Horoskops so oft als meditative Kunst beschrieben wird, die Intuition verlangt. Es wird immer gute und schlechte Astrologen geben, und wie wir die Realität jeweils unterschiedlich sehen, so versteht auch jede und jeder das Horoskop etwas anders. Innerhalb seiner mathematischen und harmonischen Grundstruktur sind - ähnlich wie bei den neu entdeckten Gesetzen in der Naturwissenschaft - verschiedene Variationen zu einem speziellen Thema denkbar.

Ich habe in diesem Buch die traditionelle Reihenfolge der Sonnenzeichen verändert, indem ich mit den Fischen und nicht, wie üblich, mit dem Widder begonnen habe. Der Grund dafür war, daß ich einige der philosophischen Hintergründe des Tierkreises, wie sie im Horoskop zu finden sind, in den Blick bringen wollte. Ich sehe die Wasserzeichen als Nabe des sich drehenden Rades, das das Entstehen und Werden allen Lebens, sei es kosmischer, menschlicher oder spirituellen Natur, darstellt (und deshalb gleichzeitig auch sein Vergehen). Fische, Widder, Stier und Zwillinge sind mächtige Symbole für den kosmischen und irdischen Schöpfungsprozeß. Diese Bilder halten sich schon viel länger in unserer Vorstellung und Erinnerung als alle schriftlichen und mündlichen Erklärungen, und sie folgen auch der gleichen Richtung wie einige erst vor kurzem in der Naturwissenschaft wiederentdeckte grundlegende Fakten.

Aus den Energie- und Materie-(Gas-)Wirbeln des Weltraums bildet sich die feurige Energie der Sterne/Sonnen und speziell unserer Sonne, denen unsere Welt, in Form und Materie, ihre Existenz verdankt und die ihrerseits wiederum die Atmosphäre schafft. Wegen ihrer Bedeutungsvielfalt reflektieren diese Bilder den Schöpfungsprozeß auf verschiedenen Ebenen gleichzeitig, und meine Leserinnen und Leser können vielleicht noch zusätzliche Ideen im Zusammenhang mit den vier aufeinander folgenden Zeichen *Fische, Widder, Stier* und *Zwilling* entwickeln, die ich die *Vier Häuser der Schöpfung* genannt habe.

Ähnlich stellen die Zeichen von Krebs bis Skorpion das menschliche Leben in unserem sozialen Umfeld dar und entsprechen in ihrer Aufeinanderfolge den Prinzipien individuellen menschlichen Verhaltens und menschlicher Bedürfnisse. *Krebs* ist einerseits unser Zuhause als Person, aber auch der "soziale Anfang" ebenso wie der Anfang der Menschheitsgeschichte, der Ort, von dem wir aufgebrochen sind. Auch *Löwe*, *Jungfrau* und *Waage* drücken sowohl individuell menschliche wie soziale Bedürfnisse aus, die die Voraussetzungen für ein Leben in Gemeinschaft mit anderen sind. Aus diesem Grund werden ihre *Häuser* die *des sozialen Individuums*, des Einzelmenschen innnerhalb der Gesellschaft genannt. Auch hier sind die Symbole derart komplex, daß die Beschreibung ihre Bedeutung in philosophischer und gesellschaftlicher Hinsicht nur ansatzweise wiedergibt.

Im Skorpion stehen wir am Angelpunkt des Lebens: So wie die beiden Pfade sich für das "ka" des Pharao öffneten, ist der Skorpion das Tor zur Wiedergeburt und endgültigen Befreiung. Die Zeichen, die nach dem *Skorpion* erscheinen, nämlich *Schütze, Steinbock* und *Wassermann*, haben mit sozialen und kosmischen Prinzipien zu tun. Es sind hier sowohl die "höheren Weihen" (das "Spiel" der Hindus, die "Disziplin" der Buddhisten) als auch folgerichtig die Prinzipien großer gesellschaftlicher Zusammenhänge und weitreichender sozialer Kräfte ausgedrückt. Ich betrachte diese Häuser nicht nur als Verkörperung sozialer Prinzipien in größerem Rahmen, sondern als die jedweder Ordnung schlechthin. Des-

halb nenne ich sie die *Häuser sozialer und kosmischer Prinzipien.*
Wir sehen, daß die Sprache des Tierkreises, der Astrologie und des Horoskops inhaltsreich und tiefgründig ist. Das Horoskop ist bei weitem mehr als die simple Vorhersage-Methode, als die Kritiker es gerne bezeichnen. Wie bei allen Sprachen können wir auch aus dem Horoskop das herausholen, was uns wichtig ist: Wir können es als Leitfaden zur Selbstfindung ebenso benutzen wie als Reiseführer zu Spaß und Vergnügen, zu einer neuen Sichtweise des Lebens oder als Sicherheitsanker in schwierigen Zeiten. Sie ist auch, wie es mir hoffentlich gelungen ist zu zeigen, ein wertvolles Ausdrucksmittel für sich: Wenn wir die kulturellen Wurzeln der Symbole erforschen, reichen wir zurück in unsere eigene Vergangenheit und sehen uns selbst neu - und doch in vertrauter Form. Viele unserer tiefsten und bedeutendsten Intuitionen können wir nicht in Worte kleiden, es sind Dinge, die wir zwar wissen, die jedoch nur in Symbolen ausgedrückt werden können. In der Hoch-Zeit des Rationalismus hat man die Bildersprache gerne als "kindisch" bezeichnet, was sie natürlich nicht ist. Sie beschreibt vielmehr Realitäten, die ebenso wichtig für unsere Gesundheit, unseren Geist und unsere Seele sind wie die der gesprochenen Sprache und der "rationalen" Welt. In der Sprache des Tierkreises und der ihm zugehörigen Astrologie verbinden wir Vergangenheit, Gegenwart und Zukunft durch Symbole, wir verknüpfen uns als Menschen mit der Natur und dem Kosmos und sind Teil der Lebenszyklen, Tänzerinnen und Tänzer des kosmischen Tanzes.

Astrologische Kurzinformationen

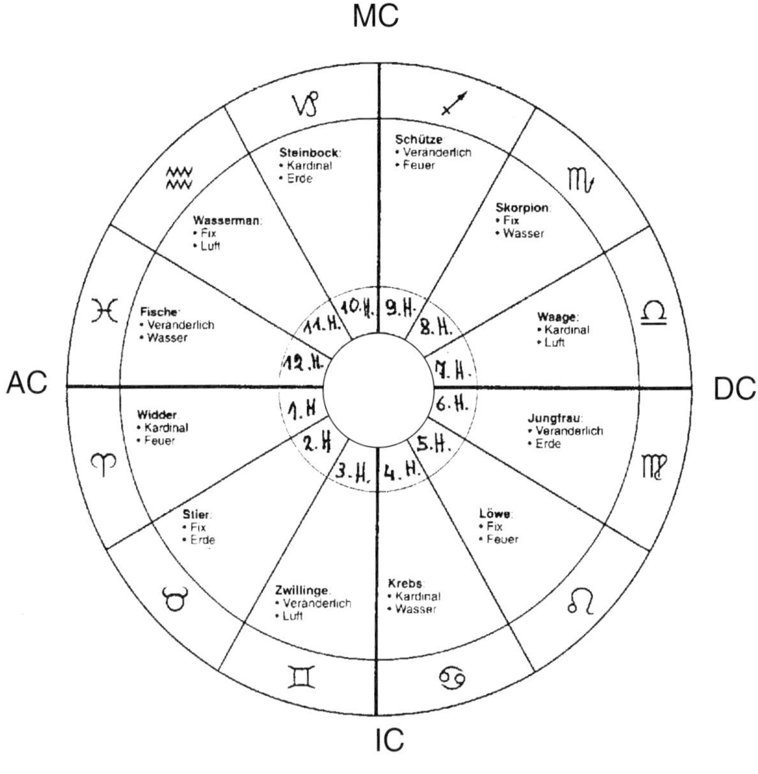

Die obige graphische Darstellung des Tierkreises enthält alle in diesem Buch erwähnten astrologischen Grundlagen auf einen Blick. Es ist der Tierkreis mit den zwölf Tierkreiszeichen, aufgeteilt in zwölf Segmente, die als Häuser bezeichnet werden. In den Segmenten ist außerdem angegeben, welchem der vier Elemente (Wasser, Feuer, Erde, Luft) das jeweilige Zeichen zugeordnet wird und welche Art der Dynamik ihm eigen ist (kardinal, fix oder veränderlich).

Aszendent (in der Graphik AC) heißt wörtlich "im Anfang sein". Im Horoskop ist es der Stand der Sonne im Moment der Geburt, bei unserem ersten Atemzug, am Ort unserer Geburt.

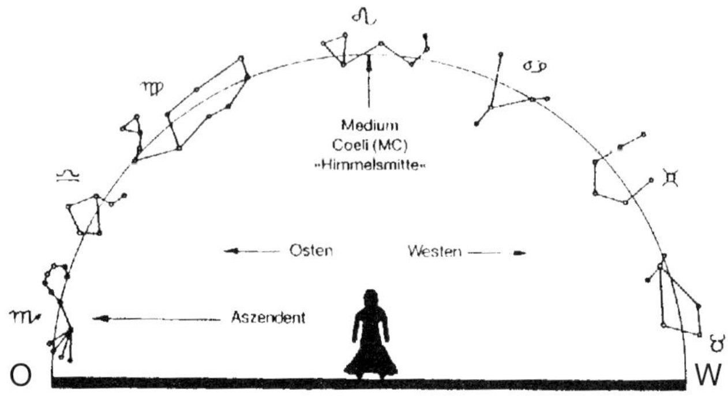

Der Himmel im Moment der im Osten aufgehenden Sonne im Sternbild Skorpion

Die astrologische Sternzeit wird durch Berechnungen festgesetzt, und Häusertabellen bestimmen die Gradgenauigkeit des Aszendenten. Der Aszendent ist auch der Punkt, der das 1. Haus einleitet.
MC steht für Himmelsmitte und bezeichnet den Mittagsstand der Sonne.
IC bezeichnet demgegenüber den Mitternachtsstand der Sonne.
DC steht für Deszendent und ist der dem Aszendenten auf einer Linie gegenüberliegende Punkt.

Die Planeten als Regenten bzw. Regentinnen eines Tierkreiszeichens werden in diesem Buch in den einzelnen Kapiteln ausführlich behandelt.

Ganz allgemein gesagt, macht die Astrologie Aussagen über "Potentiale", "Wesenszüge", "Themen im Leben" einer Person, für die ein Horoskop gestellt wird.

Anmerkung zu Seite 123:
Der griechische Maler Zeuxis, der um 430 v.u.Z. zu arbeiten begann, hat, wie uns von Lukian überliefert ist, ein Wandbild besonderer Art von einer Kentaurin mit zwei Jungen und einem Kentauren geschaffen. Die genaue Beschreibung, die Lukian von dem Bild gegeben hat, ist nachzulesen in "Das Kentaurenbild des Zeuxis" von Wilhelm Kraiker, Berlin 1950 (de Gruyter):
"Auf grünendem Rasen ist eine Kentaurin dargestellt, in ihrer ganzen Roßgestalt am Boden liegend... Der weibliche Oberkörper ist leicht erhoben und ruht auf den Ellbogen. ... Von den Jungen hält sie eins in den Armen und nährt es auf menschliche Weise, ihm die weibliche Brust darbietend. Das andere aber säugt sie am Euter wie eine Stute ihr Füllen. Auf dem Bild oben neigt sich ein Roßkentaur wie über eine Anhöhe, offenbar der Mann derjenigen, welche die Kinder ... nährt."
Von der Fülle der Wandfresken und Tafelbilder des griechischen Malers Zeuxis blieb nichts erhalten.

Bildhinweise

Seite 6 Gesichtsgefäß, Spätneolithikum, Bulgarien, Historisches Museum Plewen
22 1) Weibliches Idol, 3. Jt. v.u.Z., Gegend von Troja. Aus: Ausstellungskatalog "Idole. Frühe Götterbilder und Opfergaben", 1985 2) Schlangengöttin, ca. mittler. Neolithikum, Kreta. Aus: M. Gimbutas, "The Goddesses and Gods of Old Europe", London 1974 3) Weibliches Idol, ca. 2000 v.u.Z., Iran. Aus: "Kunst und Kultur der Kykladeninseln im 3. Jahrtausend v.u.Z.", 1976 4) Maat, um 1300 v.u.Z., Ägypten. Aus: F. Teichmann, "Der Mensch und sein Tempel. Ägypten", 1978
30 Meeresstrudel bei Arapuni, Neuseeland, Foto: Ullstein Bilderdienst, veröffentlicht in: Th. Schwenk, "Das sensible Chaos", Stuttgart 1962
32 Taras, auf Delphin reitend, Stater, um 340 v.u.Z. (Taras/Tarent, von Sparta aus von den "Jungfrauenkindern", den sagenhaften Parteniern, gegründet.)
33 Das Megaron im Palast der Königin von Knossos, rekonstruiert. Nach Sir Arthur Evans, The Palace of Minos at Knossos, Bd. III (Bde I-IV, London 1921-1935)
35 Kreis von Delphinen, Stater ca. 420 v.u.Z., Melos; British Museum, London
37 Aphrodite auf einem Delphin, 6. Jh. v.u.Z., Griechenl. Staatl. Museen, Berlin
42 Sirene zwischen Delphinen, ca. 520 v.u.Z., Athen. B.M., London. Aus: Eva Hofstätter,Sirenen, Würzburg 1990
48 Artemis-Arethusa, Dekadrachmon, ca. 480 v.u.Z., Griechenland. Aus: P.R. Franke, M. Hirmer, Die griechische Münze, München 1964
50 Tetradrachme mit Krebs, ca. 480 v.u.Z., Griechenland, Franke/Hirmer, s.o.
53 1) Goldenes Schmuckstück, Mallia, ca. 2000 v.u.Z. Etudes Crétoises VII, Ecole Francaise d'Athènes. 2) Bienengöttin auf einer Onyxgemme, Knossos, ca. 1500 v.u.Z. Aus: M. Gimbutas, s.o.
57 1) Achterschild (Körperform der Göttin als Schutz), minoischer Siegelabdruck, Knossos. Evans, Palace Bd. IV. 2) Krebs mit gorgoartigem Menschenkopf, Drachme, ca. 400 v.u.Z., Sizilien. Aus: Franke/ Hirmer, s.o.

58 Heiliger Mondbaum, F. Lajard, Sur le Culte de Venus, 1847. Aus: Esther Harding, Frauenmysterien einst und jetzt, Zürich 1949
60 Hera. Elis, ca. 420 v.u.Z. British Museum, London. Nach: Jenkins/Küthmann, Münzen der Griechen, München 1972
68 Zeichnung nach Siegelabrollung. Skorpiongöttin aus Ur, ca. 2400 v.u.Z. Nach: H. Mode, Indische Frühkulturen und ihre Beziehung zum Westen, Basel 1944
70 Skorpiongöttin Selket, Ägypten, Neues Reich. Musée du Louvre, Paris. Photo H. Lewandowski
75 Isis, 15. Jh. v.u.Z., Theben. Photo A. Gaddis, Luxor. Nach: E. Neumann, Die große Mutter, Zürich 1956, Olten 1974
76 Ägyptische Hieroglyphe für den Begriff "ka"
78 Isis mit Horus, Ägypten, ca. 1300 v.u.Z., Aus: F. Teichmann, Der Mensch und seine Tempel. Ägypten. Stuttg. 1978
79 Kleopatra als junge Frau, ca. 50 v.u.Z. Vatikan. Museen. Nach: Kleopatra. Ägypten um die Zeitenwende. Katalog. Mainz 1989
81 Kleopatra, Silberdenar, 34 v.u.Z., Alexandria. Aus: L.u.M. Lanckoronski, Mythen und Münzen, München 1958
88 Kultvase aus Inannatempel, Uruk, Abrollung. Iraq Museum, Bagdad. Aus:H. Schmökel, Ur, Assur und Babylon, Stuttgart 1955
91 Zeus-Ammon, Tetradrachmon,ca. 500 v.u.Z., Kyrene, ehem. Jameson Coll. Aus: Jenkins/Küthmann, s.o.
92 Mutterschafgöttin, Felsgravierung, Sahara, 7000-4500 v.u.Z. Frobenius-Institut, Frankfurt/M.
95 Amazone mit Fellmütze, Tetrobol, Griechenland, ca. 500 v.u.Z., British Museum. Aus: Jenkins/Küthmann, s.o.
96 Im Augenblick, als Achill die Amazonenkönigin Penthesilea tötete, wurde er von Liebe zu ihr ergriffen. Griechenland, ca. 530 v.u.Z., British Museum, London Aus: J.D. Beazley, Attic Black-Figure Vase-Painters, 1956
98 Amazonen im Kampf. Griechenland, ca. 450 v.u.Z. A. Furtwängler/K. Reichhold, Griechische Vasenmalerei, 1904-32
100 Reitende Amazone, ca. 440 v.u.Z., Syrakus, Nationalmuseum. J.D. Beazley, Attic Red-Figure Vase-Painters, 1963
104 Sachmet, Ägypten, ca. 930 v.u.Z., British Museum, London
107 Göttin mit Löwe und Löwin. Siegelabdruck, 16. Jh.v.u.Z. Knossos. Museum Heraklion, Kreta
108 Löwengöttin aus Mesopotamien, ca. 3000 v.u.Z. Zeichnung von H. Kopf nach B. Johnson, Die Große Mutter in ihren Tieren, Olten 1990
110 Die (syrische?) Göttin Kades, Stele aus Ägypten, XIX. Dynastie. British Museum, London
113 Eleonore von Aquitanien, Ausschnitt aus einem Wandgemälde, 13. Jh., in Chinon. Aus: Régine Pernoud: Eleonore von Aquitanien, Düsseldorf, Köln 1966
122 Pallas Athene mit Viergespann, Tetradrachmon, ca. 420 v.u.Z. Aus: Franke/Hirmer: Die griechische Münze, München 1964
124 Kentaur und Nymphe, Stater, Griechenland, ca. 500 v.u.Z. Aus: Franke/Hirmer, s.o.
125 Kentaurin, 4. Jh. v.u.Z., Bergkristall-Gemme, Griechenland. Aus: P. Zazoff, Die antiken Gemmen, München 1983
131 Epona, die keltische Pferdegöttin. Frankreich, gallo-römische Zeit. Museum Alesia, Alise-Sainte-Reine. Aus: M. Pobé/J. Roubier, Kelten - Römer. 1000 Jahre Kunst und Kultur in Gallien, Freiburg 1958
136 Goldtorques, La-Tène-Zeit, Musée Saint-Raymond, Toulouse. Aus: J.

Moreau, Die Welt der Kelten, Stuttg. 1958
137 Göttin mit Tieren, mit einem Torques geschmückt. Kessel von Gundestrup, evtl. 2.Jh.v.u.Z., Nationalmuseet, Kopenhagen
144 Stierkopf aus Bein mit eingeritzter Göttinfigur, Ukraine, ca. 3500 v.u.Z. Archäol. Museum, Kraukau. Aus: M. Gimbutas, The Goddesses and Gods of Old Europe, London 1974
146 Junger Mann (schwarz) und zwei Frauen (weiß) beim rituellen Stierspringen, Fresko von Knossos, ca. 14. bis 17. Jh. v.u.Z. A. Evans, Palace, Bd.III
147 Stierheiligtum mit Göttin in Gebärstellung, Çatal Hüyük, ca. 7. Jahrt. v.u.Z. Aus: J. Mellaart, Çatal Hüyük, London 1967
148 Kuh (Hathor) und Kalb. Elfenbein, Phänizien, ca. 8. Jh. v.u.Z., British Museum, London
149 Hathor als Kuh. Ägypten, 13. Jh. v.u.Z., Papyrus, Totenbuch von Userhetmos, Ägyptisches Museum, Kairo
154 Silbury Hill. Kultstätte der Göttin aus neolithischer Zeit, im Süden Englands. Aus: Michael Dames, The Silbury Treasure. The Great Goddess Rediscovered, London 1976
159 Alkaios und Sappho. Krater, Athen, ca. 470 v.u.Z. Museum antiker Kleinkunst, München
166 Artemis, Göttin der Tiere. Capua, Italien, ca. 500 v.u.Z., British Museum
167 Themis und Bendis, ca. 4. Jh.v.u.Z., Athen. Aus: J. Boardman: Athenean Red Figure Vases, London 1989
170 Artemis mit Volutenranke (Macht über die Pflanzenwelt). Amphore, Athen, ca. 525 v.u.Z. Staatl. Museen, Berlin
172 Stonehenge. Heiligtum und "Observatorium", ca. 2200 v.u.Z., England. Aus: A. Bure, Prehistoric Stone Circles, Aylesbury 1979
173 Artemis von Ephesus, 1.Jh. v.u.Z., Antikenmuseum, Basel
182 Steinbock am Lebensbaum. Gold, Silber und Lapislazuli. (Steht in Zusammenhang mit den Inanna-Dumuzi-Mysterien). Ur, ca. 2000 v.u.Z. British Museum
183 Pan und Ziegenbock auf einer griechischen Münze
184 Pan und Muse. Wandbild aus Pompeji. Aus: Das Kentaurenbild des Zeuxis von W. Kraiker, Berlin 1950
186 Maat **189** Ausschnitt aus einem Relief. (Maat als kleine Figure, mit der Feder, ihrer Hieroglyphe, auf dem Kopf), 13. Jh. v.u.Z., Ägypten. Aus: Teichmann, s.o.
194 Echnaton und Nofretete mit drei Töchtern, ca. 1340 v.u.Z., Altarrelief. Ägyptisches Museum, Berlin
195 Nofretete, Kalksteinbüste, Amarna, ca. 1350 v.u.Z., Ägypt. Museum, Berlin
209 Zwillingsgöttin, ca. 5. Jahrt.v.u.Z., Jugoslawien, Vojvodjanski Museum, Novisad. Aus: M. Gimbutas, s.o.
211 Marmoridol aus Kültepe, ca. 2000 v.u.Z., Zeichnung von Hildburg Kopf
212 Weibl. Doppelkopf. Drachme, ca. 470 v.u.Z., Griechenland. Aus: Franke/Hirmer
216 Taubengöttin, spätminoisch, ca. 1300 v.u.Z. Evans, Palace, s.o., aus: Mellersh, Minoan Crete, London 1967
218 Kithara spielende Muse auf dem Berg Helikon, möglicherweise Kalliope. ca. 440 v.u.Z., aus einem Mädchengrab in Attika. Aus: E. Simon, Griechische Vasen, München 1976
231 Minoische Schlangengöttin, 16. Jh. v.u.Z., Palast von Knossos, Kreta. Evans, Palace, nach: Mellersh, s.o.
232 "Plaudernde Damen", Tempelfresko, 16. Jh. v.u.Z., Knossos. A. Evans, Palace III, nach: Mellersh, s.o.
233 Bad der Königin im Palast von Knossos. A. Evans, Palace III
236 Menelaos bedroht Helena bei der Zerstörung von Troja. Gefäß, ca. 485 v.u.Z.,

Griechenland. Museum of Fine Art, Boston. Aus: E. Simon, s.o.
241 Fresko aus Knossos, "Die kleine Pariserin". Nach: Evans, Palace IV
246 Wasserspendende Göttin mit "Vase", aus der Lebenswasser emporströmt, Ur. Photo Sir L. Woolley. Aus: H. Schmökel, Ur, Assur und Babylon., Stuttgart 1955
254 Athena, Tetradrachmon, ca. 520 v.u.Z., Athen. Aus: Franke/Hirmer, s.o.
256 Athena mit Ägis und Schlangen, auf Amphore, ca. 540 v.u.Z., Athen. Bibliotèque Nationale, Paris
257 1) Sitzende Athena mit Nike, Stater, ca. 290 v.u.Z., Alexandria Troas. British Museum 2) Eule. Tetradrachmon, Rückseite einer Athena-Münze, ca. 500 v.u.Z., Athen. Aus: Franke/Hirmer, s.o.
264 Ishtar/Inanna, Iran, Suse Période Elamite. Photo RMN, Musée du Louvre Paris

Die astrologischen Symbole neben den Tierkreiszeichen stammen aus dem Ars Astrologica Font von J.G.H. Hoppmann, Fredericiastr. 7, 14050 Berlin.

Literatur

Mythologie - allgemein

Bachofen, J.J.: Mutterrecht und Urreligion, Hg. Rudolf Marx, 1926/1967, Stuttgart 1984
Briffault, R.: The Mothers, New York 1927/1993
Campbell, J.: Der Heros in tausend Gestalten, Frankfurt/M. o.J.
Campbell, J.: Mythen der Menschheit, München 1993
Campbell, J.: Schöpferische Mythologie. Die Masken Gottes, 4 Bde., Basel 1991/92
Douglas, M.: The Meaning of Myth, ASA, (Tavistock) 1967
Dumezil, G.: Les Dieux des Indo-Européans, PUF, Paris 1952
Dumezil, G.: Mythe et Epopée 1+2, Paris (Gallimard) 1968+1973
Eliade, M.: Das Mysterium der Wiedergeburt. Versuch über einige Initiationstypen. Frankfurt/M. 1988
Fraser, Sir James G.: Der goldene Zweig. Das Geheimnis von Glauben und Sitten der Völker. Dt. Erstveröff. 1928. Reinbek o.J.
Gimbutas, Marija: Die Sprache der Göttin, Frankfurt/M. 1995
Holland-Smith, J.: Death of Classical Paganism, (Chapman) 1976
Jordan, Franzis: In den Tagen des Tammuz. Altbabylonische Mythen, München 1950
Jung, C.G.: Der Mensch und seine Symbole, Olten 1993
Jung, C.G.: Gesammelte Werke Bd. VIII/1: Die Archetypen und das Kollektive Unbewußte, Heitersheim o.J.
Jung, C.G.: Ges. Werke XII: Psychologie und Alchemie, Heitersheim 1990
Jung, C.G.: Ges. Werke VII: Zwei Schriften über Analytische Psychologie, Heitersheim 1989
Jung, C.G. und K. Kerenyi: Science of Mythology, (Routledge & Kegan Paul) 1985
Lessa, W.A. (ed.): Reader in Comparative Religions, (Row & Peterson), N.Y.1958
Lévi-Strauss, C.: Strukturale Anthropologie, Frankfurt/M. 1992
Lévi-Strauss, C.: Das wilde Denken, Frankfurt/M. 1991
Lévi-Strauss, C.: Ende des Totemismus, Frankfurt/M. 1988
Lewis, I.M.: Ecstatic Religion, London (Penguin) 1971
Moore, A.C.: Iconography of Religion, (SCM Press) 1977
Neumann, Erich: Die Große Mutter, Zürich 1957
Purce, Jill: Die Spirale. Symbol einer Seelenreise, München 1988
Ranke-Graves, Robert v.: Die weiße Göttin, Berlin 1981

Ideologie und Sprache - allgemein

Abercrombie, N., S. Hill and B. Turner: The Dominant Ideology Thesis, London (Allen & Unwin) 1980

Barthes, R.: Mythen des Alltags, Frankfurt/M. o.J.
Barthes, R.: Das Reich der Zeichen, Frankfurt/M. o.J.
Barthes, R.: Das semiologische Abenteuer, Frankfurt/M. 1988
Bocock, R. and K. Thompson (ed.): Religion and Ideology, Manchester University Press, 1985
Chomsky, Noam: Die Fünfte Freiheit. Über Macht und Ideologie, Hamburg 1988
Douglas, G.: Physics, Astrology and Semiotics, Beitrag in der Radical Astrology Press, 1983. Library of Astrological Lodge, London
Durkheim, E.: Die elementaren Formen des religiösen Lebens. Frankfurt/M. 1994
Foucault, M.: Wahnsinn und Gesellschaft, Frankfurt/M. o.J.
Foucault, M.: Sexualität und Wahrheit, 3 Bde., Frankfurt/M. 1987/89
Foder, J.A. und J.D.J. Katz (eds), The Structure of Language, (Prentice Hall) 1964
Geertz, C.: Ideology and Discontent, (Collier-Macmillan) 1964
Geertz, C.: Anthropological Approaches to Religion, (Tavistock) 1966
Lemaire, A.: Jacques Lacan, (Routledge & Kegan Paul) 1977
Orwell, George: 1984, Zürich 1950
Pears, D.: Wittgenstein, (Fontana) 1970
Mitchell, J. und J. Rose: Feminine Sexuality, (Macmillan) 1984
Saussure, F.: Grundlagen der Allgemeinen Sprachwissenschaft, Berlin ^{2}1967

Naturwissenschaft

Barnett, L.: Die Welt in der wir leben, München o.J.
Bearman, J. u.a.: Biology, Brain and Behaviour, (Open University Press) 1981
Bleibtreu, J.: The Parable of the Beast, (Paladin) 1968
Bonnor, W.: The Mystery of the Expanding Universe, (Macmillan) 1964
Capra, F.: Das Tao der Physik - Konvergenz von westlicher Wissenschaft und östlicher Philosophie, Bern 1993
Carson, Rachel: Der stumme Frühling, München 1990
Chance, M.: Social Groups of Monkeys and Men, (Cape) 1970
Goldsmith, E.R.D.: A Blueprint for Survival, (Penguin) 1972
Goodall, Jane: In the Shadow of Man,London (Phoenix) 1996
Gribbin, J.: Auf der Suche nach Schrödingers Katze. Quantenphysik und Wirklichkeit, München 1987
Koestler, A.: Der göttliche Funke. Der schöpferische Akt in Kunst und Wissenschaft, Bern/München/Wien 1966
Koestler, A.: The Ghost in the Machine, (Hutchinson) 1967
Koestler, A.: Die Nachtwandler: die Entstehungsgeschichte unserer Welterkenntnis, Frankfurt/M. 1988
Maringer, J. und H.G. Bandi: Art in the Ice Age, (Allen & Unwin) 1953
Mauss, Marcel: The Gift, (Cohen & West) 1954
McLuhan, M.: War and Peace in the Global Village, (Bantam) 1968
Pilbream, d.: The Ascent of Man, (Macmillan) 1972
Porrit, J.: Rettet die Erde, Remscheid 1991

Schell, J.: The Fate of the Earth, (Picador) 1982
Sheldrake, Rupert: Das schöpferische Universum: die Theorie des morphogenetischen Feldes, München 1983
Watkins, T.: Radiocarbon Calibration, (Edinburgh University Press) 1975
Watson, Lyall: Gifts of Unknown Things, (Coronet) 1976
Wilson, Colin: The Star Seekers, (Penguin) 1983

Frauen - allgemein

Alic, Margaret: Hypatias Töchter, Zürich 1991
Armstrong, Karen: The Gospel According to Woman, London 1986
de Pisan, Christine: Das Buch von der Stadt der Frauen, Berlin 1987
Dowling, Colette: Der Cinderella-Komplex, Frankfurt/M, ^{17}1994
Fox, Sally: The Medieval Woman, (Collins) 1987
Fox, Sally: Frauenfleiss: ein immerwährendes Tagebuch, München 1985
Fraser, Antonia: The Weaker Vessel: Woman's Lot in Seventeenth Century England, (Methuen) London 1986
Gimbutas, Marija: Die Sprache der Göttin, Frankfurt/M. 1995
Hall, Nora: The Moon and the Virgin, (Womens Press) 1980
Millet, Kate: Sexus und Herrschaft, München ^{2}1977
Mitchell, Juliet: Psychoanalyse und Feminismus, Frankfurt/M. 1985
Morgan, Elaine: Der Mythos vom schwachen Geschlecht, München 1989
Morgan, Elaine: Kinder des Ozeans, München 1988
Oakley, Anne: Eine Frau wie ich, Weinheim 1986
O'Faolain, Julia: Not in God's Image, (Virago) 1979
Segal, Lynne: Is the Future Female?, (Virago) 1988
Spender, Dale: Man Made Language, (Routledge & Kegan Paul) 1980
Spender, Dale: Women of Ideas, (Routledge & Kegan Paul) 1982
Wollstonecraft, Mary: Verteidigung der Rechte der Frauen, Zürich 1976-78

Astrologie - allgemein

Addey, John M.: Harmonics in Astrology, (Fowler) 1976
Arroyo, S.: Astrologie, Psychologie und die vier Elemente, Reinbek 1989
Arroyo, S.: Astrologie, Karma und Transformation, München 1993
Arroyo, S.: Astrologie und Partnerschaft, München 1989
Arroyo, S. und Liz Greene: Saturn und Jupiter, München
Campion, N.: Introduction to the History of Astrology, (Institute for the Study of Cycles in World Affairs) 1982
Eysenck, H. und D.K.B. Nias: Astrology, (Pelican) 1982
Gauquelin, M.: Cosmic Clocks, (Paladin) 1973
Gauquelin, M.: The Spheres of Destiny, (Dent) 1980
Gauquelin, M.: Die Wahrheit der Astrologie, Freiburg 1987
Greene, Liz: Outer Planets and their Cycles, (CRCS) 1983
Greene, Liz: Saturn, München 1993

Greene, Liz: Schicksal und Astrologie, München 1990
Leo, Alan: Astrology for All, Bde.1-3, (Modern Astrology) 1933
Lilly, William: Astrology in the Seventeenth Century, ed. D. Parker, (Cape) 1975
Radical Astrology, Diskussionspapier, 1988
River, Lindsay und Sally Gillespie: Zeitknoten. Astrologie und weibliches Wissen, München 1991
Rudhyar, Dane: Astrologie der Persönlichkeit, München 1992
Sasportas, Howard: Astrologische Häuser und Aszendenten, München 1987
Sibley, E.: Astrology, (Champonte & Witrow) 1768

Griechenland

Bevan, F.C.: Later Greek Religion, (Dent) 1927
Boardman, J. (ed.): Greek Art, (Thames & Hudson) 1964
Bonnard, André: Greek Civilisation, (Macmillan) 1959
Bowra, C.M.: The Greek Experience, (Weidenfeld & Nicolson) 1972
Cornford, F.M.: Greek Religious Thought, (Dent) 1923
Eliade, M.: The Forge and the Crucible, (Harper) New York 1971
Eliade, M.: Das Heilige und das Profane, Frankfurt/M. 1990
Grant, Michael: Myths of Greece and Rome, (Weidenfeld & Nicolson) 1971
Grant, M. und John Hazel: Lexikon der antiken Mythen und Gestalten, München o.J.
Guthrie, W.K.C.: The Greeks and their Gods, (Methuen) 1950
Harrison, Jane: Ancient Art and Ritual, (Cambridge Univ. Press) 1913
Harrison, Jane: Myths of Greece and Rome, (Benn) 1928
Harrison, Jane: Themis, a Study of the Social Origins of Greek Religion, (Cambridge Univ. Press) 1912
Hinnells, J. (ed.): Mithraic Studies, (Manchester Univ. Press) 1975
Jung, C.G. und Karl Kerenyi: Science of Mythology, (Routledge & Kegan Paul) 1985
Kerenyi, Karl: Dionysos. Urbild des unzerstörbaren Lebens, München/Wien 1976
Kerenyi, Karl: Die Mythologie der Griechen, 2 Bde., München o.J.
Kott, Jan: The Eating of the Gods, (Methuen) 1974
Lefkowitz, Mary R.: Die Töchter des Zeus. Frauen im alten Griechenland, München 1992
Murray, Oswyn: Early Greece, (Fontana) 1980
Nilsonn, M.P.: A History of Greek Religion, (Clarendon) 1928
Nilsonn, M.P.: The Mycenaean Origins of Greek Mythology, (Univ. of California Press), 1972
Plant, Richard: Greek Coin Types, (Seaby) 1979
Snodgrass, A.M.: The Dark Age of Greece, Edinburgh 1971
Taylor, W.: The Mycenaeans, (Thames & Hudson) 1964
Vernant, Jean-Pierre: Myth and Society in Ancient Greece, (Harvester Press) 1979

Autoren des Klassischen Altertums
Aischylos: Die Orestie, München 1993
Aischylos: Der gefesselte Prometheus, Ditzingen o.J.
Diodorus Siculus: Historische Bibliothek, Stuttgart 1827
Euripides: Die Kinder des Herakles: vier Tragödien, Zürich 1979
Euripides: Medea. Tragödie, Ditzingen 1995
Heraklit: Fragmente. Griech. u. deutsch, München 1995
Herodot: Historiae (deutsch), Stuttgart 1955
Hesiod: Sämtliche Gedichte. Zürich und München 1984
Hesiod: Werke in einem Band: Theogonie, Werke und Tage, Der Schild des Herakles u.a., Berlin 1994
Homer: Ilias, übertr. von H. Rupé (1961), München 1989
Homer: Odyssee, übers von F.G. Jünger, Stuttgart 1979
Platon: Menon, Ditzingen 1994
Platon: Protagoras, Ditzingen 1987
Platon: Der Staat, Stuttgart o.J.
Plutarch: Von großen Griechen und Römern, München 1991
Sophokles: Dramen. Griech. u. deutsch, München 1985
Tacitus: Annalen. Lat. u. deutsch, München 1992
Tacitus: Historien. Lat. u. deutsch, München 1984
Tacitus: Agricola/Germania, Lat. u. deutsch, München 1991

Griechenland, Ägäis und Naher Osten
Lindsay, Jack: The Ancient World, (Weidenfeld & Nicolson) 1968
Renault, Mary: Funeral Games, (Murray) 1981
Walcott, P.: Hesiod and the Near East, Cardiff (Wales Univ. Press) 1966
West, M.L.: Early Greek Philosophy and the Orient, Oxford 1971

Minoische Kultur, Ägäis
Cadogan, G.: Palaces of Minoan Crete, (Barrie & Jenkins) 1976
Cottrell, L.: The Bull of Minos, (Evans) 1953
Doumos, C.G.: Thera, (Thames & Hudson) 1983
Evans, Arthur: The Palace of Minos, (Thames & Hudson) 1921-35
Graham, J.W.: The Palaces of Crete, Princeton, NJ, 1962
Karageorghis, V.: Kritios, (Thames & Hudson) 1976
Marinatos, S.: Crete and Mycenae, (Thames & Hudson) 1970
Mellersh, H.E.L.: Minoan Crete, (Rainbird) 1967
Mellersh, H.E.L.: The Destruction of Knossus, (Hamish Hamilton)1970
Palmer, L.: Mycenaeans and Minoans, (Faber & Faber) 1961
Pendlebury, D.S.: The Archaeology of Crete, (Methuen) 1939
Renault, Mary: The King Must Die, (Penguin) 1956

Anatolien
Mellaart, J.: Çatal Hüyük. Stadt aus der Steinzeit, Berg.-Gladbach 1973

Naher Osten
Bacon, E. (ed.): Ancient Civilisations, (Thames & Hudson) 1963
Bermant, C. und M. Weitzman: Ebla, (Weidenfeld & Nicolson) 1970
Cottrell, L.: Lost Worlds, (Heritage) 1962
Cottrell, L.: Quest for Sumer, (Putnam) 1965
Frankfort, H.: The Art and Architecture of the Orient, (Penguin) 1955
Frankfort, H. u.a.: Before Philosophy, (Pelican) 1951
Kramer, S.N.: History Begins at Sumer, (Anchor Books) 1951
Kramer, S.N.: The Sumerians, (Univ. of Chicago) 1963
Krebernik, Manfred: Die Beschwörungen aus Fara und Ebla, Hildesheim, New York 1984
Josephus: De Bello Judaico, (Hamish Hamilton) 1960
Mellaart, J.: Ancient Civilisations of the Near East, (Thames & Hudson) 1965
Mellaart, J.: Neolithic of the Near East, (Thames & Hudson) 1975
Oppenheim, A.L.: Ancient Mesopotamia, (Univ. of Chicago Press) 1968
Saggs, H.W.F.: The Greatness that was Babylon, (Weidenfeld & Nicolson) 1979
Seton, L. (ed.): The Art of the Ancient Near East, (Thames & Hudson) 1961
Woolley, Sir Leonard: Ur of the Chaldees, (Penguin) 1921
Woolley, Sir Leonard: Excavations at Ur, (Benn) 1954
Woolley, Sir Leonard: Art of the Middle East, (Crown) 1961

Ägypten
Adams, Barbara: Ancient Hierakonopolis, (Warminster) 1974
Aldred, Cyril: Universum der Kunst Bd 28: Ägypten III. Spätzeit und Hellenismus, München o.J.
Aldred, C.: Jewels of the Pharaohs, (Thames & Hudson) 1971
Allen, T.G.: The Book of the Dead or Going Forth by Day, (Chicago Univ. Press) 1974
Champdor, A.: Das ägyptische Totenbuch in Bild und Deutung, Bern 1977
Cottrell, L.: Queens of the Pharaohs, (Evans) 1966
David, R.: The Ancient Egyptians, (Routledge & Kegan Paul) 1982
Edwards, Amelia: A Thousand Miles Up the Nile (Century edn.) 1982
Frankfort, H.: Ancient Egyptian Religion, (Columbia Univ. Press) 1948
Gardiner, A.H.: Geschichte des alten Ägypten, Stuttgart 1965
James, T.G.H.: Egyptian Sculptures, (Collins) 1966
Lamy, Lucie: Egyptian Mysteries, (Thames & Hudson) 1981
Murray, M.: The Splendour that was Egypt, (Weidenfeld & Nicolson) 1970
Petrie, W.M.F.: The Making of Egypt, (Sheldon Press) London 1939
Wallis Budge, E.A.: The Egyptian Heaven and Hell, Vol. II: The Short Form of the Book AM-TUAT and the Book of Gates, London (Kegan Paul, Trench, Trübner & Co.) 1906

Indien
Bhagavadgita. Text und Kommentar, München 1989
Bouquet, A.C.: Sacred Books of the World, (Cassell) 1972
Brewster, E.H.: The Life of Gotama the Buddha, (Routledge & Kegan Paul) 1962
Danielou, A.: Hindu Polytheism, (Routledge & Kegan Paul) 1964
Evans-Wentz, W.Y.: Milarepa, Tibets großer Yogi, München 1978
Govinda, Anagarika: Grundlagen tibetischer Mystik, München o.J.
Hesse, Hermann: Das Glasperlenspiel, Zürich 1943
Hesse, Hermann: Narziß und Goldmund, Berlin 1930
Hesse, Hermann: Siddhartha, Berlin 1922
The Hundred Thousand Songs of Milarepa, (Harper & Row) 1970
Das Kamasutra, München 1995
Radhakrishnan, S.: Indian Philosophy, 2 Bde., (Allen) 1948
Das tibetanische Totenbuch, Heitersheim 1989
Whitfield, Roy (ed.): Man's Religious Quest, (Croom Helm) 1978
Zaehner, R.C.: Hinduism, (Oxford Univ. Press) 1962

China
Blofeld, J.: Taoism, (Allen & Unwin) 1979
I Ging, hrsg. von Richard Wilhelm, München o.J.
Lao-tse: Tao-te-king. Das Buch vom Sinn des Lebens, München 1996
Liu, Da: The Tao and Chinese Culture, (Routledge & Kegan Paul) 1981
Watts, Alan: Vom Geist des Zen, Frankfurt 1986
Wilhelm, R., Hrsg. u. Übers.: Das Geheimnis der Goldenen Blüte, München 1986

Die Kelten - allgemein
Caesar, C. Julius: Der gallische Krieg, München 1990
Chadwick, N.K.: Early Scotland, (Cambridge Univ. Press) 1949
Childe, V.G.: Skara Brae, (Routledge & Kegan Paul) 1931
Childe, V.G.: Prehistory (Routledge & K. P.) 1935
Clarke, D.: Beaker Pottery of Great Britain and Ireland, (Cambridge Univ. Press) 1970
Cunliffe, B.W.: Iron Age Communities in Britain, (Routledge) 1978
Davidson, H.R. Ellis: Gods and Myths of Northern Europe, (Penguin) 1964
Davidson, H.R. Ellis: Myths and Symbols in Pagan Europe, (Manchester Univ. Press) 1988
Dillon, M.: Early Irish Society, in: The Celtic Realms, Dillon and Chadwick, (Weidenfeld & Nicolson) 1967
Donovan, T.M.: Ancient Laws of Ireland, 6 Bde., Dublin 1865-1901
Diodorus Siculus: Historische Bibliothek, Stuttgart 1927
Gimbutas, M.: Gods and Goddesses of Old Europe, (Univ. of California Press) 1974
Jackson, K. Hurlstone: A Celtic Miscellany, (Penguin) 1971

Jacobsthal, P.: Early Celtic Art, (Oxford Univ. Press) 1944
MacCana, Proinsias: Celtic Mythology, (Hamlyn) 1970
MacCurtain, M.: Women of the Celts, (Inner Traditions) 1972
Markale, J.: Die Druiden. Gesellschaft und Götter der Kelten, München 1989
Markale, J.: Die keltische Frau, München 1990
Murphy, G.: Saga and Myth in Ancient Ireland, (Mercier) 1955
Parry, T.: A History of Welsh Literature, (Oxford Univ. Press) 1955
Piggott, S.: Early Celtic Art, (Edinburgh Univ. Press) 1955
Piggott, S.: The Druids, (Thames & Hudson) 1968
Powell, Thomas G.E.: The Celts, (Thames & Hudson) 1958
Powell, Thomas G.E.: Prehistoric Art, (Thames & Hudson) 1958
Putivel, J.: Myth and Law Among the Indo-Europeans, Harvard 1970
Tacitus, Cornelius: Werke, Stuttgart, Essen 1982
Tacitus, Cornelius: Annalen, lat. und deutsch, München 1992

Präkeltisch - Megalithkulturen usw.

Atkinson, R.J.C.: Stonehenge, (Penguin) 1960
Brennan, Martin: The Stars and the Stones, (Thames & Hudson) 1983
Hitching, Francis: Earth Magic, (Cassell) 1976
Krupp, E.C.:: In Search of Ancient Astronomies, (Chatto & Windus) 1980
Lancaster Brown, P.: Megaliths, Myths and Men, (Blanford) 1976
Lancaster Brown, P.: Megaliths and Masterminds, (Hale) 1979
Mitchell, John: A New View of Atlantis, (Thames & Hudson) 1983
MacKie, Ewan W.: Science and Society in Prehistoric Britain, (Elek)1977
Pennick, Nigel: Earth Marmony, (Century Paperbacks) 1986
Thom, A.: Megalithic Sites in Britain, Oxford 1967

Nordische Mythologie

Branson, B.: Gods and Heroes from Viking Mythology, (Eurobook) 1978
Sturluson, Snorri: Edda. Altisländische Göttergeschichten, Stuttgart 1991

Texte zum Wassermannzeitalter

Ferguson, M.: Die sanfte Verschwörung, München 1984
Kolosinov, P.: Timeless Earth, (Garnstone Press) 1968
Temple, R.K.: The Sirius Mystery, (Sidgwick & Jackson) 1976
Wilson, Colin: The Occult, (Panther) 1979

FISCHE

Grigson, Geoffrey: Aphrodite, Göttin der Liebe, Herrsching 1988
Hesiod: Werke in einem Band, u.a. Der Schild des Herakles, Berlin 1994
Lukian: Gespräche der Götter, Meergötter, Toten und Hetären, Ditzingen o.J.
Williams, Heathcote: Whale Nation, (Cape) 1988

Tiamat
Heidel, A.: Babylonian Genesis, the Enuma Elish, (Chicago Univ. Press) 1963
Jordan, Franzis: In den Tagen des Tammuz. Altbabylonische Mythen, München 1950
Gressmann, Hugo, Hrsg.: Altorientalische Texte und Bilder zum AltenTestamente. Bd. 1: Texte (darin: Babylonisch-assyrische Texte), Tübingen 1909

Die Sirenen
Homer: Odyssee, Stuttgart 1979

SKORPION
Das Gilgamesch-Epos, übers. von A. Schott, Stuttgart 1958
Vermaseren, M.: Der Kult des Mithras im römischen Germanien, Stuttgart 1974

Isis
Witt, R.E.: Isis in the Graeco-Roman World, (Thames & Hudson) 1971

Kleopatra
Grant, Michael: Kleopatra, Berg.-Gladbach 1988
Lindsay, Jack: Cleopatra, (Constable) 1971
Sampson, Julia: Nefertiti and Cleopatra, (Rubicon Press) 1973

KREBS
Ladybird: The Stars and their Legends, 1965
Morgan, Elaine: The Aquatic Age, (Souvenir Press) 1972
Tickner, Edward: The Bee-master of Warrilow, (Ashgrove) 1983

Hera
siehe unter Griechenland

Circe
Homer: Odyssee, Stuttgart 1979

SCHÜTZE
Gibran, Kahlil: Der Prophet, Düsseldorf o.J.
Thompson, D. und G.E. Evans: The Leaping Hare, (Faber & Faber) 1972

Keltische Frauen
Cross, T.P. und C.H. Slover: Ancient Irish Tales, (Harrap) 1937
Meyer, K.: The Voyage of Bran, London 1895
Rhys, J. und J.G. Evans: The Text of the Mabinogion, Oxford 1887

Boudicca
Fraser, Antonia: Boadicea's Chariot, (Weidenfeld & Nicolson) 1988
Tacitus: Annalen, München 1992

LÖWE
Adamson, Joy: Born Free, (Fontana) 1960
Dale Green, Patricia: The Cult of the Cat, (Heinemann) 1963
Wilde, Oscar: Der Sozialismus und die Seele des Menschen, Berlin 1904, Zürich o.J.

Königin von Saba
Die Bibel: Buch der Könige

Eleonore von Aquitanien
Kelly, Amy: Krone der Frauen: Eleonore von Aquitanien, München 1953
Pernaud, Regine: Eleonore von Aquitanien. Königin der Troubadoure, Düsseldorf, Köln 1966

WIDDER
Euripides: Medea. Tragödie, Stuttgart 1995
Freud, Sigmund: Gesammelte Werke, Studienausgabe, 10 Bde., Frankfurt/Main 1989
Stafford-Clark, D.E.: What Freud Really Said, (Penguin) 1967

Amazonen
Fromm, Erich: Anatomie der menschlichen Destruktivität, Reinbek 1977
Lorenz, Konrad: Das sogenannte Böse. Zur Naturgeschichte der Aggression, Wien 1964
Renault, Mary: The Bull from the Sea, (Penguin) 1963

JUNGFRAU
Dibb, M. und C. Lawrence: About Time, Channel 4 TV
Hodgkinson, Liz: Sex is not Compulsory, Columbus 1986
Mann, A.T.: The Round Art: Science of Art and Man, (Paper Tiger) 1979
Warner, Marina: Maria (Alone of all her Sex), München 1982 (Trikont)

Artemis
siehe unter Griechenland

Agnodike
Margaret Alic: Hypatias Töchter, Zürich 1991

STIER
Gedichte von Garcia Lorca (z.B. "Gedichte", Bibl. Suhrkamp 1977)
Bilder von Picasso
Grant, M.: Myths of Greece and Rome, (Weidenfeld & Nicolson) 1971
Kerenyi, Karl: Dionysos, Urbild des unzerstörbaren Lebens, München/ Wien 1976

Gaia
Lovelock, J.E.: Das Gaia-Prinzip. Die Biographie unseres Planeten, München 1991
Lovelock, J.E. GAIA. Die Erde ist ein Lebewesen, München 1994
Rawson, P.: Indian Sculpture, (Dutton Vista) 1966

Sappho
Davenport, Guy (Übers.): Archilochus, Sappho, Alkman, (Univ. of California Press) 1980
Sappho. Lieder. Griech. und dt. hrsg. von Max Treu, München 1954
Weigall, Arthur: Sappho auf Lesbos, München 1951

STEINBOCK
siehe unter Griechenland, Ägypten und Naher Osten

Nofretete
Aldred, C.: Akhenaten and Nefertiti, (Thames & Hudson) 1972
Samson, Julia: Nefertiti and Cleopatra, (Rubicon) 1985
Vandenberg, Philipp: Nofretete, eine archäologische Biographie, Berg.-Gladbach 1991

ZWILLING
Ward, D.: The Separate Function of the Indo-European Divine Twins, in: Myth and Law among the Indo-Europeans, ed. J. Putivel, Harvard 1970
Watson, Lyall: Lifetide, (Coronet) 1979
Watson, Lyall: Heaven's Breath, (Coronet) 1987
Wilson, C. und J. Grant: The Directory of Possibilities, (Webb & Bower) 1981

Eurynome
Grigson, G.: Aphrodite. Göttin der Liebe, Herrsching 1988
Kippenburg, H. (ed.): The Struggle of the Gods, (Mouton) 1984

Hypatia
Gibbon, Edward: Geschichte des Verfalls und Untergangs des Römischen Reiches, Magdeburg 1788-92; Leipzig 1837

WASSERMANN
Reich, Wilhelm: Die Entdeckung des Orgons, Bd. I, Köln 1987
Reich, Wilhelm:Life Energy (Orgone Energy), Orgone Institute, 1951
Watson, Lyall: Heaven's Breath, (Coronet) 1987

Athene
Crawford, O.G.: The Eye Goddess, (Phoenix) 1957
Homer: Ilias. Übertr. von H. Rupé, München 1989
Whitlock, R.: Here be Dragons, (Allen & Unwin) 1983

Simone Weil
Abosch, Heinz: Simone Weil zur Einführung, Hamburg 1990
Krogmann, Angelika: Simone Weil in Selbstzeugnissen und Bilddokumenten, Reinbek 1970
Miles, S. (ed.): Simone Weil. An Anthology, (Virago) 1987
Wimmer, Reiner: Vier jüdische Philosophinnen. Rosa Luxemburg, Simone Weil, Edith Stein, Hannah Arendt, Tübingen 1990
Weil, Simone: Cahiers. Aufzeichnungen. Bd. 1 und 2, München, Wien 1992/1993
Weil, Simone: Ecrits de Londres, Paris 1957
Weil, Simone: Schwerkraft und Gnade, München, Zürich 1989
Weil, Simone: Zeugnis für das Gute. Traktate, Briefe, Aufzeichnungen, München 1990

WAAGE
Malinowski, B.: Argonauts of the Western Pacific, (Routledge & Kegan Paul) 1922
Warner, Marina: In weiblicher Gestalt. Die Verkörperung des Wahren, Guten und Schönen, Reinbek 1989

Helena
Lindsay, Jack: Helen of Troy, (Constable) 1974
Pollard, John: Helen of Troy, (Robert Hale) 1965

Weitere Veröffentlichungen bei Labyrinth ...

WE'MOON-Almanach

Jedes Jahr mit einem anderen Schwerpunktthema
1996: Unsere Erde; 1997: Frauen in Gemeinschaften;
1998: Wege weiser Frauen; 1999: Mondkräfte

Der We'Moon-Almanach ist ein Jahrbuch mit astrologischen Jahresvorhersagen, ein persönliches Notizbuch, eine Anthologie mit Fotografien, Gemälden, Graphiken und Texten von Frauen aus verschiedenen Ländern. Der Almanach ist aber auch eine tägliche "Wegbegleiterin" für ein Leben im Einklang mit den Kreisläufen der Natur. Als Nachschlagewerk, das zeitlose Informationen über Astrologie, Kräuter, Frauenkultur und Spiritualität enthält, bleibt We'Moon über das Jahr hinaus aktuell. Zurückliegende Ausgaben ab 1996 sind noch lieferbar - solange der Vorrat reicht.

Der We'Moon-Almanach wird von Frauen in Amerika herausgegeben. Die deutsche Ausgabe enthält 32 Seiten der wichtigsten Texte in deutscher Sprache.

WE'MOON '97

224 Seiten
Buchformat
DM 26,00
Vierfarbumschlag
Recyclingpapier
ISB: 0-9510661-7-X

WE'MOON '97

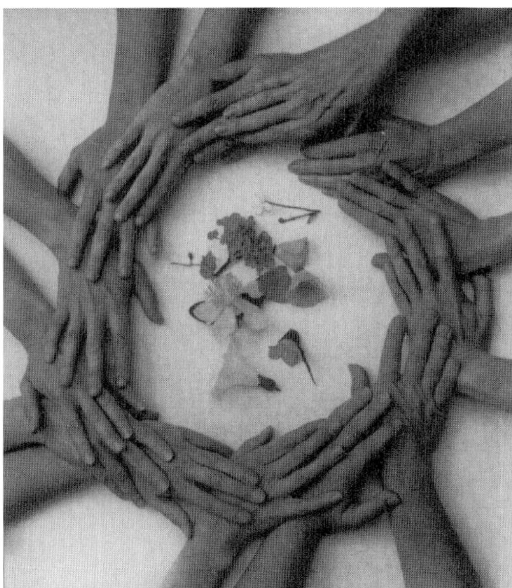

Mit Gaia den Rhythmus finden
Mondkalender für Frauen

Wiederkehr der Göttin

Die Religion der großen kosmischen Mutter und ihre Vertreibung durch den Vatergott

von Barbara Mor und Monica Sjöö

248 Seiten mit 82 Abbildungen
(histor. Darstellungen und Gemälde von M. Sjöö),
DM 32,00, ISBN 3-980 1010-0-2

Barbara Mor und Monica Sjöö lassen eine vor Tausenden von Jahren gelebte Kultur, die vorrangig von Frauen getragen und geprägt war, lebendig werden. Diese Kultur, die bisher als "Vorgeschichte" und "Mythos" abgetan worden ist, müssen wir mühsam wieder ausgraben und uns zu eigen machen. Es ist aufregend zu verfolgen, wie die Autorinnen unendlich viele Einzelheiten aus Mythen und Ausgrabungsfunden, aus alter und neuer Literatur sowie aus eigener Anschauung zusammentragen und in einem intuitiven Mosaik ursprünglicher Zusammenhänge sichtbar machen.
Das Kennenlernen der alten Mutterkulturen und der Religion von der Großen Göttin eröffnet angesichts der Leiden dieser Welt die Möglichkeit, eine andere Form des Lebens zu erfahren, in der die unendliche Wechselbeziehung zwischen Mensch und Natur selbstverständlich ist.

Monica Sjöö Barbara Mor

Wiederkehr der GÖTTIN

Die Religion der großen kosmischen Mutter und ihre Vertreibung durch den Vatergott

Labyrinth

Nicht nur aus unserer Geschichte, auch von Frauen auf der anderen Hälfte der Welt können wir lernen:

Arpilleras

Lebensbilder aus Chile

von Marjorie Agosin

192 Seiten und 8 Seiten farbige Abbildungen,
Ladenpreis: DM 24,00, ISBN 3-9801010-1-0

Arpilleras sind ausdrucksstarke Stoffbilder, mit deren Hilfe es Frauen geschafft haben, sich aus einer schweren Lebenskrise herauszuarbeiten. "Arpilleras" ist nicht etwa die Monographie über eine neue Handarbeitstechnik, sondern ein mitreißendes Buch zur Geschichte der Frauen in Chile, über ihren Lebensmut und ihre Kraft, die sie aus tiefster Verzweiflung heraus aktiv werden ließen. Indem sie sich auf die Suche machten nach ihren verschwundenen Angehörigen, verließen sie auch die häuslichen Einengungen und die ihnen zugeschriebene Rolle. Mit der Unterstützung vieler Menschen, besonders auch anderer Frauen, gelang es ihnen, ihren Schmerz nicht zu vergessen, aber zu überwinden, und durch die Arbeit in eigenen Werkstätten nicht nur einen Weg zum Überleben zu finden, sondern auch tief beeindruckende Kunstwerke aus Stoffresten zu gestalten. Wie wir wissen, haben sie damit sogar Frauen in Südafrika angeregt, in ihren Werkstätten dort ähnliche Wandbilder zu schaffen.Die deutsche Ausgabe von "Arpilleras" enthält neben authentischen Berichten von Frauen und Müttern von Verschwundenen auch Beiträge zweier Frauen, die die Arbeit in den Werkstätten als Kunstlehrerin und als Psychologin begleitet haben.
Die Schriftstellerin Marjorie Agosin, deren Heimat Chile ist, schreibt bewegende Gedichte und Essays über Frauen in Lateinamerika, über jene, die hilflos sind und nicht gehört werden - von den abgelegenen Regionen Chiles im Süden bis zu den Wäldern Guatemalas. Sie lebt heute mit ihrer Familie in den USA und lehrt Spanisch am Wellesley College in Boston, Mass.